グローバリゼーションと東アジア資本主義

郭洋春・關 智一
立教大学経済学部
編

日本経済評論社

はしがき

　本書は、立教大学経済学部と台湾国立東華大学社会公共行政学系との学術交流の成果の一環として執筆されたものである。2007年のサブプライムローンの破綻、2008年のリーマンショック、2010年以降の欧州財政危機など一連の金融危機は、グローバリゼーションが持つ負の側面が一気に噴出したと見ることができる。グローバリゼーションの影響は東アジアも例外ではない。過去40年間、東アジア諸国は世界経済の動きにある時はうまく乗りながら、またある時は翻弄されながらもその恩恵を最大限受けて発展してきたと言っても過言ではない。

　しかし、東アジアといってもそれぞれの国・地域が有している特徴はさまざまだ。こうした違い（ときには類似性）を明らかにすることが、東アジアのダイナミズムを正しく理解できるのでないか。このような問題意識のもと、立教大学経済学部と台湾国立東華大学社会公共行政学系は東アジアのダイバーシティ（多様性）を明らかにするために、さまざまなアプローチによる分析を試みることにした。その成果が本書である。

　我々の学術交流は、当初昨年（2011年）7月に日本で国際シンポジウムを開催することから出発する予定であった。しかし、3月11日に発生した東日本大震災とその後の福島原発事故により、1年間延期せざるを得なかった。そのため当初の予定を変更し、まず各々が上記テーマに向けて研究を深め、それを共同執筆という形で纏め上げてから国際シンポジウムを開催することにした（国際シンポジウムは2012年6月30日～7月1日に立教大学で開催した）。結果としては、執筆作業に多少時間がかかり国際シンポジウムが先に開催されることになったが、数カ月の遅れで出版する運びとなった。

　本書の内容は、第1章は、台湾と日本を例に、両国の資本主義発展の問題に対して予備的な考察を行った。市民社会を支配する国家は、資本主義発展のマイナスの衝撃に直面したり、大規模な自然災害等が発生すると、適切な解決策

を提示できない場合が少なくない。そのような場合に、ボランティア団体やそのリーダーが独創的にそれぞれの社会や人的資源、文化や組織のリソースを活用しながら協力型の市場経済、社会資本主義、社会的経済等の異なったモデルの社会経済組織を発展させることがある。このような社会経済組織を通じて限られた経済資源を分配して生産活動を行い、環境保護やコミュニティの成員同士の協力関係の構築、社会平等を促進し、競争と利益最大化を原則とする資本主義とは異なった経済体制を徐々に形成することができる可能性を論じている。

　第2章は、台湾における家庭の地域内移動と地域間移動の違いを分析する。結論としては、台湾における地域間移動は教養の高い家庭および賃貸住宅に居住している人々によって行われる傾向が最も高いことが明らかになる。また台湾における地域間移動を説明する上での地域間の経済格差の重要性も提示される。

　第3章は、台湾の証券市場が1990年代以降株式市場の発展に影響を与えた構造的要素について分析を加えた。それは従来の経済システムの証券化、経営者主義および株主の保護の結びつきだけを分析するのではなく、台湾の証券化の背後に政治経済の背景があることを強調した。

　第4章は、1950～60年代の台湾の民間航空市場の形成過程を考察する。そのために資航空会社の存続と外資航空会社との依存・補完関係を明らかにすると共に、1970年代以降の台湾航空市場の発展につながった政府の航空政策の内容を検討する。

　第5章は、環境保護主義をグローバル化と単純に同一視することを批判するという点を、環境制度理論と生態学的近代化理論のうち後者の見地に立って分析する。資源および危機の分布に着目する政治経済学的観点からではなく、環境保護主義の文化的側面に焦点を合わせ、西洋から入ってきた考えがどのように加工され、地域の伝統と融合するのかを分析しようとするものである。

　第6章は、原子力のリスクを不可視化してきた「神話」の生成と維持のメカニズムについて迫る。そのために、フレーミング理論やコミュニケーション分析、科学社会学における権力分析、リスク社会論や災害心理学などの分析枠組

みを援用し、この科学と神話の共−依存関係を可能ならしめている2つの様態、原子力批判の無効化とリスク認知を妨げるディスコミュニケーションのプロセスについて明らかにする。

第7章は、台湾の人的および社会的ネットワークがハイテク企業の技術導入に果たした役割について、シリコンバレーだけでなく、日本からの技術導入も含めて比較検討を試みる。具体的には、企業間ネットワーク理論とフィールドワークの研究方法を通じて、台湾企業が米国からIC関連の技術知識を、日本からTFT-LCD関連の技術知識を導入したプロセスを考察している。

第8章は、台湾の理系人材の現状とその育成政策の詳細や、近年起こり始めた台湾企業・中国企業による相互の人材獲得の動きについて、現在の台湾における理系人材の不足の状況とその要因、政府の人材政策、および台湾企業・中国企業の相互の人材獲得の動きの詳細を明らかにすることで、現在の台湾における理系人材の現状を掴むことを試みる。

第9章は、エレクトロニクス産業のイノベーション課題とその現代的特徴について、日本・韓国・台湾の主要企業6社をケースに検討を行う。それぞれのイノベーション活動への比較考察を通じ、複数の異なる企業モデルが混在する中に、エレクトロニクス産業の現代的特徴を見出そうとしている。

第10章は、台湾企業グループにおける親族関係を対象とした先行研究と、階級論における資本家の親族ネットワーク中核の分析概念を用い、さらに階級論の分析概念を台湾の現在の資本主義社会に適応させようとするものである。そして、台湾大企業間における親族核心圏と階級論者たちの発明した構造との類似点を明らかにする。また台湾の、強国の規範に合わせるという特殊な政治経済構造も、企業における親族核心圏の形成に明白な影響を与えていることも明らかにする。

第11章は、サムスン電子に象徴される韓国の財閥企業の躍進の原動力はどこにあるのか、グローバル化社会の中で財閥企業はどのような経営戦略を考えているのか。特に、アジアの中で同じNICs、NIEsとして常に比較されてきた台湾企業とはどのような点が類似または異なっているのかなどに留意しながら、

グローバリゼーション下の韓国財閥の経営戦略を明らかにする。

　今回の共同研究に参加したメンバーは両大学の研究者はもちろん、両大学以外からも多くの研究者が集まった。それは、まさに東アジア資本主義が多様化しており、両大学だけでは十分にカバーすることができない分野にまで及んでいるからだ。それでも、立教大学と台湾国立東華大学が中心となって共同研究を推し進めることができたのは、これからも本研究をさらに拡大・深化させていこうという両大学の熱意があったからだ。

　最後に今回の国際シンポジウムはもちろん、本書出版にあたり温かく協力していただいた立教大学経済学部には心から感謝の意を捧げたい。立教大学経済学部の協力・援助がなければ2つの事業とも成果を世に出すことはできなかったであろう。

　また、本書の出版を快く引き受けていただいた日本経済評論社の谷口京延氏ならびに梶原千恵氏にも感謝したい。さらに、陳東升論文の翻訳にあたり、台湾国立東華大学の田畠真弓助理教授の協力をいただいたこともここに付して感謝したい。本書の校正にあたっては台湾側の原稿は編者であたった。その際、上記国際シンポジウムに総合司会として協力いただいた立教大学経済学部櫻井公人教授にも、協力をお願いしたことをここに付して記したい。

　今後も両大学は、東アジア資本主義の多様性の意義と課題を明らかにするために、東アジアの他の研究機関との協力も得ながら、共同研究を推進していく予定である。その過程で、1人でも多くの研究者が仲間に加わってくれ、研究がよりグローバルになれば、望外の幸せである。

編者を代表して　郭　洋　春

目　　次

はしがき　i

第Ⅰ部　国際関係

第1章　グローバル資本主義の危機と東アジア──台湾と日本の経験から── ……………………………………… 陳　東　升　3

　　はじめに　3
　　1．グローバル資本主義問題を解決する方策　6
　　2．日本の経験　18
　　おわりに　21

第2章　世帯を分析単位として見る地域内・地域間の移住
　　　　──台湾における2002年度世帯調査から──
　　　　………………………………… 黎　德　星、Boris A. Portnov　25

　　はじめに　25
　　1．家庭移住に影響を及ぼす要因　28
　　2．台湾における人口移動　29
　　3．研究方法　31
　　4．経験的結果　33
　　おわりに　38

第3章　台湾経済システムにおける証券化——政治的起源の初歩的考察——……………………………………… 鄭　力　軒　45

　　はじめに——世界金融危機とアメリカ経済の証券化——　45
　　1．文献を振り返って——証券市場と政治経済の全体像——　49
　　2．市場―政体（market-polity）という観点　55
　　3．「市場―政体」という観点から見た台湾経済システム　57
　　おわりに　69

第4章　台湾航空業の形成——米華関係を中心に——
　　　　　………………………………………… 大　石　　恵　73

　　はじめに　73
　　1．戦後台湾の航空資源　74
　　2．外資航空会社の内外定期路線就航　80
　　3．台資航空会社の発展の糸口　83
　　おわりに　85

　　第Ⅱ部　環　　境

第5章　環境保護文化における対立——台湾の奉茶志工と環境保護活動家——……………………………………… 何　明　修　93

　　はじめに　93
　　1．グローバルおよび地域的視点から見た台湾の環境保護主義　96
　　2．環境保護活動家：柴山保護運動　99

3．ボランティア――すべての人のためのお茶出し―― 102
　　4．対立する2つの環境保護活動 106
　　5．世界規模および地域規模の環境保護主義 111
　　おわりに 114

第6章　原子力神話の軌道力――無効化とディスコミュニケーションの政治――………………………………………安部 竜一郎 119

　　はじめに 119
　　1．「安全神話」の逆機能 121
　　2．リスク認知の構造 125
　　3．無効化の政治 131
　　4．ディスコミュニケーションの政治 144
　　5．国策を超えて 149

第Ⅲ部　産　業

第7章　台湾ハイテク産業のグローバル人的ネットワーク
　　　　――2000年代前半までの技術導入期を中心に――
　　　　　………………………………………………田畠 真弓 157

　　はじめに 157
　　1．先行研究の検討 159
　　2．シリコンバレーと台湾IC産業間の知識流動 161
　　3．日本企業と台湾TFT-LCD産業間の知識流動 168
　　おわりに 177

第8章　台湾における理系人材——不足の現状、政策、および台中相互の人材獲得の動き——……………中原　裕美子　183

　はじめに　183
　1．理系人材の不足状況とその要因　184
　2．理系人材不足解決のための政策　188
　3．台湾・中国間の人材獲得競争　192
　おわりに　195

第9章　日・韓・台エレクトロニクス企業の研究開発活動——イノベーション課題とその現代的特徴——…関　智一　203

　はじめに　203
　1．エレクトロニクス産業の現況——R & D Scoreboard をデータベースとして——　204
　2．エレクトロニクス企業の研究開発活動——日・韓・台企業6社をケースとして——　207
　3．エレクトロニクス産業におけるイノベーション課題とその現代的特徴　214

第Ⅳ部　ファミリービジネス

第10章　台湾大企業における親族中核グループ問題
　………………………………………………李　宋栄　221

　はじめに　221

1．親族ネットワークと企業エリートの中核グループ問題　224
　　2．親族ネットワークの中核グループ形成の影響と要素
　　　　──理論と仮説──　227
　　3．サンプル・資料・分析方法　230
　　4．台湾企業における親族中核グループの構造と特性　236
　　5．台湾企業における親族中核グループの影響　240
　　おわりに　245

第11章　グローバリゼーション下の韓国財閥の経営戦略
　　………………………………………………………郭　洋　春　249

　　はじめに　249
　　1．財閥の変遷過程　250
　　2．転換期を迎えた韓国財閥──快進撃が止まった三星電子──　264
　　3．リーマンショック後の韓国経済と財閥　265
　　おわりに　269

第Ⅰ部　国際関係

第1章　グローバル資本主義の危機と東アジア
——台湾と日本の経験から——

陳　東　升

はじめに

　グローバル資本主義の発展は過去100年の間、経済生産の効率性を促進し、一部の国家の生活水準を大幅に引き上げた。しかし、経済発展の成果は世界のすべての人々が等しく享受できるものではなかった。初期に発展した資本主義は、主に欧米社会に経済的な利益をもたらした。さらに資本主義は東アジアの後進工業国へと拡大していき、最終的にはブラジルやロシア、インド、中国にも波及した。一方、アフリカやラテンアメリカ、南アジアの諸国家はグローバル資本主義の長期的な発展プロセスにおいて、生活水準の改善を果たすことができなかった。したがって、現代社会においては生産技術、自由貿易市場、グローバルな貿易の交流が最も発達した時代を迎えているが、その一方で世界の貧困人口が最も多いという状況に直面している（Sahlins 1972; UN reports）。21世紀の資本主義はその経済体制がさらに大きな危機に直面しており、2008年に発生した金融危機では、金融資本主義において中心的な役割を果たしている米国や英国などの先進国経済が大きなダメージを受けた。欧米諸国は金融投機や不動産投機が最も活発な地域であるため、金融危機の衝撃が最も大きかったのである。さらにこのマイナスの影響はギリシャ、スペイン、イタリア等の国債の金利を大きく引き上げ、償還不能という事態に追い込まれている。

概括すると、21世紀のグローバル資本主義がもたらしたマイナスの問題は、①国際経済の危機、例えば2008年の金融危機による欧州債券市場の問題、②社会における貧富の格差、③グローバル就業市場の縮小、④世代間の資源分配の不平等の４つである。このようなグローバル経済危機がもたらした問題はすでに各種のメディアで広く紹介されている。金融や債券の問題を解決するために、莫大な公共資本が投入されるため、資本主義の問題は国民すべてがそのコストを負担するものになっている。しかし、国民全員が資本主義の発展の成果を等しく享受できるわけではなく、そこに不平等の問題が横たわっているのだ。しかも、19世紀の産業革命から20世紀にかけて、グローバルな富の分配は地域的に不平等な状況をより顕著なものとしてきている。1820年の時点で最も裕福であった欧州や米国、カナダといった社会では、国民の平均的な富や財産の規模がアフリカやアジア、ラテンアメリカの水準の５倍に達していた。しかし、1998年のデータによれば、裕福な地域の国民の平均的な富や財産の規模は貧困地域の10倍以上に達している。グローバル社会の不平等現象は着実に拡大しているのである（Time）。

　失業と仕事における保障の欠如という問題も深刻化している。現在、全世界の就業人口は約31億人だが、失業率は７％に達している。すなわち、約２億5,000万人が失業状態にあることを示している。また全体の12％がパートタイム労働で、パートタイム労働者は世界で３億人を突破している。国際労働機関（ILO）の2009年の推計によれば、世界の就業機会全体の50％が不安定な雇用（vulnerable employment）で占められているという。年齢別に見ると、15歳から24歳までの若年労働者が就業市場で最も不利益を被っている。2007年におけるOECD諸国の若年失業率は14.2％で、青年および中年層の失業率は4.9％程度だった。しかし、2011年第１四半期における若年失業率および青年・壮年層の失業率はそれぞれ19.7％と7.3％に達し、一部の国々では状況がさらに深刻なものとなっている。スペインの若年労働者の失業率は2007年の17.6％から44％に上昇している。スペインでは若者が暴動を起こすという騒動に発展し、OECD諸国で教育、労働、職業訓練のいずれにも就いていないニート（Not in

Education, Employment or Training：NEET）に分類される若者の人口は1,700万人近くに達している（15歳から24歳にかけての人口全体の12.5％）。台湾と日本の若年層の失業問題は欧米社会ほど深刻ではないが、それでも若年層が最も就業が難しい世代であることに変わりはない。若年層が長期的な失業状態に陥ると問題はさらに深刻だ。失業期間が5年または10年続くと、就業市場に復帰することは難しい。仕事の多くはより若い世代に占められており、失業期間が長期化した労働者は生涯失業状態に陥る危険性がある。若年失業率の高止まりと長期的な失業の主な要因は、ほとんどの国が職場の労働者保護に力を入れており、解雇が難しくなっている一方で、新規採用者（試用期間や派遣労働の如何を問わず）に雇用の保障がなく、若年労働者の賃金は極めて低く、いかなる仕事の保障も存在しないためである。しかも、新しく創出される就業機会が少なく、ベテランの労働者は熟練度を評価されて年齢や退職年齢等の規制を回避しやすく、長期的に仕事のポジションを守ることができるため、いきおい若者が就業できるチャンスが限られてくる。

　世代間の衝突や国家の政策だけでなく、雇用主または資本家の役割についても注意を払う必要がある。彼らはより多くの利潤を累積するべく、給与の削減や正社員のポジションの削減に力を入れ、業務のアウトソーシングやパートタイム労働を導入している。欧米諸国では、オフィスの業務を人材派遣会社やインターネットのアウトソーシングサイトを通じて世界各国に外注している。欧米諸国では中産階級のホワイトカラー労働で空洞化が発生し、就業市場で二極化現象が顕在化しているのだ。学歴が高ければ仕事も多く、給与水準も高く、失業率が低いが、学歴が低ければその逆となる。このような二極化現象は富の分配の不平等に反映されており、2008年のOECD諸国の状況を見ると、最も富裕な階層上位10％の収入が増加するスピードは最下層10％の収入が増加するスピードの9倍である。したがって、貧富の格差は欧米諸国で悪化し続けているのである。

　グローバル資本主義のマイナスの衝撃に対して、世界各国は各種の解決方法を提示しながらこれらの問題に立ち向かっている。その中でも最も重要な方策

は、国家が通貨、金融、産業、社会福祉およびセキュリティ政策を通じてマイナスの状況を処理する方法である。本稿では、国家の政策的な対応だけでは解決できる範囲に限りがあり、市民社会が政治や経済のガバナンスに参与する解決方法が求められていることを特に強調したい。国家や市場において、コミュニティによるガバナンスモデルがグローバル資本主義問題を解決する可能性を提示しているのだ。

1．グローバル資本主義問題を解決する方策

(1) グローバルなソリューション

　コミュニティガバナンスや市民社会という観点から、資本主義の問題を解決する方策を検討する考え方はいくつかの異なるパラダイムから構築されている。本稿ではまずこれらの理論的な背景から説明する。最初に挙げられるのはマルクス主義の伝統である。マルクス主義の理論的な観点は、社会経済組織を検討する上で最も重要な文献だと言える。また、ルカーチの階級意識やグラムシの文化覇権主義の影響等、いずれも資本主義社会を研究する方向性を示している。このほか、英国の歴史家で社会主義者であるエドワード・パルマー・トムスンによる英国労働者階級の形成に関する研究や、フランスのマルクス主義社会学者、アンリ・ルフェーブルによる共産党と日常生活に関する著述も参考になる。資本主義の限界や、資本主義の代替案としてのソリューションを検討する上で重要な文献は、米国のマルクス主義研究者 Erik Olin Wright（2010）の著作、*Envisioning Real Utopias*（現実的なユートピアを思い描く）である。

　2つ目の理論的な背景は、経済人類学者の研究成果である。これらの研究成果も異なる流派に分かれている。マルクス主義の影響を受けているカール・ポラニーの著作は、経済人類学者や経済社会学者から広く引用されている。経済人類学の領域では、米国のマーシャル・サーリンズやジェームズ・スコットが原初的な社会や農民社会の研究でポラニー（1957）の論点を引用し、経済シス

テムが利益を取得するだけでなく、互恵と再分配のメカニズムを通じてコミュニティ住民の生存を維持する目標を達成している点を検討した。サーリンズ（1972）は、原初的な社会の経済と社会生活に関する豊富な研究成果から、現代資本主義の発展を批判および検討している。スコット（1977）は、基本的な生計を維持する農民社会の研究から、経済システムが道徳的な観点を内包している点を指摘し、モラル・エコノミーという概念を打ち出した。経済人類学の研究では、このほかにクリフォード・ギアツによるインドネシアの異なった2つの村落の分析が挙げられる。資本主義が農村社会に流れ込んでいく中で、2つのローカル社会がそれぞれ異なった市場経済の発展を形成していく状況を検討している。そして最後に、商品化の歴史からローカル社会の資本主義発展を検討したアルジュン・アパデュライ（1986）の研究が重要である。商品となる物品を分析対象に、使用者の使用方式や物品の商品性を定義する動態的な規範の検討を行っている。

　3つ目の重要な理論的バックボーンは、経済社会学の伝統である。経済社会学はマルクスやマックス・ウェーバー、ポラニーにその源流を遡ることができる。しかし、1980年代に発展した「新しい」経済社会学は、古典経済社会学と比較すると、資本主義の市場経済に分析の焦点をあてている。経済社会学において、社会のアクター（行動者）は独立した存在ではなく、彼らが属している社会グループや社会全体の影響を受けると考えられている。例えば、これらのアクターの嗜好、動機、経済行動の意味の解釈、価値の選択や判断に至るまで、彼らが属している社会グループや社会全体の影響を受けていると考えているのだ。全ての経済アクターは、理性的な判断能力を持っているが、さまざまな社会的な状況において、アクターそれぞれが選び取る理性的な判断やその程度は異なっている。情感や道徳的な観念が経済行動の表現において重要な役割を果たしており、理性的な判断だけが経済行動を左右するわけではない。経済制度は社会から独立した存在ではなく、社会の一部分であり、だからこそ経済行為は社会的な行為、あるいは文化的・政治的な行為でもあるのだ。

　経済社会学は最も微視的な角度から、アクターが経済行為（市場での取引）

を行う場合に、文化や情感、理性といった要素がそれぞれの行為モデルや経済行為の意味にどのような影響を与えるのかについて検討する。社会のインタラクションにおいて経済交換の社会的意義を分析するのである。例えば、経済交換の多くは権利や義務について説明がなされるわけでもなく、契約の規範があるわけでもないが、それでも交換はスムーズに行われている。これは果たしてどのような社会メカニズムによって支えられている現象なのだろうか。このような社会ネットワークの形成と発展もまた1つの極めて重要な分析テーマである。社会ネットワークの特徴とそれが内包する意味が経済行為にどのような影響を与えるのか、その検討については、この20年以上に及ぶ経済社会学の研究文献に蓄積されている。マクロ的な分析視角は、政治経済学の分野で検討される場合が多く、国家や市民社会が市場の形成やオペレーションに与える影響が分析されている。経済社会学の研究は、資本主義発展の問題に対する具体的な解決策を提示するものではないが、経済制度が運営される上での社会的な目的を強調している。すなわち、現代の経済制度はシステマティックな独立性を保有しているが、それでも社会全体とは不可分の関係にあり、経済のサブシステムのオペレーションは、社会の目的に合致したものであり、社会に属する成員が基本的な生存に必要なリソースを取得することを目標としなければならない。経済のサブシステムは特定の社会グループや成員に最大の利益を獲得させるために運営されるものではないのだ。

　4つ目の理論的な視角は、社会的経済（ソシアル・エコノミー）の伝統である。この理論は、社会学、地理および空間の研究、社会福祉、マネジメント等異なった学術領域を包括している。社会的経済の名称は、1830年にフランスの経済学者、シャルル・デュノワイエが提唱した社会経済学（économie sociale）に遡る。Borzaga and Tortia（2007; 58）によれば、社会的経済という概念は、19世紀のデュノワイエ等、自由主義経済学者が政治経済学（political economy）の概念を拡大解釈したもの、あるいは社会主義とキリスト教のボランティア奉仕者が政治経済学に代わってこの社会的経済という概念を採用した、または社会経済学者を政治経済学の一部（プルードン等の社会科学の概念）と見なす場

合や、社会的経済を純粋経済学の補足物と考える場合等、さまざまな扱いを受けたのである。

　Moulaert and Ailenei（2005）はBouchard（2000）等の論文を引用し、社会的経済という概念は、欧州（特にフランス）の社会や経済の危機に対応する形で発展してきたと指摘している。最初の段階の社会経済組織は、相互支援組織（mutual support organizations, *mutuelles*）で、1840年代から1850年代に結成された。職人の同業者団体が市場競争の激化で徐々に崩壊する中で、このような相互支援組織が発展してきたのである。互恵の精神で同業者団体の活動を支援し、職人や労働者を疾病や思わぬ災害、死亡や失業などのリスクから守ることが主な目的だった。このような組織を結成することで、労働者が疎外感を覚えることも少なくなった。第2段階の社会経済組織が登場したのは1873年から1895年にかけてで、小規模の農業および工業労働者が資本集約型の資本蓄積モデルの発展に危惧を感じ、農業協同組合や貯蓄協同組合等を組織して大規模な資本の蓄積メカニズムに対抗しようとした。第3段階の社会経済組織は、1929年から1932年の世界的な大恐慌の時代に登場した。一般民衆が食品や住宅の消費協同組合を結成し、生活必需品の取得に要する負担の削減を試みたのである。第4段階は、1970年代で、大量生産による経済危機に対抗し、さらに福祉国家の過重負担による危機を回避するべく、新しい社会経済組織が登場した。地域経済が大量生産メカニズムによる危機に直面した場合に、経済活動を通じて生活状態を改善し、コミュニティの団結や連帯を促進するという社会的使命をもった非営利（not-for-profit）組織が徐々に姿を現したのである。労働者の協同生産組織は、このような目標を実現させるためのモデルケースである。また、労働者自身が組織する企業を発展させることで、福祉国家が失業率の上昇等の問題を解決できないという危機的状況を改善し、新自由主義と個人主義という意識形態の中で、代替的な発展モデルを創出することを目指している。

　欧州連合（EU）による社会的経済の定義によれば、社会経済組織は協同組合（co-opetatives）、共済組織（mutual societies）、社団法人（associations）、基金（foundations）および社会的企業（social enterprises）に分類される。

Molloy, McFeely, and Connolly（1999）によれば、協同組合は市場で獲得したリソースを通じて組織のメンバーのニーズを満足させる組織である。共済組織は、組織のメンバーが相互に助け合うことで互いのニーズを満たす組織、社団法人は、社会からの寄付または政府からの補助でメンバーのニーズを満足させる組織である。協同組合、共済組織、そして社団法人は伝統的な社会経済組織である。社会的企業は最近になって注目されるようになった社会経済組織の形式で、特に英国やアメリカに推進者が集まっている。

　アッシュ・アミン等（2001：pp. 9-11）によれば、国家、市場、そして市民社会の関係性から欧米の社会経済モデルは以下の4つのパターンに分類できるという。アングロサクソンモデル、地中海モデル、北欧モデル、そしてラインモデルである。アングロサクソンモデルは、英国がその代表的な例で、主に地域が組織し保有する経済組織である。民主的な参加方式を採用しており、地方の発展を促進し、就業率を引き上げることを目的としている。これはイギリス労働党のブレア政権が提唱した「第三の道」で、市民社会の参画を強化し、国家の負担を軽減し、市場経済が生み出したマイナスの結果を緩和することを目指している。地中海モデルでは、イタリアの社会経済組織の発展が比較的安定しており、スペイン、ポルトガル、ギリシャは発展の初期の段階にある。北欧モデルは強固な市民社会と強大な公的部門と完成度の高い福祉国家という状況の中で、政府が福祉支出を削減しつつも、社会経済組織の発展を支援し、福祉国家モデルに市民社会の社会経済組織を抱き合わせるという形で社会のニーズに対応している。ラインモデルは比較的複雑で、ドイツは社会的経済という概念や社会的企業をあまり重要視していない。逆に従来型の市場経済を重要な発展モデルとして位置づけている。フランスはラインモデルを採用する国の中で最も社会的経済を重要視しており、社会経済組織の代表や政府部門の共同参画による協同セクター、クラムカ（CNLAMCA）を設置している。フランスは社会経済組織に対するリソースの提供や支援に最も積極的で、国家主導型の社会的経済だと言える。ベルギーはフランスとドイツの中間に位置し、特定の部門、例えば教育または健康管理に関する分野で社会経済組織の設立が認可され、

政府の機能を代替する。これまで見てきたように、社会的経済の発展はいずれもそれぞれの国家や政府の形態や福祉国家の完成度、市民社会の成熟度、市場経済の規模に関係しており、社会的経済は自主的かつ独立した形で形成されるものではなく、社会的経済とその他のシステムとの動態的な関係性を検討することが必要なのである。

　5つ目の理論的バックボーンは、限定的な合理性（bounded rationality）と社会協力の流派である。このパラダイムには政治学、分析社会学、進化生物学、実験経済学、実験心理学、法律学、人類学等の異なった領域の文献（Axlord 1984；Bowles and Gintis 2011；Camerer 2003；Fehr and Gachter 2002；Fehr and Fischbacher 2003；Henrich and Henrich 2007）が含まれている。これらの研究のポイントは、どのようなメカニズムが社会グループの成員の協力関係を促進するかということである。そのほとんどが、アクターが理性的で自己の利益を出発点に行動するという理論的な仮説に基づいている。しかし、協力を促進するメカニズムは極めて複雑かつ多様で、研究方法は実験法から数学およびコンピュータプログラムのシミュレーション、フィールドワークやケース分析に及ぶ。このような研究の伝統は、資本主義の問題に対する具体的な解決方法を示していないが、互恵や協力、分かち合いのオペレーションメカニズムがどのように形成され維持されるかについて、システマティックに結論を導いている。このようなメカニズムは、コミュニティガバナンスの経済制度を構築する上で極めて重要である（Anthony 2005）。

　上述の5つの異なる理論的なバックボーンは、グローバル資本主義の問題に対して異なる方法で、それぞれの方向性を示している。しかし、最もシステマティックで枠組みの完成された理論はマルクス主義の伝統である。特にアメリカの社会学者、Wrightの作品が最も代表的な文献だと考えられる。Wright (2010)によれば、資本主義において、生産手段と生産資源を保有する資本家が経済的な権力を掌握し、財産を移転したり処分したりする権利や剰余生産の分配やその使用権をコントロールする。一方、Wrightの考える「社会主義」は一般市民の協力と自発的な動員の上に構築され、彼ら自身が社会権を取得し、

生産手段や剰余生産の使用および分配をコントロールするものである。Wrightの社会主義の定義は、従来の社会主義者が社会主義と国家主導の計画経済を同一視する傾向とは全く異なっている。従来の社会主義者は、市場の機能を完全に排除し、資源の分配をつかさどるメカニズムとして計画経済だけを考えているが、新しい社会主義は、市場メカニズムを通じて社会が保有しコントロールする経済組織のオペレーションを調整する仕組みを取り入れている。

最後に、このような社会主義の定義は市民社会の基礎の上に構築され、市民社会の豊かな多様性を強調する。労働者階級は必ずしも市民社会の最も重要な集団的アクター、あるいは歴史を変えることが可能な唯一の主体というわけではなく、異なった性別、エスニシティ、世代または地域コミュニティが交錯する人々の集まりが中心的な役割を果たす。

社会主義の実践的な方向には以下の3つの経路がある。①市民社会が国家を通じて経済行動に影響を与える、②市民社会が経済権力（資本家または企業）のコントロールを通じて経済行動に影響を及ぼす、③市民社会が直接介入して経済活動をコントロールする。これらの3つの経路は6種類の関連したモデルを導くが、Wrightは以下の7種類の具体的な資本主義の代替モデルを提示している。①国家社会主義（statist socialism）、②社会民主制の国家経済管理（social democratic statist regulation）、③労働者、資本家、そして政治家の三者による統合主義（associational democracy）、④社会資本主義（social capitalism）、⑤協力主義の市場経済（cooperative market economy）、これは社会資本主義の1つだが、市民団体が重要な役割を果たす。例えば、労働者の生産協力企業が直接生産経済活動に介入し、資本家階級の権力を抑制する、⑥社会的経済（social economy）、これは市場に介入せず、共同生産や分配でコミュニティの成員の基本的なニーズを満たすものである、⑦参画ガバナンス型社会主義（participatory socialism）、これは市民が直接、政府や経済組織の政策および戦略決定の場に参画する形である。

国家社会主義、社会民主制の国家経済管理、そして統合主義のモデルは、新自由主義経済モデルを除くと、いずれも20世紀にかなりの程度採用された形態

である。相対的に言えば、社会資本主義、協力主義の市場経済、社会的経済[1]は資本主義のニッチで発展の可能性を模索してきたものだ。通常、資本主義が深刻な危機に直面した際、これらの3種類のモデルが注目を浴びた。農民、労働者、消費者または市民団体で社会的企業や協力経済組織、自給自足の経済組織を設立し、ときにはこれらのモデルが資本主義体制の代替的な役割を果たすと主張している。すべての経済組織は住民全体に共有され、住民全員が経済組織の運営やガバナンスに参画する。これは極めて理想的な制度設計で、規模の小さい社会の場合に比較的実現しやすい。しかも、すべての市民がガバナンスに参画する能力や意欲、時間を保有することが必須条件となる。他の人々がガバナンスに参画しているので、自分はただその恩恵を享受すればよいといった考え方はなく、市民が意欲的に公共財の創出に努力し、投機的行動やフリーライダーの問題もなく、自己の利益のためだけに公共財を創設するといった悲劇が起こらないことも、このような社会を創出するための前提となる（Ostrom 1990）。

19世紀に出現した資本主義の問題は、主に協力型市場経済のモデルで対処することが目指された（Mellor, Hannah and Stirling 1988）。現代社会でもこのようなモデルはたびたび注目されたが、資本主義の危機を緩和するために利用されただけで、規模の拡大には至らなかった。そこで、20世紀に入ると、社会資本主義が脚光を浴びるようになる。多くの国家で資本主義を標榜しつつも、社会的責任または社会の目的といった観点が重要視されるようになる。企業の社会的責任や社会的企業の設立が叫ばれるようになるのもこの時期からだ（Nicholls and Young 2008）。市場に介入せず、自給自足の社会的経済を目指すモデルは、原初的な社会の経済体制に似通っている。しかし、現在はコミュニティがサポートする形の経済体制に転換しつつあり、例えば欧米や日本ではコミュニティがサポートする形の農業経営が増えている（Parker 2005）。

(2) 台湾の提示するソリューション

Wrightの分類に従えば、現在台湾には、資本主義を補完する市民社会から

発展した約73の社会経済組織が運営されており、基本的には上述の協力型市場経済や社会資本主義、社会経済のモデルに合致したもので、欧米社会の発展趨勢に類似している。新竹県のスマンガス（smangus）という先住民村落では、先住民族が共同で民宿を経営しており、また、宜蘭県白米コミュニティでは、住民がコミュニティ協同組合を組織して下駄の博物館を運営している。このほかにも南投県魚池の森林紅茶農作グループ等、いずれも協力型の市場経済に近い運営スタイルである。メディアの自主性を促進し、弱者のグループを支援し、環境や食の安全性を保護し、農業のサステナビリティ（持続可能性）を支援する社会を構築するために資本主義の市場体制を導入した日月老茶廠（南投県魚池の台湾紅茶製造工場）、上下游新聞市集（農業や食品、環境等をテーマに自主的な報道を目指すニュースメディア）、大王菜舗子（花蓮県の有機野菜販売業者。食の安全や環境保護で社会的責任を果たすことを目的としている）等の組織は社会資本主義のモデルに近い。このほか、非営利組織の勝利基金会と陽光基金会等が設立した障害者自立生活支援センター、あるいは彭婉如基金会が推進する高齢者介護、在宅介護サービス、新故郷文教基金会が設立した紙協堂環境保全型農村、励馨文教基金会が設立した愛馨会館はいずれも社会資本主義のモデルに属している。台東県と新竹地区で推進されているコミュニティ支援型の農業は社会的経済の範疇に入るだろう（陳東升 2012）。

一方、創設者の類型から見ると、台湾の市民社会が市場に介入する場合の社会イノベーションモデルは、社団法人創設型、公的知識人創設型、社会ベンチャーキャピタル協力創設型、社会起業家創設型、コミュニティ自発型等に分類される。まず、社団法人創設型は主に基金会あるいは社団組織の支援によって設立された組織で、励馨文教基金会が設立した愛馨会館は、ドメスティックバイオレンスの被害女性に住居や職業訓練所、就業機会等を提供するものである。また、厳長寿氏が設立した公益平台基金会は台東地区の先住民に職業訓練の機会を与え、民宿の経営等の就業機会も提供している。このほか、新故郷文教基金会が設立した環境保全学習公園等も社団法人創設型に含まれる。2番目の公的知識人創設型に含まれる組織は、国立東華大学の教員が集まって設立した

「五味屋」がその代表的なもので、中古品を交換したり、学生達による公共サービスの提供等を行っている。市民ジャーナリストやプロのクリエイティブアーティストらが創設した上下游新聞市集は、農業や環境のサステナビリティ関連の報道を自主的に行っているニュースメディアで、地方の農産品売買や個人による寄付等で運営が維持されている。第3の社会ベンチャーキャピタル協力創設型は、九讃頭文史工作室がコミュニティの住民によって生み出された文化創造活動と産業を結びつけて設立した組織が代表的なものとして挙げられるだろう。この他には、南投地区が台湾大地震で被災した後、コミュニティの住民が自発的に組織した紅茶生産協力グループも社会ベンチャーキャピタル協力創設型に分類される。4つ目の社会起業家創設型のケースは、汚染されていない農作物を提供するために有機栽培農家を訪問し、彼らの販売ルートの構築を支援する大王菜舗子や、台湾大地震発生後、不安を訴える高齢者の介護を目的として設立された長期介護センター「長春村」が挙げられる。社会起業家創設型の社会的企業は、資金や組織の運営面でサポートが必要となるため、社会的企業に出資する社会的ベンチャーキャピタルが組織の推進者や支援者の役割を果たす。「活水社会ベンチャーキャピタル」が支援して運営している「多福」社会的企業はその一例だろう。

　このような異なった類型を持つ社会経済組織の中でも、彭婉如基金会はフェミニズムの活動家が立ち上げた組織で、社会運動、政策遊説、社会的企業の創設という3つの業務を主に行っている。両性の平等、女性の就業機会創出、女性の家事労働分担の支援、民主と社会の利益に合致した政策の提案等を目標として掲げ、経済システムを導入することによって基金会運営の資源を調達している。彭婉如基金会の分析を通じて我々は台湾の社会経済組織の発展プロセスや組織の多様性を理解することができる。この組織は上述の分類の枠にしばられない多様な発展の可能性を示しているのだ。

　彭婉如基金会は1996年、フェミニズム団体が社会的弱者の人身の安全を保護する社会運動を展開した後に設立した組織で、台湾を女性にやさしく、未成年者が安心して居住できるような空間として再生し、コミュニティを支援するこ

とを目標としている。福祉政策の研究や実験、デモンストレーションや宣伝活動を通じて基金会の主張を民間に定着させ、こうした政策を政府が主導できるように働きかけている。この組織は、家事のマネジメントや育児、高齢者介護等のサービスを提供したり、育児および介護スタッフや家事マネジメント要員の訓練も行っている。特に女性が職場に復帰する際の就業機会や女性の家事負担軽減等のサービスを提供している。

　基金会内部のガバナンスは参画式民主主義の理念を定着させ、家事や育児サービスの従事者による組合の結成を支援し、組合員は毎年給与やその他の労働条件で基金会と協議できるようになっている。このほか、育児と家事労働政策の公共審議制度を積極的に推進している。基金会は他の非営利組織と共同で託児連盟を組織し、「幼児教育及び育児法」および「児童及び少年福祉と権益保障法」の立法化について遊説し、2011年6月以降、審議を通過させた。両法案はいずれも託児と育児関連のサービスの内容やサービスの方式、料金設定、スタッフの給与体系、人事評価制度等を定めたもので、政府が招聘した学識経験者や専門家、育児スタッフの代表者、児童や少年福祉団体の代表、PTA団体の代表、婦人団体の代表、労働団体の代表らが公の場で審議して決定しなければならない。これは、トップダウンの中央政府機関による制度設計を通じて、市民社会のボランティア団体が公共政策に参画するフォーマルなルートを提供するものである。さらに、彭婉如基金会は内部の研究企画チームを通じて公共審議の作業を推進、大学の実習プログラムと協力し、育児および福祉政策公共審議に関するスタッフを訓練し、各県および市に派遣している。

　彭婉如基金会は家事マネジメントスタッフ、育児や介護スタッフまたは学習指導員の訓練を通じて家庭や組織機構に貢献し、利用者から寄付金を取得して資金的にも自立した経営を行っている。質の高いプロフェッショナルの公共審議員を招聘し、各県市で地方政府に遊説活動を行い、公共審議事業を推進している。また、地方の市民団体の成員が積極的に団体内部の政策的な協議に参画し、団体のガバナンスに関する業務に従事し、団体内部の民主的な運営を定着させることを支援する。市民の参画による政策決定の可能性を促進し、すべて

のコミュニティの市民が意欲的に公共事務の討論や政策決定に参加することを支援し、最終的に台湾を基盤の強固な直接民主制の社会に導くことが目標となっている。基金会は従来、プライバシーやタブーとして考えられてきた事柄を公共の問題として検討することを目指しており、多様な道筋を通じて民主的な参画を推進し、フェミニズム運動が社会イノベーションを創出する能力を強化するものである。市民社会の中心的な存在はそれぞれの歴史段階によって異なっている。例えば、マルクスは19世紀の資本主義を改造する市民社会の中心的な存在を労働者階級だと考えた。しかし、21世紀の今日においては、各種各様の市民団体が公共圏（public sphere）や民主政治を構築する上で中心的な役割を果たすようになった。市民団体が発起人となり推進する組織が、新しい制度設計を通じて社会運動とは異なった形の動員を行い、他の市民団体内部の民主化や政府の政策決定の民主化を促す、これこそ台湾の民主化の基礎を固める極めて革新的かつ独創的な方法である。彭婉如基金会の立法化優先と組み合わせ型の市民審議モデルは、市民社会と政府の共同ガバナンスの政治原則の上に構築されたもので、市民社会が政府部門から独立した領域ではなく、政府の政策決定システムに参画・介入し、抑制と均衡をはかる役割を果たすべき存在となっている。

　彭婉如基金会は、託児や保育、介護といった重要ではあるが、比較的瑣末的と見なされてきた問題に焦点をあて、市民団体の代表と政府部門が共同で政策決定を行うメカニズムを構築し立法化した。託児や保育等の問題に関心を持つ市民を直接政策決定に参加させるシステムではない点に注意を払う必要がある。市民団体内部に公共の議論や政策決定を調整する強固なメカニズムが構築されていない場合、市民団体のリーダーが政策決定権を独占してしまう危険性があるためだ。市民団体はこのようなモデルの下で、組織内部でそれぞれの成員に権限を持たせ、公共の議論や政策決定を推進し、成員らが積極的に参加する自治的な団体に発展させる必要がある。このような努力を続けない限り、一般市民が公共事務に参画する上での能力を高めるに至らず、地域に根ざした民主的な発展を妨げる可能性がある。すなわち、国家主導による権力の分配と政策決

定が優先される危険性もあるということだ。

　台湾社会の発展は、このように資本主義の問題に対してそれぞれ個別のソリューションを提案してきた。主に市民社会から出発した各種各様の革新的かつ独創的なモデルで、このようなモデルが発展してきた背景を検討するには、台湾独自の社会、歴史や政治的条件を考慮する必要がある。1987年の戒厳令解除後、台湾では社会の救済活動と社会運動が急速に発展した。市民たちが各種の非営利的な組織を結成するケースが増え、ローカルの社会と密接な関係を持つコミュニティ組織も設立されるようになった（Chen 2001；呉介民・李丁讚 2010）。中でも最も代表的なケースは、消費者の権益を保護する消費者基金会、原子力発電の反対運動を展開し環境のサステナビリティを訴える環境保護連盟、両性の平等を訴える団体「婦女新知」、台湾女性権益促進会、前述の彭婉如基金会、成熟した市民社会の構築を目指すコミュニティカレッジ、公正な労働条件の保護を目指す台湾労働陣線、自主労組等（蕭新煌、徐正光）。このような非政府組織が結成されるようになってから、これらの組織間でネットワーク関係が構築され、リソースの支援や協力、参加者同士のつながり、革新的かつ独創的なアイディアや方法論の伝達や拡散がスムーズに行われるようになった。社会改革と社会イノベーションはこのような基礎の上に築かれていったのである。また、民主政治が確立されたことの重要な意義は、市民が公共事務に参画する意欲を促進し、これらの公共事務に参加する道筋を切り開き、市民がガバナンス・コミュニティ経済や政治実務の経験等を徐々に蓄積できるようになったことである。このような蓄積は、後に台湾で社会的企業や協力型経済組織または自給自足型の経済組織が創設される上で、極めて重要な社会的基礎となったのである。

2．日本の経験

　日本でも市民社会を出発点とする資本主義を代替するような方策が打ち出されてきた。基本的には台湾の発展プロセスと類似しているが、日本では協力型

市場経済、社会資本主義、そして社会経済のモデルが中心である。特に市場メカニズムの中で運営されている社会的企業の存在が極めて重要である。1965年以降、日本で組織された農民と農産物の消費者が直接協力して運営するコミュニティ支援型農業2)は社会的経済の主要な形式となっている。

　日本の社会は1990年以降、高度経済成長の黄金時代から長期的な景気低迷の時代に突入した。グローバル資本主義の発展から生まれた問題が顕在化し、人々の暮らしにマイナスの影響を及ぼすようになってきたのである。代替的な方法で資本主義の問題を解決する必要に迫られたため、日本の市民団体はさまざまな方策を試みた。また、日本は先進工業国の発展段階に達していたため、蓄積された豊富なリソースで貧困に苦しむ国々を支援するような、グローバル社会における公共的な責任を果たす必要にも迫られた。そこで、日本の人々は国際的な非政府組織の社会改革事業に参加し、資本主義の問題を解決する独創的なモデルを模索するようになったのである。日本の社会的企業と非営利組織の活動が活発化したのは1995年に発生した阪神・淡路大震災以降で、政府部門の救済と対応の遅れが原因で、市民社会が創設したコミュニティ組織が震災後の経済の復興や被災者の保護の問題に取り組んだのである（Kerlin 2010）。大震災の発生が直接的なきっかけとなって、日本の市民が意欲的に公共事務に取り組み、非営利団体の発展と運営を支援し、多くの社会的企業を発展させたのである。これは20世紀における市民社会の再生であったと言える。

　日本では2011年3月11日に東日本大震災が発生し、再度日本社会に大きな打撃を与えた。震災の影響で社会的企業や非営利組織等、さまざまな社会経済組織の発展が促進されたのである。中でも、一般社団法人WIA（World in Asia）とNPO法人ETIC（Entrepreneurial Training for Innovative Communities）がその代表的な組織として挙げられる。この2つの組織は、社会的企業を創設する若い世代の起業家を養成することを目的とした人材と組織育成の機関である。WIAは社会起業家精神とグローバルコミュニティの「対話」を通じて、社会的企業とグローバルコミュニティの社会への影響力を浸透させることを目的としている。海外から日本の震災後の復興のために提供された寄付金を資金

源とし、国際的に活躍する専門家の支援を得て人材を育成し、被災地で約200の社会的企業を発足させた。また、約1,200の就業機会も創出し、震災後の東北地方の経済破綻等の問題を解決した。さらに、このような社会的企業設立の成功の経験を世界の他の国にも広めていったのである。ETICは若者たちに社会起業家の精神を養い、独創性を発揮できる非営利組織を設立できるチャンスと空間を与える役割を果たしている。この組織は、若者たちに完成度の高い実習訓練の機会を提供するほか、起業の実務経験を指導し、社会経済組織または社会的企業の設立を通じてコミュニティの建設と発展をサポートしてきた。東日本大震災の発生後、東北地区の被災地では、失業人口が10万人に達し、高齢者人口は同地区全体の25％を占め、復興作業の人手不足が問題になっていた。そこで、ETICは産業の立ち上げによる安定した就業機会の創出で、仕事を求める若者たちが東北地方から他の地区に流出しないように力を尽くしている。このほか、被災地の社会福祉事業も重要視されている。政府の対応が遅れているため、民間組織と非政府組織が問題の解決に努力しているのだ。これらの組織は社会イノベーション産業のネットワークを構築し、若者たちをこれらの社会的企業に送り込んで訓練を受けさせる。さらに訓練を受けた若者たちが起業に成功した後、組織のネットワークの規模が拡大していく。将来的にこの綿密に張り巡らされたネットワークを通じて、より多くの外地の若者たちが東北のコミュニティで社会イノベーションを推進していくことが期待されている。

　日本の農業は農地改革を経て小農中心となり、生産効率を上げるために農民が生産販売の協同組合を運営するようになった。また、日本の消費者は1950年代に消費生活協同組合を組織し、会員数が2,200万人にのぼるほど大規模な協同経済組織となっている。このような社会的基盤をベースに、有機農業推進協会は1970年代以降、コミュニティ支援型の農業イノベーションモデルを発展させ、生産者と消費者を結びつけ、中間の販売ルートを排除する運営方式を採用してきた。生産者と消費者の相互互恵の精神を軸に、リスク分担と公正取引のメカニズムを通じて生産者が搾取を受けることなく、消費者の食の安全を保障し、双方が共同で農業の発展と環境保護を維持し、市民の責任を果たせるよう

な状況を目指している（Parker 2005）。

おわりに

　グローバル資本主義の発展のプロセスにおいて、個々の社会は政治や経済、文化、歴史条件等の差異によってそれぞれ異なる対応を試みてきた。東アジアの社会は資本主義の後発国であり、共通の文化や歴史的経験を共有する部分もあるが、やはりそこには経済システムの多様性を見ることができる。従来の東アジア経済発展の研究は、東アジア社会の産業や経済競争力を引き上げ、グローバル経済において主導的な立場を確立する点を重要視するあまり、資本主義発展が東アジア社会全体にもたらしたマイナスの問題や、それに対して社会が提示しうる解決策について検討することを軽視してきた。東アジア社会は、社会における不平等、就業と失業問題、世代間の資源の分配における不公正性、環境汚染、労働人権等の問題でどのような共通性と相違点が存在するのか、我々が直面する経済や社会問題を解決する方策も、なぜそれぞれの社会で異なったモデルが発展し、解決の効果においても違いが出てくるのか、これらの問題について検討する必要がある。

　本稿は台湾と日本を例に、両国の資本主義発展の問題に対して予備的な考察を行った。強大な国家は市民社会を支配する傾向があるが、国家が資本主義発展のマイナスの衝撃に直面したり、あるいは大規模な自然災害等が発生すると、タイムリーに適切な解決策を提示できない場合が少なくない。そのような場合に、市民社会のボランティア団体またはそのリーダーが独創性を発揮してそれぞれの社会や人的資源、文化や組織のリソースを活用しながら協力型の市場経済、社会資本主義、社会的経済等の異なったモデルの社会経済組織を発展させる。このような社会経済組織を通じて限られた経済資源を分配して生産活動を行い、環境保護やコミュニティの成員同士の協力関係の構築、社会平等を促進し、競争と利益最大化を原則とする資本主義とは異なった経済体制を徐々に形成することができるだろう。

注
1) ここで言う社会的経済は前節で言及した概念と全く同じというわけではない。ここでの概念は比較的狭義の定義がなされており、市場に介入せずコミュニティやコミュニティの成員のニーズを満たすような経済体制のみに限定している。
2) http://rurdev.sc.egov.usda.gov/SupportDocuments/tn20_CSA.pdf

参考文献

Amin, Ash., Angus Cameron, and Ray Hudson (2002) *Placing the Social Economy* London: Routledge.

Anthony, Dennis (2005) "Cooperation in Microcredit Borrowing Groups: Identity, Sanctions, and Reciprocity in the Production of Collective Goods" *American Sociological Review* 70: 496-515.

Appadurai, Arjun (1986) "Introduction: Commodities and the Politics of Value." pp. 3-63, in *The Social Life of Things: Commodities in Cultural Perspective* edited by Arjun Appadurai, Cambridge University Press.

Axelord, Robert (1984) *The Evolution of Cooperation.* New York: Basic Books.

Borzaga Carlo and Ermanno Torita (2007) "Social Economy in the Theory of the Firm." pp. 23-60 in *The Social Economy: Building Inclusive Economies* edited by Antonella Noya and Emma Clarence, Paris: OECD. (www.sourceoecd.org/government/9789264039872)

Bowles, Samuel and Herbert Gintis (2011) *A Cooperative Species: Human Reciprocity and Its Evolution.* Princeton, NJ: Princeton University Press.

Camerer, Colin. F (2003) *Behavioral Game Theory – Experiments in Strategic Interaction* Princeton: Princeton U. Press.

Chen, Dung-sheng (2001) Taiwan's Social Changes in the Patterns of Social Solidarity in the Twentieth Century, *The China Quarterly*, 165: 61-82.

Duncan Fuller, Andrew E. G. Jonas, Roger Lee (eds.). 2010. *Interrogating Alterity: Alternative Economic and Political:* London: Ashgate.

Geertz, Clifford (1963) *Peddlers and Princes: Social Change and Economic Modernization in Two Indonesian Towns* Chicago: University of Chicago Press.

Fehr, Ernst and Simon Gachter (2002) "Strong Reciprocity, Human Cooperation, and the Enforcement of Social Norms." *Human Nature* 13: 1-25.

Fehr, Ernst and Urs Fischbacher (2003) "The Nature of Human Altruism." *Nature*

425 (23): 785-791.

Gerometta, Julia and Hartmut Haussermann and Giulia Longo. "Social Innovation and Civil Society in Urban Governance: Strategies for an Inclusive City." *Urban Studies* 42 (11): 2007-2021.

Henrich, Natalie and Joseph Henrich (2007) *Why Human Cooperate: a Cultural and Evolutionary Explanation* Oxford: Oxford University Press.

Hudson, Ray (2009) Life on the edge: navigating the competitive tensions between the 'social' an the 'economic' in the social economy and in its relations to the mainstream. *Journal of Economic Geography* pp. 493-510.

Kerlin, Janelle (2010) "A Comparative Analysis of the Global Emergence of Social Enterprise." *Voluntas: International Journal of Voluntary and Nonprofit Organizations* 21: 162-179.

Leyshon, Andrew. Roger Lee and Colin C. Williams (eds.). (2003) *Alternative Economic Spaces* London: Sage Publications.

Mauss, Marcel (1954) *The Gift* Glencoe, IL.: The Free Press.

Mellor, Mary and Janet Hannah, John Stirling (1988) *Worker Cooperatives in Theory and Practice* Philadephia: Open University Press.

Molloy, A., C. McFeely and E. Connolly (1999) *Building a Social Economy for the New Millenium*. Derry: Guildhall Press.

Moulaert, Frank. Flavia Martinelli. Erik Swyngedouw and Sara Gonzalez (2005) "Towards Alternative Model(s) of Local Innovation." *Urban Studies* 42 (11): 1969-1990.

Moulaert Frank and O. Ailenie (2005) Social Economy, Third Sector and Solidarity Relations: A Conceptual Synthesis from History to Present. *Urban Studies* 11: 2037-2053.

Moulaert Frank and Jacques Nussbaumer (2005) Defining the Social Economy and its Governance at the Neighbourhood Level: A Methodological Reflection. *Urban Studies* 42 (11): 2071-2088.

Nicholls, Alex and Rowenda Young (2008) "Preface." pp. vii-xxiii in *Social Entrepreneurship: New Models of Sustainable Social Change* (2nd) edited by Alex Nicholls. Oxford: Oxford University Press.

Ostrom, Elinor (1990) *Governing the Commons: the Evolution of Institutions for Collective Action* Cambridge: Cambridge University Press.

Parker, Gavin (2005) "Sustainable Food? Teikei, Co-operatives and Food Citizenship in Japan and UK." *Working Papers in Real Estate and Planning*, Centre of Planning Studies, The University of Reading, UK. .

Polanyi, Karl (1957) *The Great Transformation: the Political and Economic Origins of Our Time*. Boston: Beacon Press.

Powell, Walter W. (1990) Neither Market or Hierarchy: Network Forms of Organization. *Research on Organizational Behavior* 12: 295-336.

Quarter, Jack. Laurie Mook, and Ann Armstrong. (2009) *Understanding the Social Economy: a Canadian Perspective* Toronto: University of Toronto Press.

Sahlins, Marshall. (1972) *Stone Age Economics* London: Routledge.

Scott, James C (1977) *The Moral Economy of the Peasant: Rebellion and Subsistence in Southeast Asia* New Heaven: Yale University Press.

Social Enterprise UK, (2011) *Fightback Britain: A Report on the State of Social Enterprise Survey 2011* Published by Social Enterprise UK, http://www.socialenterprise.org.uk

"Special Report, Future of Jobs." *The Economist,* Sep 10th 2011.

第2章　世帯を分析単位として見る地域内・地域間の移住
——台湾における2002年度世帯調査から——

黎　徳　星、Boris A. Portnov

はじめに

　移住は世帯行動の重要な構成要素であり、移住を行う世帯および移住移動の背後にある主な要因の分析を目指して数多くの研究が行われてきた（特にMiller 1972；Wu 2004；Kendig 1984；Portnov 2001；Magnusson & Turner 2003 を参照のこと）。こうした研究の中には、主に移住者による住居の選択に着目した研究もあれば（Owusu 1999）、主に都市・農村間の移住を取り上げた研究もあった（Barcus 2004；Von Reichert 2001；Li and Zahniser 2002）。

　世界的に国際分業が変化し続けており、台湾（特に周辺地域）においても失業者数が増加していることから、加速度的に地方の多くの世帯が追い立てられるように移動を行うことが予想される。しかし、1980年代前半以降、地域内移住率および地域間移住率がともに減少しているように見受けられる（図2-1参照）。こうした現在の傾向から、台湾における移住は雇用のみに関連したものではなく、住宅事情や生活の質といった要因も重要な要素になっていることがわかる。

　これまでに台湾における労働移住に関する研究がいくつか行われてきたが（特に Mullan *et al.* 1998；Lin & Liaw 2000；Hung & Yin 2008 を参照のこと）、世帯の地域間または地域内における移住移動に影響を及ぼす要因については十分な研究がなされていない。本研究では、こうした不足を補うために、個々の

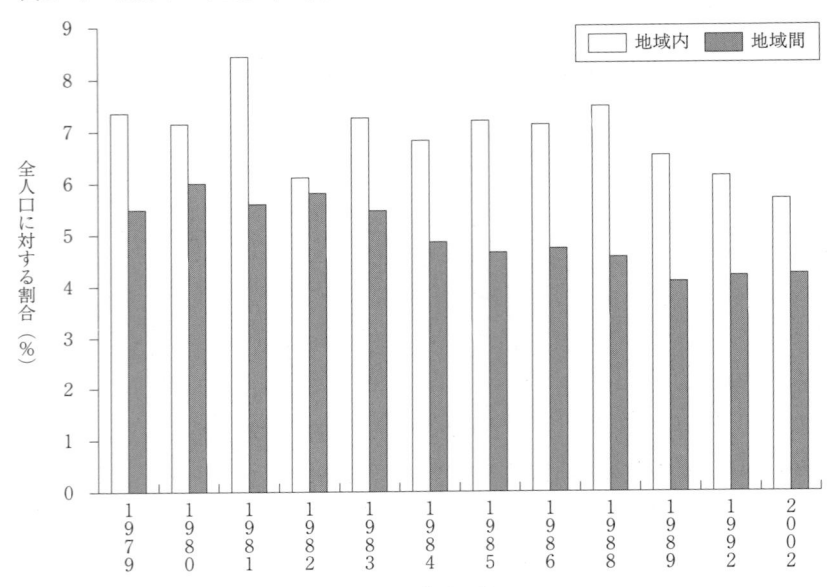

図2-1　1979年から2002年の間に地域内移動および地域間移動を行った人口の割合

凡例：地域内　地域間

縦軸：全人口に対する割合（%）
横軸：1979, 1980, 1981, 1982, 1983, 1984, 1985, 1986, 1988, 1989, 1992, 2002

出典：Consecutive Internal Migration Surveys, 1979-2002 (DGBAS).

　世帯を主な分析単位として地域内移住移動と地域間移住移動の違いに着目する。
　台湾は比較的小さな国だが（全陸地面積は4万m^{2}以下）、18の県に分かれている。北は台北市から南は屏東県まで394km以上に広がっており、郊外に島が数島存在する（図2-2参照）。したがって、「出身」県内での移動または地域を越えての移動の結果として世帯に及ぼされる移住の影響は、明確に異なることが予想される。地域内（例：県内）移動を行う場合、家族は現在の仕事場と親族とのつながりを失わずに済む。一方、地域間移住者は生活様式と環境要素のより劇的な変化を経験することになる可能性が高い。こうした変化には、家族の大人たちの仕事の変化、子供たちの新しい学校の手配、住居の変化、家族の社会的きずなの変化などが含まれる。
　移住に関する論文においては、世帯の移住パターンを説明するのにライフコースに着目した手法が広く採用されてきた。（特にClark and Huang 2004；

図 2-2　台湾地図

Mulder 1993 を参照のこと)。この手法の枠組みにおいて、ライフコース要因 (例：新たな家庭の形成、出産等に伴う住居の変化等) は、地域内移動度を左右する主な要因であるとされているが、地域間移住は、主に仕事と教育に関連する要因に結びついていると考えられている (Dieleman & Clark 1995)。

　地域間移住は必ずしも経済状況の悪化により引き起こされるとは限らないが、各県・地域の景気に大きな差があるため、台湾では経済状況が重要な要因となっている可能性がある。首都台北を中心に形成されている台湾都心部の経済が、主にサービスの提供と世界的競争力を誇るハイテク産業を基盤としていること

は注目に値する。近年この都心部の経済成長は経済混乱の影響を受けているが、農業と伝統産業に特化している郊外の周辺地域は国際競争および世界的な景気後退により特に大きな打撃を受け、仕事を理由とした移住流出が起こっている。

1. 家庭移住に影響を及ぼす要因

経済的観点から言えば、移動するという決断、特に地域間移動をするという決断は、移動によって生じる費用と利益の面における物質的福祉の最大化に密接に関連している（Kan 2003）。経済的福祉は、都市・農村間移住のプッシュ・プル要因の背後にある主な原動力であると見なされている（Li and Zahniser 2002；Hare 1999；Alden Speare 1974；Alden Spear *et al.* 1988）。

急速に発展している多くの国においては、大規模な国内移住および国外への移住の1番の原動力となっているのは雇用関連の要因である（Liang 2001；Liang & Ma 2004）。居住地区を変えるという家族の決断に端を発する住居移転も、合理的な経済的考察の結果として起こると考えられている（Clark *et al.* 2003）。

Garasky（2002）によると、家族の社会的きずなは、親が住んでいる県内での若者の移住を増加させる要因となっているが、この傾向は特に新婚夫婦において顕著である。しかし、Garaskyは、特に地元の失業率が上がっている場合、出身県を離れ、長距離の地域間移動を行うことを考えている若い移住者にとっては、雇用機会が特に重要な意味を持つことも明らかにした。

(1) 立地要因

移住から期待できる経済的利益に加え、立地関連の理由も移住の流れを形成する上で重要な役割を果たしている（Von Reichert 2001；Fokkema *et al.* 1996；Foulkes & Newbold 2005）。この理由には、地理的地域間の気候の違いや、主要都市には多く存在するがその他の地域には比較的少ない学校や娯楽施設への近さなどが含まれる（Clark *et al.* 1996；Halfpenny *et. al.* 2003；Niedomysl 2008）。StimsonとMinnery（1998）はオーストラリアのゴールドコーストで

移住に関する研究を行い、晴天の多い気候や生活様式など、移住先の立地特性および環境特性が地域間移住者を引き付ける傾向にあることを明らかにした。Kan（2007, 1999）は住居移動度と社会資本の関係を調査し、近くに住む親族から援助を受けられる可能性など、コミュニティ関連の考察も家庭が地域間移動を行う傾向を制限している可能性があることを明らかにした。

(2) ライフコース要因

社会学的伝統に沿って、ライフコース理論は世帯の移動度を説明するのに広く用いられている（Nordvik 2004）。ライフコース理論によれば、人間の行動と個人の発達は、成熟と老化という人間の生物学的・社会的プロセスと密接に関連しており、こうしたプロセスは同様に心理学的出来事および社会的出来事、ライフコースにおける出来事の影響を受ける（Clausen 1986；Quadagno 2002；Giele & Elder Jr. 1998）。一般的に、ライフコース要因（核家族化、退職など）に起因する世帯の移動度については、移住に関する論文において詳細に説明されてきた（特に Morrow-Jones & Wenning 2005；Winstanley et al. 2002；Walters 2002 を参照のこと）。

住居と住宅保有形態の変化に関連して世帯の移動度について調べる際にも、ライフコース理論が広く用いられてきた（中でも Dieleman & Everaers 1994；Clark, Deurloo & Dieleman 1997；Clark & Huang 2003；Li and Li 2006；Li 2004 を参照のこと）。住居の移動に関して、ライフコース理論の枠組みにおいては、出産や結婚、転職、住宅保有形態の変化といったライフコースにおける出来事と同様に、家族の社会経済学的・人口学的状況の変化にも重点がおかれる（Clark and Huang 2003；Clark, Deurloo & Dieleman 1997）。

2．台湾における人口移動

特に世帯の移動度に関して、台湾における移住に関する研究は比較的少ない。Spear（1974）と Spear ら（1988）による初期の2つの研究において、1970年

代前半における都市・農村間移住の分析が行われた。これらの研究は、移住者の社会人口学的特性および出身県における社会的きずなや経済的つながり、住居と仕事に対する不満、仕事に関する情報を調査することで、移住行動には性別と年齢層による大きな違いがあることを明らかにした。特に、年齢が男性の移動度にマイナスの効果をもたらすのに対し、女性の移動度は年齢とともに増すようであった。また、収入増加の見込みも男性移住者と女性移住者の双方にとって最も重要な要因であることが明らかになったが、台湾の都市住民に比べ、農村部の被雇用者が移動を実行に移すことはあまりなかった。

初期の研究において Mullan ら（1998）は、1960年代前半の台湾における都市・農村間移住について論じ、当時の移住が農村部の世帯にとっての「世帯生存戦略」であったという結論に達した。職のある人々が仕事のために都市エリアに移動することは少なく、移住者受け入れ地域の社会ネットワークが転入のきっかけになることが多かった。

最近の研究において Lin と Liaw（2000）は、1990年度の国勢調査のデータを利用し、労働移住パターンの調査を行った。調査結果によると、1980年代の台湾北部への労働移住はグローバル化の影響と密接に関連しており、人口分布に大きな変化が生じた。台湾北部（首都台北周辺）には依然として国内の他の地域からの移住者が絶えなかったが、南部地域は住民の純転出に悩んでいた。その他の多くの国と同じように、最初に移住するのは高学歴の若者であった。

Hung と Yin（2008）による最近の研究では、1992年度および2002年度の移住調査の結果を利用し、台湾における個人移住についての調査が行われた。その結果、1992年度に比べ、2002年度においては年齢および性別、結婚歴は地域間移住を形成する上で重要ではなかったことがわかった。また、低学歴の移住者に比べ、高学歴の移住者は1992年度および2002年度において地域間移動を行う傾向が強かったことが明らかになった。さらに、既婚男性が移住移動に着手する傾向が強かったのに対し、既婚女性は移住移動について行く傾向が強かった。しかし、それまでのほとんどの研究と同様、Hung と Yin（2008）は個人移住に分析の焦点を当てていたため、彼らが移住移動の説明に用いた要因は個

人的特性のみに限定されており、移住元または移住先の地域の立地要因または経済的要因は考慮されていなかった。

　台湾における移住に関する知識の大部分は、こうして個人の移住に着目した研究から得られたものである。しかし、世帯の移住の動向はそれとは異なるだろう。実際は、特に子供や複数の稼ぎ手がいる世帯は個人移住者ほど「気まま」ではなく、個人とは異なる移住行動を示すと考えられる。さらに、移住の背後にある地域的要因（移住元の地域と移住先の地域の間の地域福祉の違いなど）についても、今のところ十分に詳細は調査はなされていない。

3．研究方法

(1) データ元

　本論文における分析には、*Internal Migration Survey in the Taiwan Area, Republic of China 2002* からのデータを用いた。この調査は、中華民国（ROC）行政部（行政院）主計総処（DGBAS）により1979年以降毎年実施されている。本調査によって集められたデータには、約2万世帯の代表サンプルに関する情報が含まれており、雇用形態、移住理由、住宅保有形態等の基本的な社会的・経済的特性が網羅されている。

　地域の経済状況（近年では景気後退や失業率の上昇、県ごとの所得格差の拡大などが特徴的）が世帯の移住に影響を及ぼす場合がある。したがって、本論文における分析においては、移住元の地域および移住先の地域における平均世帯収入および雇用構造、失業率などの地域的経済指標も分析対象とした。中華民国統計処からもデータを得た（DGBAS 2003）。

　2002年度の世帯調査の対象となった2万世帯のうち、411世帯が2002年度に移住を行っていた。そのうち、335世帯が出身県内での移動を行っており、76世帯が県外に移住していた（表2-1参照）。一般的に、首都台北（人口260万人）周辺の県および台湾の中心地域である新竹県、桃園県、台中市、台南市といっ

た国内の大都市圏において移住移動が最も頻繁に起こっていた（DGBAS 2003）。

(2) 研究計画

台湾における一般的な移住パターンを調査することから分析を開始した。分析においては、出身県内での移動を行った世帯を条件的に「地域内移住者」に分類し、県外への移動を行った世帯を「地域間移住者」と定めた。ここで1つ説明を加える必要がある。物理的距離という点に関して、地域内移住と地域間移住の違いがはっきりしない可能性があり、少なくとも実際にそうした事例が数例存在する。例えば、屏東県から高雄市への移動（図2-2参照）は、地域間移住であると考えられるが、例えば恒春鎮から屏東市への移動など、県内移動は地域内移住に分類される。しかし、物理的距離の観点から言えば、これらの移住移動の距離はほぼ同じである。台北市と、台北自治区外ではあるが台北県内に位置する台北の衛星区である板橋区と新店区にも同じ状況が当てはまる。こうした特性が経験的結果の解釈を制限してしまう可能性があることは明らかだ。しかし、個々の地域に関する移住データを分析に利用する（データ利用に規制があるため実現できないが）場合を除き、広域データをどれだけ集約したとしてもこうした「境界近接」効果が存在する可能性は高い。しかし、都市部への移住があまり過密ではなく、地方行政区画の規模が大きい傾向にある大都市圏外地域では、こうした効果が存在する可能性は低い。

(3) 研究で用いた変数

地域間移動と地域内移動の違いを説明するために、a）世帯の社会人口学的特性、b）雇用・住宅変数、c）地域要因の3種の変数群についての調査を行った。

世帯の社会人口学的特性には、家長の年齢、結婚歴、性別、15歳以上の世帯員が含まれる。移住のタイミングと可能性を調査する上で、家長の年齢は決定的な指標になり得ない場合があるが、最近 Morrow-Jones と Wenning（2005）

によって論じられたように、それでもこの指標は移住に関する研究において移住行動の予測に広く用いられている (Clark and Huang 2004；Robison and Moen 2000；Li 2004)。

2つ目の変数群には、職種や学歴、移動前の住宅保有形態、移住理由などの雇用・住宅変数が含まれる。これまでの研究によって示されているように、家族のさまざまなライフコース段階における住宅ニーズが家庭の移動のきっかけとなる場合がある (Clark and Huang 2003)。住宅保有形態も、移住に関する意思決定における決定的な要因として挙げられてきた (Clark and Huang 2004)。

最後に、地域的要因には、移住先地域における平均世帯収入および移住先の県と移住元の県の所得レベル比が含まれる。分析開始時から予測できていたことだが、移住元の県と移住先の県の経済状況の格差が大きい場合、その地域間での移住が増加する。

既婚／未婚男性と既婚／未婚女性など、研究に用いた変数の相互作用と、性別ごとの移動理由を反映する単独の指標に関する分析も行った。しかし、以下の章では、簡潔にするため、統計的に有意な相互作用についてのみ論じる。

研究に用いた変数と変数の影響を調べるために用いた尺度の一覧表については、別表2-1に記載する。

4．経験的結果

(1) 一般的傾向

表2-1は、2002年に地域内（例：出身県内）または地域間、つまり県を越えての移動を行った世帯の特性を示すものである（より詳しい議論については(2)「研究計画」を参照のこと）。表に示されているように、家長の学歴、住宅保有形態、移動理由（$P<0.10$）という3つの指標に関して、地域間移動を行った世帯と地域内移動を行った世帯には大きな差があることが見て取れる。特に、地域内移動を行う世帯の家長に比べ、地域間移動を行う世帯の家長は高学

表 2-1　G 2002年度移住コホートに属する家庭の一般的特性（絶対数・絶対率）

変　数	地域内移動　N（％）	地域間移動　N（％）	カイ二乗
年齢			4.42, df 3, p = 0.21
0～29歳	56　（17.0）	18　（24.0）	
30～39歳	91　（27.0）	25　（33.0）	
40～49歳	83　（25.0）	16　（21.0）	
50歳～	105　（31.0）	17　（22.0）	
結婚歴			4.29, df 3, p = 0.23
未婚	60　（18.0）	19　（25.0）	
既婚	199　（59.0）	44　（58.0）	
別居	36　（11.0）	9　（12.0）	
死別	40　（12.0）	4　（5.0）	
学歴			10.21, df 3, p = 0.23
9年以下	158　（47.0）	25　（33.0）	
10～12年	99　（30.0）	20　（26.0）	
13年以上	78　（23.0）	31　（41.0）	
15歳以上			0.39, df 2, p = 0.82
1人	81　（24.0）	21　（28.0）	
2人	65　（19.0）	14　（18.0）	
3人以上	189　（57.0）	41　（54.0）	
以前の住宅保有形態			4.89, df 2, p = 0.08
持ち家	176　（53.0）	31　（41.0）	
賃貸住宅	138　（41.0）	36　（47.0）	
その他	21　（6.0）	9　（12.0）	
雇用			1.16, df 2, p = 0.55
専門	27　（8.0）	9　（12.0）	
熟練	101　（30.0）	23　（30.0）	
非熟練	207　（62.0）	44　（58.0）	
移動理由			66.14, df 6, p < 0.001
仕事	55　（16.0）	35　（46.0）	
教育	12　（4.0）	12　（16.0）	
家族	23　（7.0）	8　（10.0）	
生活	88　（26.0）	3　（4.0）	
住宅購入	71　（21.0）	5　（6.0）	
住宅保有期間の終了	37　（11.0）	3　（4.0）	
その他	49　（15.0）	10　（13.0）	
合　計	335　（100）	76　（100）	

出典：IMSデータを用いて編集。

歴であるように見受けられ、移住の動機として仕事や学習に関連した理由（61％）を挙げることが多い。一方、地域内移住者の中でこうした理由を移住の動機として挙げた家庭は20％であった（表 2-1 参照）。

また、地域間移住者（41%）に比べ、地域内移住者（53%）は自宅所有者であることが多い。こうした違いが生じている明らかな理由として、賃貸住宅に住んでいる世帯はより自由に新たな居住地を選ぶことができる一方、住宅所有者は移動前に既存の住宅を売却または賃貸に出さなければならないが、それは特に景気が後退し住宅需要が落ち込んでいる現在においては必ずしも可能ではないことが挙げられる。

(2) ロジスティック分析

地域間移動および地域内移動に影響を及ぼす要因の二変数ロジスティック分析について表2-2および表2-3に示した［モデルの予測は、相互作用条件有りの場合となしの場合について別々に行った。それぞれについては表2-3および表2-2を参照のこと］。

表2-2に示されているように、家長の学歴（$P<0.05$）、移動理由（$P<0.001$）、移住先地域における平均世帯収入（$P<0.05$）、以前の住宅保有形態（$P<0.01$、表2-2参照）という4つの変数は、少なくとも有意水準が0.1である場合において統計的に有意であることがわかった。

特に、表2-2に示されているように、高学歴の世帯は地域間の移動を行うことが多く（$OR=1.514$；$P<0.1$）、地域間移動の主な理由は転職や教育上の理由であるように見受けられる（$OR>4.3$；$P<0.05$）。同時に、生活の質および住宅保有期間の終了、住宅購入は県内移動との結びつきがより強く（$OR<0.3$；$P<0.05$）、持ち家を所有している場合、家庭が地域間移動を行う傾向は弱まると思われる（以前の住宅保有形態：$OR=0.211$；$P<0.01$；表2-2参照）。

特徴として、移住先の県の所得水準が統計的に有意である（$OR=5.612$；$P<0.05$）ことから、地域内移住者が高所得県に魅力を感じている台湾における地域間移住は、地域発展における経済格差が動機となって行われていると考えられる。

表2-3を参照していただきたいのだが、性別および結婚歴、学歴の相互作

表2-2 台湾における県外移住および県内移住に影響を与える要因のロジスティック回帰

（従属変数コード化：県内移住＝0；県外移住＝1；相互作用は除外）

変　数	p 値	OR^a (95% CI^b)
年齢	0.989	1.000 (0.972〜1.028)
15歳以上の世帯の人数	0.934	0.992 (0.811〜1.212)
結婚歴（rc：既婚）	0.205	0.532 (0.200〜1.412)
学歴（rc：13年以上）	0.031	
9年以下	0.021	0.320 (0.122〜0.840)
10〜12年	0.014	0.325 (0.132〜0.799)
移動理由（rc：その他）	<0.001	
仕事	0.005	4.395 (1.558〜12.400)
教育	0.020	4.878 (1.279〜18.597)
家族関連の理由	0.217	2.239 (0.623〜8.042)
土地柄	0.003	0.078 (0.015〜0.410)
住宅購入	0.054	0.279 (0.076〜1.020)
住宅賃借	0.051	0.219 (0.048〜1.008)
移住先地域の所得（ln）	0.037	5.612 (1.107〜28.463)
所得比率	0.303	0.371 (0.056〜2.451)
雇用種別（rc：非熟練または無職）	0.184	
専門	0.174	0.437 (0.133〜1.441)
熟練	0.088	0.491 (0.217〜1.111)
以前の住宅保有形態（rc：その他）	0.001	
持ち家	0.008	0.211 (0.067〜0.663)
賃貸住宅	0.530	0.688 (0.214〜2.210)
性別（rc：女性）	0.401	1.373 (0.655〜2.875)
定数	0.043	
－2対数尤度	277.992	
Nagelkerke の R 2 乗	0.344	

注：rc＝対照分類；^{a}オッズ比；^{b}信頼区間。

用条件を考慮に入れた場合でも、表全体の見た目の印象は変わらない［簡潔にするため、表には統計的に有意な相互作用条件しか記載されていない］。表2-2に示したモデルと同様に、家長の学歴および以前の住宅保有形態、移住先地域の所得が統計的に有意であった（$P<0.1$）。

しかし、世帯の移住には性別によって違いがあるようだ。地域間移住を行う上で、仕事・教育関連の理由は、父子世帯（男性*仕事：$OR=3.195$；$P<0.05$；男性*教育：$OR=2.495$；$P>0.4$）よりも母子世帯（女性*仕事：$OR=$

表2-3 台湾における県外移住および県内移住に影響を与える要因のロジスティック回帰
（従属変数コード化：県内移住＝0；県外移住＝1；相互作用を含む）

変　数	p 値	OR^a	(95% CI^b)
年齢	0.895	1.002	(0.974〜1.031)
15歳以上の世帯の人数	0.785	0.971	(0.788〜1.197)
結婚歴（rc：既婚）	0.999	0.000	
学歴（rc：13年以上）	0.056		
9年以下	0.028	0.327	(0.121〜0.884)
10〜12年	0.031	0.355	(0.138〜0.911)
以前の住宅保有形態（rc：その他）	<0.001		
持ち家	0.003	0.161	(0.048〜0.544)
賃貸住宅	0.373	0.569	(0.164〜1.970)
移住先地域の所得	0.031	7.023	(1.195〜41.260)
所得比率	0.192	0.276	(0.040〜1.908)
雇用種別（rc：非熟練または無職）	0.192		
専門	0.236	0.473	(0.137〜1.631)
熟練	0.079	0.462	(0.195〜1.095)
性別（rc：女性）	0.356	3.001	(0.291〜30.965)
性別*除外	<0.001		
男性*仕事	0.044	3.195	(1.032〜9.889)
男性*教育	0.408	2.495	(0.286〜21.769)
男性*家族関連の理由	0.207	2.738	(0.572〜13.101)
男性*土地柄	0.006	0.047	(0.005〜0.423)
男性*住宅購入	0.016	0.112	(0.019〜0.665)
男性*住宅賃借	0.063	0.178	(0.029〜1.096)
女性*仕事	0.036	15.806	(1.195〜209.003)
女性*教育	0.192	5.891	(0.410〜84.597)
女性*家族	0.562	2.224	(0.149〜33.116)
女性*土地柄	0.998	0.000	
女性*住宅購入	0.939	1.103	(0.087〜13.950)
女性*住宅賃借	0.998	0.000	
既婚*除外	0.816		
定数	0.034		
−2対数尤度	263.286		
NagelkerkeのR2乗	0.394		

15.806；P＜0.05；女性*教育：OR＝5.891；P＜0.2）に関してより有意であるように見受けられた。同時に、土地柄および住宅購入に関する理由は、父子世帯が地域内移動を行う際には特に重要であるが（P＜0.05）、母子世帯の地域間移動の予測においてはほとんど重要ではない（P＞0.9）ことが明らかに

なった。

　こうした違いが生じる明らかな理由として、主に母子世帯は仕事または教育に関連して必要が生じた場合などの「極端な」状況下で「追い立てられるように」移動を行うが、通常母子世帯に比べ世帯内に稼ぎ手が多く、所得水準が高い父子世帯は、住居環境や近隣環境を改善したいなど、「緊急性の低い」理由から移住を行う可能性が高いことが挙げられる。

おわりに

　世界的に国際分業が変化し続けており、失業者数も増加していることから、台湾では多くの世帯が追い立てられるように移動を行っていると考えられる。しかし、1980年代前半以降、地域内移住率および地域間移住率がともに減少しているように見受けられるが、特に地域間移住が急激に減少している。

　本論文の目的は、台湾における世帯の地域内移動と地域間移動の違いを説明することであった。実用上の目的から、（2002年度世帯調査からサンプリングされた2万世帯のうち）411の「移住者」世帯からなるコホート全体を、県内移動者と県外移動者という2つのカテゴリーに分類した。

　これまでに行われてきた移住に関する研究は（特に都市・農村間移住に関して）主に個人の移住に焦点を当てたものであったのに対し、本研究では、世帯の移住に焦点を絞って分析を行った。また、台湾におけるこれまでの移住に関する研究においては潜在的な移住決定要因としての分析が行われてこなかった移住元の県および移住先の県の社会経済学的指標も分析の対象とした。県内移動および県外移動に影響を与えている可能性のある要因について説明するために、2002年度世帯調査から得られたデータを用いてロジスティック回帰分析を行った。

　本研究が示すように、台湾における世帯の地域間移動と地域内移動の主な違いは、賃貸エリアに居住している学歴の高い世帯は地域を越えて移動する可能性が高いが、持ち家に住んでいる学歴の低い世帯は出身県内での移動を行う可

能性が高いという点である。また、父子世帯と母子世帯の間にも大きな違いがある。父子世帯が地域内移動を行うためには、土地柄および住宅購入に関する理由が特に重要になることがわかっている一方、これらの要因は、仕事や教育上の理由に関連した移住移動を行うことが多い母子世帯の移住の動きを予測する上ではあまり重要ではないように思われる。こうした興味深い傾向の背後にある明らかな原因として、主に母子世帯は仕事または教育に関連して必要が生じた場合などの「極端な」状況下で「追い立てられるように」移動を行うが、通常母子世帯に比べ世帯内に稼ぎ手が多く、所得水準が高い父子世帯は、住居環境や近隣環境を改善したいなど、「緊急性の低い」理由から移住を行う可能性が高いことが挙げられる。

　我々の研究結果により、台湾における地域間移動は学歴の高い世帯および賃貸住宅に居住している人々により行われる傾向が最も高いことが明らかになった。これは、LinとLiaw（2000）が導いた結論を裏付けるものである。持ち家に居住している世帯が地域間移動を行おうとする場合、移動前に持ち家を売却する（または賃貸に出す）必要があるが、それは景気後退や住宅需要の落ち込みのために必ずしも可能ではない場合があるため、そうした世帯が地域間移動を行うことは難しいと思われる。

　しかし、これまでの研究（Alden Spear 1974；Lin and Liaw 2000；Hung and Yin 2008などを参照のこと）とは異なり、家長の年齢や結婚歴などといったライフコース要因は、地域間移動および地域内移動に関する統計的に有力な決定要因として浮かび上がってはこなかった。これは、家族の人口の違いやライフコース変数に関係なく、より裕福な県が台湾社会のすべての社会人口学的階層を引き寄せているため、台湾における現在の世帯の動きの大部分が仕事関連の誘因や市場の状況などといった家族のライフコースとは関係のないイベントと結びついているという事実により説明がつく（特にClark, Deurloo and Dieleman 1997を参照のこと）。

　また、本研究では、台湾における地域間移動を説明する上での地域間の経済格差の重要性が示された。地域内での移動を行う世帯とは異なり、地域間移動

別表2-1　研究で用いた変数の詳細

変数	定　義	対応コード
A．社会人口学的要因		
年齢	家長の年齢（歳）	比率尺度
学歴	家長が教育を受けた年数	1＝9年以下；2＝10～12年；3＝13年以上
結婚歴	家長の現在の婚姻区分	1＝独身（離婚・死別を含む）；2＝既婚；
性別	家長の性別	1＝男性；2＝女性
15歳以上	15歳以上の家族の人数	1人＝15歳以上が1人 2人＝15歳以上が2人 3人以上＝15歳以上が3人以上
B．雇用・住宅関連の要因		
移動理由	移動理由	仕事＝転職・求職 教育＝卒業・入学 家族＝家族関連の理由 土地柄＝より良い住環境 住宅購入＝マンションまたは一軒家の購入 住宅賃借＝賃借期間の終了 その他＝その他の理由
住宅	移動前の住宅保有形態	1＝自己所有のマンションまたは持ち家； 2＝賃貸マンションまたは賃貸住宅； 3＝その他
雇用	雇用種別	1＝専門；2＝熟練；3＝無職を含む非熟練
C．地域的要因		
所得	移住先地域の所得（1世帯あたりTW$）	比率尺度
所得比率	移住先の県と移住元の県の所得比率	比率尺度

を行う世帯は技能的により優秀であるため、経済的な見通しがより明るい。こうした傾向は台湾における生産要素の空間的集中に影響を及ぼしている可能性があるため、さらなる調査を行う必要があるだろう。また、本研究は配偶者に関する情報などといった世帯の特性を扱っていないため、地域内における世帯移動に関する理解が確実に限られてしまっていることに注意しなければならない。

参考文献

Barcus, H. R. (2004). Urban-rural Migration in the USA: An Analysis of Residential Satisfaction, *Regional Studies*, 38 (6), pp. 643-657.

Clark, D. E., et al. (1996). Personal and Location-specific Characteristics and Elderly Interstate Migration, *Growth and Change*, 27, pp. 327-351.

Clark, W. A. V., et al. (1997). Entry to Home-ownership in Germany: Some Comparisons with the United States, *Urban Studies*, 34 (1), pp. 7-19.

Clark, W. A. V. and Withers, S. D. (1999). Changing Jobs and Changing Houses: Mobility Outcomes of Employment Transitions, *Journal of Regional Science*, 39 (4), pp. 653-673.

Clark, W. A. V. and Huang, Y. (2003). The Life Course and Residential Mobility in British Housing Markets, *Environment and Planning A*, 35, pp. 323-339.

Clark, W. A. V., et al. (2003). Does Commuting Distance Matter? Commuting Tolerance and Residential Change, *Regional Science and Urban Economics*, 33, pp. 199-221.

Clark, W. A. and Huang, Y. (2004). Linking Migration and Mobility: Individual and Contextual Effects in Housing Markets in the UK, *Regional Studies*, 38 (6), pp. 617-628.

Clausen, J. A. (1986). *The life Course*, New Jersey: Prentice-Hall.

Dieleman, F. M. & Everaers, P. C. J. (1994). From Renting to Owning: Life Course and Housing Market Circumstances, *Housing Studies*, 9 (1), pp. 11-25.

Dieleman, F. M. and Clark, W. A. V. (1995). Falling out of the Home Owner Market, *Housing Studies*, 10 (1), pp. 3-15.

DGBAS (1979-2002). *Consecutive Reports on the Internal Migration Survey in Taiwan Area, Republic of China*, Taipei.

DGBAS (2003). *Report on the Internal Migration Survey in Taiwan Area*, Republic of China, 2002, Taipei.

Fokkema, T., et al. (1996). Big Cities, Big Problems: Reason for the Elderly to Move?, *Urban Studies*, 33 (2), pp. 353-377.

Foulkes, M. and Newbold, K. B. (2005). Geographic Mobility and Residential Instability in Impoverished Rural Illinois Places, *Environment and Planning A*, 37 (5), pp. 845-860.

Garasky, S. (2002). Where Are They Going? A Comparison of Urban and Rural Youth's Locational Choices after Leaving the Parental Home, *Social Science Re-*

search, 31, pp. 409-431.

Giele, J. and Elder Jr., G. H. ed. (1998). *Methods of Life Course Research: Qualitative and Quantitative Approaches*, Thousand Oaks: Sage.

Halfpenny, P., *et al*. (2003). Mobility and the Middle Classes: A Case Study of Manchester and the North West, *International Journal of Urban and Regional Research*, 27 (3), pp. 495-509.

Hare, D. (1999). 'Push' versus 'Pull' Factors in Migration Outflow and Returns: Determinants of Migration Status and Spell Duration among China's Rural Population, *Journal of Development Studies*, Feb. 1999, 35 (3), pp. 45-72.

Hung, C. and Yin, C. (2008) The Changes of Attributes and Motivations of Internal Migrants: the Comparison of 1992 and 2002 Data, *Soochow Journal of Economics and Business*, 61, pp. 31-66. (text in Chinese).

Kan, K. (1999). Expected and Unexpected Residential Mobility, *Journal of Urban Economics*, 45, pp. 72-96.

Kan, K. (2003). Residential Mobility and Job Changes under Uncertainty, *Journal of Urban Economics*, 54, pp. 566-586.

Kan, K. (2007). Residential Mobility and Social Capital, *Journal of Urban Economics*, 61, pp. 436-451.

Kendig, H. L. (1984). Housing Careers, Life Cycle and Residential Mobility: Implications for the Housing Market, *Urban Studies*, 21, pp. 271-283.

Li, H. and Zahniser, S. (2002) The Determinants of Temporary Rural to Urban Migration in China, *Urban Studies*, 39 (12), pp. 2219-2235.

Li, S. (2004). Life Course and Residential Mobility in Beijing, China, *Environment and Planning A*, 36, pp. 27-43.

Li, S. and Li, L. 2006 Life Course and Housing Tenure Change in Urban China: a Study of Guangzhou, *Housing Studies*, 21 (5), p. 653.

Liang, Z. (2001). The Age of Migration in China, *Population and Development Review*, 27 (3), pp. 499-524.

Liang, Z. and Ma, Z. (2004). China's Floating Population: New Evidence from the 2000 Census, *Population and Development Review*, 30 (4), pp. 467-488.

Lin, J. and Liaw, K. (2000). Labor Migration in Taiwan: Characterization and Interpretation based on the Data of the 1990 Census, *Environment and Planning A*, 32, pp. 1689-1709.

Magnusson, L. and Turner, B. (2003). Countryside Abandoned? Suburbanization and

Mobility in Sweden, *European Journal of Housing Policy*, 3 (1), pp. 35-60.

Miller, E. (1972). A Note on the Role of Distance in Migration: Costs of Mobility versus Intervening Opportunities, *Journal of Regional Science*, 12 (3), pp. 475-478.

Morrow-Jones, H. A. and Wenning, M. V. (2005). The Housing Ladder, the Housing Life-cycle and the Housing Life-course: Upward and Downward Movement among Repeat Home-buyers in a US Metropolitan Housing Market, Urban Studies, 42 (10), pp. 1739-1754.

Mulder, C. H. (1993). *Migration Dynamics: A Life Course Approach*, Amsterdam: Thesis Publishers.

Mullan, B. P., et al. (1998). Family and Internal Migration in Taiwan, *Asian and Pacific Migration Journal*, 7 (1), pp. 43-64.

Niedomysl, T. (2008). Residential Preferences for Interregional Migration in Sweden: Demographic, Socioeconomic, and Geographical Determinants, *Environment and Planning A*, 40, pp. 1109-1131.

Nordvik, V. (2004). Local Moving Activity among Norwegian Households, *European Journal of Housing Policy*, 4 (1), pp. 1-17.

Owusu, T. Y. (1999). Residential Patterns and Housing Choices of Ghanaian Immigrants in Toronto, *Canada, Housing Studies*, 14 (1), pp. 77-97.

Portnov, B. A. (2001). Employment-Housing Paradigm of Internal Migration: Evidence from Norway, *International Migration*, 39 (2), pp. 93-117.

Quadagno, J. (2002). *Aging and the Life Course: An Introduction to Social Gerontology*, 2nd Edition, New York: McGraw-Hill.

Robison, J. T. and Moen, P. (2000). A Life-Course Perspective on Housing Expectations and Shifts in Late Midlife Research on Aging, 22 (5), pp. 499-532.

Speare, A. Jr. (1974). Urbanization and Migration in Taiwan, *Economic Development and Cultural Change*, 22 (2), pp. 302-319.

Speare, A. Jr., et al. (1988). *Urbanization and Development: the Rural-Urban Transition in Taiwan*, Colorado: Westview View.

Stimson, R. J. and Minnery J. (1998). Why People Move to the 'Sun-belt': A Case Study of Long-Distance Migration to the Gold Coast, Australia, *Urban Studies*, 35 (2), pp. 193-214.

Von Reichert, C. (2001). Returning and New Montana migrants: Socio-economic and Motivational Differences, *Growth and Change*, 32 (3), pp. 447-465.

Walters W. H. (2002). Place Characteristics and Later-Life Migration, *Research on*

Aging, 24 (2), pp. 243-277.

Winstanley, A., *et al.* (2002). Moving House, Creating Home: Exploring Residential Mobility, *Housing Studies*, 17 (6), pp. 813-832.

Wu, F. (2004). Intraurban Residential Relocation in Shinghai: Modes and Stratification, *Environment and Planning A*, 36, pp. 7-25.

第3章　台湾経済システムにおける証券化
　　　──政治的起源の初歩的考察──

鄭　力　軒

はじめに──世界金融危機とアメリカ経済の証券化──

　2007年の初め、アメリカでサブプライム住宅ローンの債務不履行が大量に発生した。初期においては一部の地域の不動産市場に限られた危機現象に見えたが、最終的には大恐慌以来最も深刻な世界規模の経済危機へと発展した。当初その影響は住宅ローン関連機関に限られているようだったが、現代金融市場の複雑な相互連結関係のもと、この嵐は次第に全米を席巻し、最終的に世界規模の経済危機へと発展した。2008年9月、危機はピークに達し、住宅ローン関連の二大金融機関ファニーメイ（Fannie Mae）とフレディマック（Freddie Mac）が相次いでアメリカ政府に接収され管理下に置かれた（『経済日報』2008.09.07）だけでなく、アメリカの五大投資銀行も相次いで買収合併、破産あるいは商業銀行への転換を余儀なくされた。最も衝撃的だったのは当時アメリカ第4位の投資銀行リーマン・ブラザーズ（Lehman Brothers）が9月15日破産宣告をし、世界的金融恐慌を引き起こしたことだ（『経済日報』2008.09.16）。ゴールドマン・サックス（Goldman Sachs）およびモルガン・スタンレー（Morgan Stanly）は危機回避のため、商業銀行への転換を発表した（『経済日報』2008.09.21）。しかしこの危機はリスクの大きい投資銀行にとどまらず、世界最大の保険会社アメリカン・インターナショナル・グループ（American International Group：AIG）のような伝統的な保険機関（『経済日報』2008.

10.07）やシティバンク（Citi）、バンク・オブ・アメリカ（Bank of America）のような大型商業銀行まで、深刻な危機に陥った。9月27日、ワシントン・ミューチュアル（Washington Mutual）が経営破綻を発表し、アメリカ史上最大の損失を抱えた倒産となった。(『経済日報』2008.09.27)。そして、危機はアメリカにとどまらず、各国の銀行がみな天文学的金額の損失を記録した。同時にアメリカ市場に依存する東アジアの国々も一様に深刻な損害を被った。2009年1月において、台湾の輸出額は43％減少し、日本は46％、韓国は大幅な通貨切り下げにもかかわらず38％、中国も13％減少した(『経済日報』2009.02.10)。

　この金融危機は各国政府がケインズ主義のもと、多額の債券を発行し公共支出に投入することで、次第に緩和したが、このように重大な危機を生み出した制度的原因は政治的また学術的な課題となった。Davis（2009）は経済社会学の視点から過去30年間のアメリカ経済システムの移り変わりを分析し、アメリカ経済システムにおける「証券化」(securitization) が今回の危機の背後にある構造的原因だと指摘した。アメリカでは過去30年にわたる経済制度の革命を経て、証券市場を核心とする直接金融市場が、ミクロ経済の家計から、中間の企業における経営、さらにマクロ経済である国家経済の管理までを貫くようになった。

　まず、家計においては、従来大多数のアメリカ人がお金を銀行に預け、専門機関だけが証券市場で投資活動をしていた。しかし過去30年間において、アメリカ人は次第に銀行からお金を引き揚げ、いろいろな証券やファンドに投資し始めた。1990年代以降は、アメリカ人の多くが程度の差こそあれ、直接あるいは間接的手段で証券市場に参加し、証券市場の栄枯盛衰が多くの世帯の家計に直接的影響を与えるようになった。

　次に、企業の経営においては、1920年代、アメリカの大企業は経営者が支配する組織になり始め、株主は比較的脇役を務めていた。過去30年間において、退職金ファンドやその他の金融機関の主導のもと、機関投資家は企業経営に対してより積極的な役割を担い始め、株主としての権利を存分に行使することに

よって経営者に利益配当を迫り、株価を経営者評価の唯一の基準と見なした。この過程で金融市場は企業管理の核心的メカニズムとなった。

　第3番目に、国家全体の金融システムにおいて、伝統的には商業銀行が預金業務を通して経済システムの中枢となっていた。大恐慌後のアメリカ政府は集団的な危険を避けるために商業銀行と投資銀行を厳格に区別して、持ち株会社が商業銀行と投資銀行の株を同時に保有することを禁じた。また、連邦準備制度理事会によって保護されている商業銀行は、経営できる業務範囲を制限されていた。この、商業銀行と投資銀行の隔離体制はアメリカの金融界を半世紀も支配していた。しかし、過去30年間において伝統的預金業務はもはや銀行の中心業務ではなくなった。それに取って代わったのがさまざまな債権の証券化、資金運用、派生的金融商品やヘッジファンドの業務だ。言葉を換えれば、伝統的商業銀行と投資銀行の境界が次第に打ち破られ、証券市場が、金融システム全体を貫くようになったのだ。1999年アメリカの議会はさらに市場の自由という主張のもと、グラス＝スティーガル法（Glass-Stegall Act.）を廃止し、その結果シティバンクなどの商業銀行までもが大量の債権を証券化商品に転換するようになり、証券化を加速させた。

　世界金融危機は自己制御（self-regulating）神話を打ち崩し、資本市場と総体としての政治経済との複雑な関係を顕わにした。そして国家が資本市場で担う役割を明らかにした。1970年代中葉以来、経済学者が効率的市場仮説（EMH）に基礎を置くエージェンシー（代理人）理論を提起した。それは企業が株価を高めることを約束する契約の束（nexus of contracts）と見なされるべきであり、情報量が十分で効率的な金融市場において、株式価値こそが経営者の技量を測る最も適切な指標だという考え方である。したがって、証券市場は企業のために資金調達するだけでなく、企業経営および国家の経済管理の導き手として機能すべきである。Davis（2009）はさらに、効率的市場仮説の出現の最大の意義はその仮説そのものが「科学的である」ということではなく、それが、法学者やアメリカ政府に金融市場政策における重要な規範を提供し、アメリカの企業管理や金融市場整備を主導する理論になったことであると批判している。こ

表3-1 株式時価総額とGDPの比率（C/G ratio）の台湾とアメリカの比較

（単位：%）

年	台湾	アメリカ
2004	126.41	140.23
2005	136.48	139.49
2006	162.59	143.03
2007	170.36	142.66
2008	94.68	111.11

出典：台湾証券取引所ウェブサイトより。
http://www.twse.com.tw/ch/about/company/download/factbook/2009/1.02.htm
Federal Reserve http://www.federalreserve.gov/releases/z1/Current/data.htm

の理論に支えられて、大恐慌以来の金融管理システムが崩壊し、国家は日々資本化する経済システムをコントロールする能力を失ったばかりか、国家自身が資本化の推進者となり、資本市場を管理しようという目的さえ放棄した。このような背景のもと、大恐慌以後打ち立てられた危機回避コントロールのメカニズムが瓦解し、一旦危機に見舞われたら収拾がつかないという状態になってしまった。Davisは世界金融危機が、証券化と国家が金融管理の拠り所とした理論とに起因すると主張している。

世界金融危機の勃発で、現代の経済において証券市場の発展がいかに重要であるかが明らかになった。アメリカの発展の道筋が全世界に及ぼす影響は、相変わらず侮れないものだが、しかし、各国の証券化は類似した発展過程を経ているのか、それとも異なる歴史が存在するのか？　これが本稿の主要な論点である。本稿では台湾経済における「証券化」の歴史的起源に焦点を当てる。台湾の金融システムが今回の金融危機で受けた傷はそれほど深くはなかったが、実は台湾の経済システムはいくつかの面から見て却ってかなり「証券化」している。まず、台湾の株式市場が何度かのバブル期を経て、株式市場が比較的安定した発展を遂げた金融危機前の4年間、つまり2004年から2007年を例に挙げ、証券化を示す最も重要な指標である株式の時価総額（market capitalization）と国内総生産（GDP）の比率（以下略してC/G ratioという）から見ると、台湾の比率は103％、136％、163％、170.36％という高さだ。この比率は同様に製造業を主な産業とし類似した発展過程を持つ日本や韓国をはるかに上回っているばかりか、世界でも、ただ香港、シンガポール、ルクセンブルク、スイス、ヨルダンなど都市国家型の金融センターにおけるC/G ratioのみが台湾を上回るだけだ。金融危機の1年前、2007年を例にとると、日本のC/G ratioはたった101％で韓国もわずか107％である。証券化の発祥地アメリカとの比較でも、

台湾の比率はアメリカに迫り、アメリカを超える年も多い。2007年を例に挙げるとアメリカのC/G ratioも142.5％、イギリスもわずか137.3％と台湾よりずっと低い。ここで注意を要するのは1980年代末期と1990年代末期の２回のバブル期を経て2000年以降の台湾経済は特別な発展をしたわけではなかったことだ。それどころか歴史的に見ればやや低迷していたくらいだ。したがって、この高い数値は台湾の証券市場の経済全体における核心的地位をあらわしているといえる。本稿では台湾経済の証券化の政治的起源を検討したい。台湾の証券市場は公式には1980年代中葉に始まったといわれるが、筆者は台湾の証券化経済の発展は1980年代の台湾の政治構造と経済構造の総体的変化まで遡ってこそ理解できると考える。

１．文献を振り返って──証券市場と政治経済の全体像──

　意外なことに、証券市場の重要性が日々増している今日であっても経済社会学の分野における証券市場制度の研究は比較的少ない。Cetina & Preda（2005）が指摘するように経済社会学は生産者の立場を重視する傾向が濃厚で、財やサービスを生産する企業内部および企業同士の社会的つながりに関心の焦点が向けられ、少数の例外を除いて、流通的性質を持つ金融市場は関心の焦点とはならなかった。金融の問題に言及されたとしても関心が寄せられるのは、企業がどうやって資金を獲得するのかといったことであり、市場制度そのものではなかった。このため、証券市場の研究は主に政治経済の比較研究という形で行われてきた。文献を見ると、資本市場の研究には主に２つの方法がある。
　１つ目の方法は資本市場がその国の経済システム運用ルールや国家による経済への介入の能力や方法に与える影響を重視する。現在の共通認識では、資本市場は国家による企業行動や産業の発展への介入には不利だが、急進的改革の奨励や自由労働力市場の形成には有利であり、企業ネットワークの強化や労働組合の集団協議には不利だとされている。Zysman（1983）の著名な研究は、先進資本主義国家において資本市場と信用市場の構造の違いは、国家による産

業の調整力と手段に深刻な影響を与えていると指摘している。イギリスやアメリカに代表される資本市場主導の体制下においては、企業は主に資本市場を通して外部資金を調達し、銀行は補助的、短期的融資を担う。国家は外部からの管理や補助という形で、産業調整にあたるにすぎない。それに対して日本やフランスに代表される政府主導の信用市場体制下では、企業は銀行を通して資金を調達し、国家も銀行を通して後方から調整にあたるので、産業の調整や資金配分に深く介入する能力を持つ。Zysmanは各国の経済政策を比較する際に、その政策を支え、また制約する金融の仕組みにも注意を向けるべきだと考えている。

　Zysmanのこの著名な研究は金融システムと政治経済の関係に対する比較研究を創始し、後に続く資本主義の比較研究の重要な基礎を築いた。Hall & Soskice（2001）は資本主義の多様性（variety of capitalism）のモデルとなった研究において、さらに一歩踏み込んで、資本市場と信用市場の構造をその国の労働市場、企業間関係および技能形成方式の構造に結びつけた。資本市場の影響の違いは自由市場経済（Liberal Market Economies）と調整市場経済（coordinated market economies）を区別する核心的特性であり、国家の産業形成と比較優位に大きく影響を与える。Soskice & Hallは資本市場主導の自由市場経済は急進的改革に有利で、資本市場の影響力が弱く、銀行システムに頼るところの多い調整市場経済は漸進的改革に有利であると考えた。言い換えれば、アメリカのバイオ技術や情報処理技術における急速な改革や、ドイツや日本の機械・自動車産業における優れた業績はどちらも金融市場構造と密接な関係がある。

　もう1つの方法は、資本市場の参加者の利益とパワーの関係から研究を始め、制度とパワー構造が資本市場の発展にどのような影響を与えたかを検討するというものだ。金融経済学者La Porta、Lopez-de-Schleifer、ShleiferやVishneyら（以下略してLLSVという）（La Porta et al. 2008）は、資本市場の発展が法制度によって小口株主が経営者や大株主にその権益が侵犯されないよう十分に保護されているか否かにかかっていると考える。株式市場は潜在的に大きな

道徳的リスクを抱えているので、経営権から遠ざけられた小口株主の利益は支配権をもつ大株主や経営者からの侵犯を受けやすい。したがって、法制度が小口株主の保護を保証できない場合、小口株主は株を買いたがらないし、大株主も経営権を手放したがらない。それは最終的に資本市場の発展を抑制することになる。これに対し、小口株主が十分に保護されていれば、投資に積極的となり、大株主も支配権を経営者に移譲しやすくなる。この状態が続けば、比較的成熟した直接金融市場が実現する。LLSV はイギリスやアメリカのような法制度の国家とヨーロッパ大陸のような法制度の国家との間にある株式時価総額のGDP に対する比率（C/G ratio）の大きな格差は、それぞれの法制度における株主に対する保護の違いに起因すると考える。この違いは法制度の基本的運用理論に深くかかわっているため、軽々に変えることはできない。

　LLSV は資本市場制度の研究方法をもう 1 つ提示している。多くの学者が法体制が資本市場の発展を決定する主要因だという LLSV の認識に反対しているが、資本市場制度の最も核心的な命題が参加者の利益であるという点には賛成している。Gourevitch & Shinn（2005）は政治的同盟のモデルを示し、そこでは企業内の主な参加者である経営者、株主、被雇用者は企業運営と資本市場から、それぞれ異なる利益を得る。被雇用者は安定した雇用とより多くの給料を求め、株主はより多くの利益を求め、経営者はより大きなパワーと報酬を求める。これらの参加者は、政治の領域においてうまく立ち回り、政治制度に働きかけることで、自らの利益を高めようとする。LLSV が観察した資本市場の発展の違いの主な原因は各国の異なる政治構造とパワー・バランスである。Roe（2006）も類似した論点を提示したが、その焦点を労使関係におき、労働者階級の勢力が資本市場の発展を左右したと考えた。労働者階級が企業寄りで、株主の権利が少数の大株主の手中に集中している場合、賃金交渉の余地がある。したがって、労働者の勢力が大きい国家では株価が低い傾向にある。Rajan & Zingales（2003）は次のように主張する。資本市場は新しい企業の出現に有利なので、発達した資本市場は既存企業の利益を脅かす。したがって、すでに優勢にある企業は資本市場の発展を抑制しようとする。証券市場の発展は、これ

らすでに優勢にあった企業がどの程度有効に政治に働きかけて資本市場の発展を抑制できるかにかかっている。

　この2つの方法には明らかに異なる観点が認められるが、両者ともに1つの重要な前提を確認している。それは先進的な資本主義国家には異質でありながら他の制度と互いに補い合う資本市場制度が存在するということだ。つまり、イギリスやアメリカ等の国家制度は資本市場の発展を奨励し、経済制度、政治パワー構造および法体系は証券市場運営の論理と合致している。これに対し、日本やドイツ等の制度は資本市場の発展を抑制する傾向にあり、経済制度、政治パワー構造および法体系は資本市場の運営の論理とは食い違い、銀行体系の論理に比較的合致する。各国間には制度上大きな隔たりがあるが、大多数の学者は近年の金融のグローバル化傾向と国内経済の情勢の変化は、これまで伝統的に資本市場の発展を抑制する傾向にあった国家にとっては新しい挑戦だと皆認めている。言葉を換えて言えば、分析の焦点を各国間の断面的比較から各国のここ20年来の制度の変遷にあて直すなら、多くの資本主義国家の金融システムにおいて資本市場の影響力が不断に強化されたことを見て取ることができる。まず、ブレトンウッズ体制の崩壊という状況下で、各国は次第に変動相場制や外貨取引の自由化の方向に向かったので、国家の資本移動に対する統制力は大幅に低下し、それに伴って、国家が内部から金融システムをコントロールする能力も弱められ、伝統的に銀行システムを主としてきた国家に大きな衝撃をもたらした（Vitol 2003；Gao 2001）。次に、長期にわたる経済発展の結果、日本、ドイツなどの国々に国際的な企業が現れ、これらの企業は国内制度の束縛を受けず海外で、特にニューヨーク、ロンドンなど、世界金融の中心地で上場し資金を調達できた。もはや国内の銀行や政府を通して資金を得る必要もなくなった。これによって企業と銀行システムのつながりも弱まった。（Davis & Marquis 2005）。またこのことによって、ロンドンやニューヨークなどの金融センターがますます影響力を増すと同時に、各国政府の政策決定もこれら市場の反応に影響されるようになった（Mosley 2003）。第3に電子・通信技術の発展は流動姓の規模を大幅に拡大し、同時に金融取引の速度も加速した。市場は大量

の取引を同時処理することが可能になった。この発展は直接金融の影響力を強化し、銀行システム国家に打撃を与えた（Sassen 2005）。最後に、国際通貨基金などの国際機関も次々と金融改革を行い、アメリカの制度を青写真に各国の資本市場開放を促した。これら内外の圧力を受けて、伝統的に銀行システムを主にしてきた国家も次第に国内制度を調整して新しい国際環境に対応せずにはいられなくなった。この経済環境の変化はまた、国家間の制度の違いや国内制度の相互補完に基づいた比較政治経済研究の構造にとっても強烈な挑戦となり、新しい研究課題となっている。

　ところが、台湾の証券化の発展は前述した2つの理論観点の基本的仮説に反しており、1つの理論的例外を提供した。上述のどの理論観点から見ても台湾にはこのように顕著な証券化の発展はあり得ない。まず、法の角度から見ると、台湾の法はLLSVが株式市場の発展にとって不利だとしたヨーロッパ大陸法的な制度であって、イギリス・アメリカ的ではない。同時に、イギリス・アメリカの放任自由市場体制とは異なり、台湾には国家として強く市場に介入して発展を援助する伝統があり、金融市場を強力にコントロールする。Liu（2003）は台湾の会社法を分析して、厳しく批判しているが、台湾の経済法は政府の強力なコントロールをはびこらせ、製造業を奨励する傾向がある。同時に閉鎖的で融通性のない司法システムが法の保守性を引き起こし、「先進的」なアメリカの会社法についていけない。アメリカの経済法はLiuが指摘したように先進的なのか？　あるいは世界金融危機を経て、今日異なる評価があるのか？　しかしLiuは、法の基本的特性から言えば、台湾と他の大陸型法体系とは根本的な違いはないということを正確に言い当てている。

　一方、経済の構造から見れば、台湾と高度に証券化が進んだ国家とは大きな違いがある。まず、大多数の国家には、証券化と反比例する指標がある。それはつまり所有の集中度だが、台湾のそれは、証券化の程度が同程度かあるいは低いイギリスやアメリカより、ずっと高いのだ。所有の集中度は、株全体の中でどれだけの比率で少数の大株主に権利が集中しているかということだ。台湾の企業は相変わらず大株主の家族によってコントロールされているのが普通で

あり、株式市場の発展を促進する専門家を欠くパワー構造である。実質の支配権から見ても、台湾の企業の支配権は少数の株主家族の手中に集中している（李宗栄 2005）。2005年の国際比較によれば、台湾の所有集中度は45.5％と高く、アメリカの15％、イギリスの23.6％を大きく上回っている。また、台湾は1980年代以前においては、銀行システム中心の金融体制であり、国家が強力に介入して発展を促し、資本市場をコントロールして経済の安定を図っていた（王振寰 1996）。法や経済構造から見ても、台湾は証券化の程度が低い国家のはずである。にもかかわらず、なぜこのように証券化が発展したのだろうか？

　台湾の例から文献の限界が見えてくる。アメリカやその他の先進国の経験の影響を受け、文献では証券化の発展を既定のものと見て、歴史の中でのダイナミックな発展の結果と見ない傾向がある。筆者は台湾の証券市場の発展は、台湾の政治経済が経てきた発展の軌跡の中で、急速な変遷の道筋に沿って分析してこそはっきりと理解できると考える。紙面の都合で、この論文ではこの問題について全面的に答えを出すことはせず、初歩的な研究の方向を提示するにとどめる。この論文では焦点を1990年のバブル経済崩壊後、台湾の経済システムがなぜ証券化を続けたのかに置く。現在の文献は1980年中葉の投機マネーの氾濫がもたらした経済の混乱、外貨自由化の圧力のもと急速に進んだ台湾通貨の切り上げ、および、自由化の過程に十分言及している。台湾政府も1985年の経済革新委員会で正式に金融自由化の方針を宣言し（『経済日報』1985.05.11）、株式市場ブームを引き起こした。証券会社は1985年の4社から1990年には373社にまで急速に増加し、同時に、株式市場の投資家数も46万から520万へと急増した。株式投資は全国民的な運動となり、第1次バブル経済を引き起こした。株価指数は1990年に1万2,682ポイントにまで上がり、株式時価総額も、4,157億から2兆6,819億にまで跳ね上がった。1990年にバブルがはじけ、株価指数は2,485ポイントに急落し、バブル経済は終結した。

　筆者は台湾経済システムの証券化を理解するため、台湾がバブル崩壊後も証券化を持続したのはなぜなのかをさらに踏み込んで検証すべきだと考える。証券市場の自由化と同時に台湾は新しい銀行の設立を許可したので、15の新銀行

が生まれた。つまり、自由化の歴史の幕開けとともに銀行システムや証券市場も開放されたのだ。では、新銀行の開放がなぜ、証券市場の成長を妨げることなく、台湾は高度な証券化を持続できたのだろうか。この点が本稿の注目する論点である。以下、市場―政体（market-polity）という観点から初歩的な検討を試みる。

2．市場―政体（market-polity）という観点

　社会学者が資本市場制度を分析するときに重要なのはその起点である。政治経済の比較研究の最大の貢献は、資本市場を全体的な政治経済の脈絡の中に位置づけ、資本市場と経済システム、パワー構造および法システムの間に理論的つながりを持たせたことにある。しかし一方で、国家とその市場の性質についての議論が十分になされていないため、制度の変化過程を分析するとき、市場を自然発生的に生まれたと見る仮説に陥り、干渉するかしないかという点に限って国家を区別することになった。資本市場は複雑な制度の形成にかかわるので、制度の失敗は往々にして重大な結果をもたらす。だから、制度の変化を単純に改革的か否かや、改革の程度の問題に限ってしまうのは、資本市場制度の複雑さを軽視することになる。

　この問題を解決するために、本研究は Fligstein & Sweet（2002）が主張した「市場―政体」という分析法で台湾と証券化の起源について考察を進める。Fligstein（1996, 2001）は、市場は国家と市場に参加する者がともに構築する制度であって、経済学者が仮定したような、買い手と売り手が自分の利益を求める中で、自然に形成されるものではないと考える。市場制度には財産権、交換のルール、管理システムおよびコントロール概念という４つの要件がある。買い手と売り手が市場の主役ではあるが、安定した制度があってこそ、取引を継続することができ、市場も成り立つ。資本市場の取引で示されるのは将来に実現することが見込まれる権利や利益なので、制度の構築という課題は資本市場にとって、他の一般の商品市場に比べてより重要なのだ。

資本市場の運営にとって制度がこれほど重要だとしたら、次の問題は制度がどこから来て、どんなときに変化するかということだ。まさにこれは経済社会学の制度論における手薄な部分である。Fligsteinは1996年の『市場は一種の政治である』（Market as Politics）という一文で、市場制度には2つの成り立ちがあると言っている。1つは国家による構築である。市場制度の構築には大量の正式な法律が必要であり、この過程においては国家の参与が必須であって、同時に国家も市場なくしては国家の経済目標を達成できない。2つ目は市場の主な参与者が自己の利益のために非公式な制度を設けて市場の安定を図ったものだ。Fligstein（1996）は、市場形成の初期や旧秩序が瓦解したときに、市場が一時的に無秩序な過渡期状態になると考える。しかし、市場の参与者が、市場の安定を画策するので、一旦新しいコントロールの概念が形成されて、支配的地位を獲得すれば市場は安定する。国家の構築した制度が市場制度の中でも欠くことのできない部分であった場合、市場の改変問題は、国家と社会、国家と市場の関係に関わってくることは避けられない。ところが、この点の議論が従来の経済社会学において欠落していたのだ。この問題を解決するために、Fligstein & Sweet（2002）はヨーロッパの経済統合の過程を分析しつつ「市場―政体」（market-polity）モデルを提示し、市場の継続的拡大は国家と市場の参加者が絶えずお互いに影響し合ってきた結果だとの見解を示した。経済問題の発生や経済環境の変化に際して、市場の参加者は国家に圧力をかけて、制度の変革を促し、国家は主体的に、あるいは必要に迫られて制度の変革を進め、新しい政体を形成する。そして、新しい政体がもたらした新しい市場の仕組みに刺激された市場の参加者は、さらに引き続き国家が制度を設けて市場を安定させるよう働きかける。この過程は、国家と市場の参加者の前後関係を予測できるものではなく、国家が主体的に市場を変革して生まれた現象であり、市場の参加者はそれに反応したのかもしれない。Fligstein & Sweet（2002）は両者が一定の領域内で共生関係にあると主張する。

　Fligstein & Sweet（2002）が政体という概念を市場制度の形成の研究に導入したことは、本研究にとって大きな啓発となった。また、この問題を社会学の

政体研究の新しい方法に結びつけた Skocpol (1992) はアメリカの社会政策の歴史過程の分析において、政体中心 (polity-centered) という分析方法を提示し、政体という概念に行き届いた解説を加えた。伝統的な社会中心の分析方法では制度の変遷を社会団体の闘争の結果と見なしてきたが、Skocpol はこのような観点では国家形成、政治制度の政治過程との関係を完全に見過ごしていると指摘する。そして、社会政策の成立と変遷を適切に分析するには、国家形成の要素や社会の各層が互いに交流し影響を与え合うことを促す要素を分析の対象に取り入れるべきだと主張する。Skocpol は政体中心の分析方法には以下の4つの過程があると指摘する。①国家と政党組織の構築と変化、②政治制度と運用手順の政策制定に参加する社会団体の同意、目標および能力への影響、③国家能力、④以前の政策のその後を継ぐ政策への影響。初期における国家中心論や政治中心論と比較すると、相変わらず国家が分析の焦点になっているが、「社会の中の国家」(state in society) という観点が取り入れられ、国家機構、国家体制および社会団体間の複雑な関係も分析されている。

3.「市場―政体」という観点から見た台湾経済システム

「市場―政体」という分析方法は本論にとって大いに啓発的意義がある。台湾という分析対象を見ると、証券市場の勃興と同時に発生したのが、政治体制の自由化と民主化だった。既存の論文はこの政治の変革と経済の自由化を関連付けて多くの成果を指摘しているが（王振寰 1996）、この発展が台湾証券市場の発展にどう影響したかについては十分言及されていない。Fligstein & Sweet と Skocpol の方法を総合して、本研究は以下に述べる要素がどのように影響しあい、台湾証券市場の発展を形成したかを主に述べたい。分析の過程で、筆者は台湾と法制度が似ており、先進国的特徴と伝統国家的特徴を兼ね備え、証券化が比較的進んでいない国である日本を取り上げ、台湾の証券化に特に影響した要素として位置付けた。

(1) 国家構造と政府計画

　ここでの国家とは公権力を持つ制度組織の集合体、あるいは国家機構のことを指す。国家機構については本論において、2つの重要な議題がある。1つは国家の自主性である。国家中心論の最も重要な洞察の1つは選挙で選ばれた政治家および官僚は自身が議事日程と追及する利益を持っていて、必ずしも社会団体の影響を受けず、それどころか、自ら社会を形成するということがよくあるということだ。だから、国家が議事日程を設定する能力は国家の自主性と能力に負うところが大きい。台湾や日本のような大陸法的システムで、先進国家と伝統国家の体質を兼ね備えた国家においては、官僚が計画を立てる役割を担うことが多く、資本市場の形成を分析するとき見落としてはならない参加者である。また一方、官僚が計画の制定者でなくても官僚が握る政治的手段は実行できる政策の形態と範囲に深刻な影響を与える。利益団体の要求であっても、必ず官僚に頼って執行されなければならない。したがって、国家能力は市場の形成に大きな影響を与える。しかし、資本市場の市場制度も国家システムに跳ね返って影響を与える。つまり、市場の開放は官僚の何らかの干渉能力を弱め、市場の管理システムの構築はまた、官僚の干渉能力を高める。

(2) 経済構造と利益団体

　資本市場制度は巨大な利益を引き起こすので、金融機関、企業、会計士を含む専門家団体や一般の投資家などの参加者が制度の変革を目論むことは予想に難くない。しかし、利益団体の利益は前もって決められるものでなく、制度と経済システムの影響を深く受けるものだ。言い換えれば、資本市場の制度の形成と、経済システムや利益団体の間にはフィードバックの関係がある。新しい制度の形成は直接的に新しい利益団体の成立を促すだろうし、経済システムの変化を通して間接的に新しい利益を生み出すかもしれない。国際化が不十分な状況下では企業は利益を共有する。しかし、国際化が進むと企業は国際化の過程で利益を得る集団とそうでない集団とに分かれる。

(3) 政治制度と政治システム

　ここで言う政治制度とは、誰が、どんな方式で、どの程度政策決定に参加できるかを決める制度に限定して述べる。政治制度がどの利益団体に、どの程度、どんな方式で市場制度の形成に影響を与えるかを決めたのかは、官僚と政治家あるいは政府の首長との権力関係を決定する。特に台湾の証券市場が発生し、発展する過程においては、同時に急速な民主化も経験した。民主化の過程においては、政治競争や既成勢力機構の形成も市場と影響し合って新しいシステムを形成した。この時期において台湾で起こった最も鮮明な政治的変化は2つある。1つは、資本家、特に本省籍資本家の政治勢力勃興であり、もう1つは、民主化後に現れた政党競争である。政党競争によって、特に与党の国民党は選挙というプレッシャーに直面することになり、政策における自主性を次第に失っていく一方、有権者の支持を取り付けなければならなくなった。

　筆者はこの3つの側面の相互関係を通して経済システムの証券化とその発展を分析する。筆者は台湾の経済システムの証券化は国内各部門間の関係断絶 (decouple) 進展の影響を受け、また、民主化後に出現した政党間競争とも密接な関係があると考える。連帯関係が緩いと新興産業は旧来の団体からは資金を得られないので、国内外の株式市場へ資金を求めに行き、その結果旧来の団体を中心としてできた新銀行は新興産業発展を支える主力とはならなかった。一方、民主化の圧力から与党は多くの小口投資家の支持を得るために株式市場の流動化を強化し続けなければならず、同時に公共事業の民営化の過程でも株式市場での株売却に頼らねばならず、規制団体との連合という形での株主の権利移譲には頼れなくなった。

　1980年以前の権力統治下では、官僚は台湾の政治経済システムにおいて、重要な役柄を担っていた。官僚の影響力という点では日本や韓国と似ていたが、台湾にはいくつか日本や韓国との重要な違いがあった。まず、台湾の経済官僚の特徴が、安定した経済計画機関をもたず、極めて自主的かつ保守的だということだ。Wu (2005) が指摘するように、台湾には日本や韓国にあるように安

定した経済計画の指導機関がなく、政治指導者の個人的信頼関係に頼っていた。特に蒋経国の時代は財政上の政策決定に直接介入することができ、財務関係の役人の任免から、権限と責任の大小まで自ら決定した。役人は蒋経国の個人的信頼を獲得してはじめて仕事をさせてもらえたのだ。1970年代の財経官僚の最も重要な更迭は李国鼎の失脚と孫運璿の登場だった。これは物価の安定によって産業の発展を抑えるのが財政政策の原則となっていたことを意味する。同時に、1970年代において国民党政府は正統性の危機に陥っていたため、産業政策も政治の正統性を強調するという政治的使命を負っていた。代表的な「十大建設」を例に挙げると、いくつかの長期計画の建設以外に臨時にでっち上げた建設計画を加えて10という数合わせをしたものだった。つまり、台湾は安定的に異なる分野を統合する経済政策を実行しにくかったといえる。

第2に、戦後の台湾の財政は、主に蒋家が信頼する官邸派によって支配されていた。財政政策の主な目的は物価を安定させ、成長を刺激しないことだった（王振寰 1997）。だから、台湾には日本や韓国のように金融政策の核心を資本の集中する産業の成長に置くという現象は見られなかった。反対に、台湾の財務金融の役人は大変慎重に金融と物価の安定を維持した。したがって、1990年の台湾においては、ほとんどすべての銀行の所有権が政府に集中していたにもかかわらず、銀行は日本や韓国のように重工業の発展を支える手段とならず、国内金融の安定を維持することが施政の最高指導原則とされた。だから、台湾が採用したのは高金利政策であり、国家の政策的優遇制度もあったとはいえ、産業が日本や韓国のように低利で多額の融資を受けることは困難であった。そのため、1990年代以前の台湾には民間の重工業企業体はほとんどなかった。

第3に、台湾という国家もまた自国の資本との結合を発展させたが、日本や韓国のそれと比べて薄弱だ。1980年代以前、台湾政府は一方で民間の資本との連合を目指して、減税、投資奨励、輸出税の割り戻しなどの措置を講じて戦略的工業への資本投入を誘導しようとしたが、これらの民間資本、特に本省籍の資本は多くが戦略的工業の中流および下流産業に限られていた。もう一方で、台湾政府は日本政府が残した膨大な資産やアメリカの支援を利用して、公共事

業を発展させ、主に公共事業によって下流産業を発展させ、コントロールした（Gold 1981）。資本形成に占める公共事業の割合を台湾と日本および韓国とで比較すると、台湾政府の財産直接管理偏重が見て取れる。Short（1983）の統計によると、戦後から1980年代までの日本の公共事業資本の資本全体に占める割合は10％前後に維持されており、韓国の1963年から1980年代までの高度経済成長期における同比率が30％から20％までに減少したのに対し、台湾の公共事業だけが常に資本全体の30％を占めており、1974年から1977年の十大建設のピークにおいては35％にまで上昇した。

　また一方で、台湾を考える筋道の中に、権威主義的統治に加えて、本省人と外省人という省籍間のわだかまりがあり、台湾政府は民間とのはっきりした連帯が乏しく、民間の資本家同士の結びつきを奨励しないどころかそれを厳しく管理抑制すらしている。融資に有利な条件がない上、公と民間の間にはっきりとした溝がある中で、台湾の重工業の主な産業はほとんどすべて国に独占されている。Noble（2005）が観察したとおり、日本との比較において、台湾には民間の集団行動の基盤がほとんどない。台湾資本には綿密な株式所有の持ち合いによって形成された集団がなく、企業によって形成される市場操縦能力のある業界団体も非常に少ない。Nobleが研究する鉄鋼業を例にとると、日本の鉄鋼業企業は経済官僚からの陰の支援のもと、低金利の融資を多く受ける一方、またもう一方では価格統制の能力も獲得した。これに対し、中国鋼鉄が現れる前から台湾の鉄鋼業界の中流および下流企業には集団行動能力が欠けていた。中国鋼鉄が現れ、国家が唯一の溶鉱炉を独占してからは国家主導の発展傾向がさらに強まった。

　鉄鋼業と石油化学工業の下流産業が当初から国に独占されたことのほか、造船業の国有化も台湾の制度が民間の重工業の発展には適さないことを顕著に物語っている。筆者の研究からも明らかなように、台湾唯一の大型造船企業である中国造船公司（現在は台湾国際造船と改名）が当初の計画では民営企業となるはずであったのに、さまざまな客観的条件のために、大幅な欠損を出し、国営にならざるを得ず（鄭力軒、王御風2011）、国内のどの集団も中国造船公司

を引き受けようとはしなかった。一方、集団行動が少ないということは企業が国外へ各種のつながりをより強く求め、国内での連合には積極的でないことを意味する。また同時に、政府の意識的な圧力のもと、台湾の企業は概ね規模が小さく、日本や韓国のような大企業主導ではなく中小企業中心の産業構造を形成した。台湾にも企業集団ができるにはできたが、その規模は日本や韓国には及ばない。したがって、国が新しい産業を発展させようとしても、民間の資本は投資に消極的なのが一般的な傾向だ。最も顕著な例が半導体産業の発展過程である。最初台湾政府は国内企業のリーダー格に半導体産業への投資を呼びかけ参加させたが、1年後にはこれら国内企業は次々に撤退し、結局政府は政府の投資と外資の受け入れに頼って半導体産業の発展を支えざるを得なくなった（王振寰 2011）。このような発展の在り方は、台湾に、日本や韓国に似たような企業集団はあるものの、規模や包括する領域も日本や韓国には遠く及ばず、中小企業が輸出の主力を担うという現状をもたらした。内部の繋がりが希薄だということは O'Rain の言う「開発主義的ネットワーク国家」（Developmental Network State）により近いということ、つまり国家発展の政策として海外とのつながりをより重視し、伝統的な内部調整を重んじる「官僚主導の開発主義的国家」ではないということだ。そしてこれはさらに新興企業が国内での調整によってではなく、国外、特にアメリカとの連合から生まれる傾向がより強いことを示す。

　民間における集団行動の基盤の欠如は証券化の傾向にいくつかの重大な影響を及ぼした。まず、新興産業の発展が銀行を掌握する既存企業団体とはっきり切り離されているという点である。だから、15の新銀行が玉山銀行を除いてすべてが既存企業集団の所有であっても、そのどの集団にもある程度の規模と実力を持つ電子産業の企業は所属していない。筆者は銀行法改正後にできた15の新銀行の背後にある集団を調べたが、これらの集団の中から大型の電子産業企業は生まれなかった。新銀行は主に伝統産業資本、不動産業集団、その他の商業資本、地方派閥および党営事業などから生まれた（王振寰 1996）。これらの銀行はその後の発展の中で、多くは経営困難に陥り、そのうち少なくとも5行

表3-2　1989年設立を許可された新銀行の状況一覧

銀行名	背後集団	現況
大安	太平洋、歌林、声宝	深刻な欠損により2001年第一銀行と合併
万泰	太子汽車	存続
遠東	遠東集団	存続
万通	台南幇	2007年中信銀行と合併
聯邦	三重幇	存続
中華	力覇集団	赤字を出した後清算
亜太	台中地方派閥	2004年復華銀行と合併
華信	東帝士等	数度の合併の後永豊銀行になる
玉山	無明顕集団	存続
富邦	富邦集団	台北銀行と合併後大幅に拡張
泛亜	長億集団	深刻な欠損により2001年第一銀行と合併
中興	華栄集団、王玉雲	赤字を出した後清算
台新	新光集団	存続
大衆	高雄陳家	存続
宝島	養楽多	合併後日盛金控と改名

出典：集団背景部分は王振寰（1996）130頁。現況は筆者の整理。

は公金の運用において赤字を出すか、深刻な経営問題を抱えて合併や清算に追い込まれた。新銀行が不振なので台湾の銀行は依然として既存の政府持ち株の銀行が中心で、いまだにほかの産業への発展を果たせない。したがって、新興の電子産業は既存の企業集団とはあまりつながりがなく、銀行や既存の民間資本からの投資より、上場がずっと容易な資金調達手段となった。

　新銀行が産業振興の機能を全く持たず、それどころかその生存すら困難な状況下にあって、当然銀行は新興産業の資金源とはなれなかった。したがって、新興産業は企業の自己資金を投資するのでなければ、株式市場に頼るほかはない。だから、主に既存の大型集団がDRAMへ投資している以外は、コンピューター、ウエハー、封止剤、測定、電子部品産業などに伝統集団の影響は見られない。台湾のハイテクノロジー産業の日本や韓国との最も大きな違いは、日本や韓国が末端商品のブランドを持つ大型集団による半導体、液晶、ソーラー電池などのハイテクノロジー開発への支援に大きく頼っている点であり、台湾にはこのような結びつきは全くない。これは台湾の家電産業が脆弱であること、伝統集団が不振であることと密接に関係している。

また一方で、新しい金融の方式が証券市場の発展を促進した。銀行や伝統集団の支援がない状況下で、台湾の新興産業は株式市場や株式市場が生み出すベンチャー投資会社や投資銀行に頼り、そのためアメリカ方式により近いと言える。しかしここで注意すべきは、ベンチャー投資が盛んになってもそれがパワー構造の根本的変革を意味しないことだ。それに反して、これらのベンチャー投資の背後にある重要な資金の多くは依然として、政府の持ち株銀行、伝統集団および党営事業によるものである。それでもベンチャー投資は株式市場の発展を促進した。ベンチャー投資会社の主要な利益は投資対象の株式が上場した後売られて得られる収入であるから、ベンチャー投資の方式はさらに株式市場の発展を推し進める。筆者は陳東升（2003）が列挙した2002年までのベンチャー投資を受けた電子企業のリストを調べてみたところ、1990年以来ベンチャー投資によって少なくとも70以上の上場企業が生まれていた。しかもこの数は電子産業集団が内部資金あるいは大口株主の資金で数多く設立した子会社を含まない。このベンチャー投資と株式市場の関係を中心とする新しい発展の方式は台湾の上場企業の急速な増加を導いた。台湾の上場企業の総数は1985年の127件から1990年の199件へと増加し、さらに加速して、1995年の347件、2000年の531件、2006年の688件へと増加した。

　台湾経済の証券化を促進した第2の要素でありながら見落とされがちなのが国営事業の民営化である。国営事業の民営化についてはすでに学会でもかなり討論されてきたが、証券市場の発展という観点から言えば、台湾は株の売却という民営化手段に頼って株式市場に流れ込む資金を大幅に増やし、経済システムの証券化を促進した。前述したように、日本や韓国の公共事業のGDPに占める割合が1970年代以来急速に低下しているのに対し、台湾の公共事業の比重は十大建設時には減少どころか上昇し、巨大な公共部門を形成した。国と大型集団との結びつきが欠如しており、さらに民主化の圧力もあって、市場での株売却が唯一の選択となり、巨大な国営事業が証券化のもう1つの推進役となった。1980年代末期にいくつかの原因から国営事業の民営化が国家施策の重要な方針となった。まず、中国造船、台湾機械や台湾肥料などの国営事業が相次い

で損失を出し、国営事業の業績問題が世論の非難を受け始め、戦略的産業を国営企業に担わせることの是非をめぐる議論も深刻化した。一方、欧米や日本における国営事業の民営化風潮の高まりに刺激されて、台湾の経済関係官僚も民営化を重要な政策目標に掲げ始めた。1988年経済部の李達海部長は台湾電力、台湾中油、台湾塩業、台湾糖業、台湾肥料の5つの国営事業を除く経済部所属の他の国営事業を、株式上場の方式で徐々に民営化することを認めると発表した。これは、国家財政のトップが初めて民営化政策を宣言したこととなり、これで株式市場における株の売却を民営化の主な手段とする方針も決まった。1988年の中頃になって、経済部はさらに民営化計画の範囲を拡大し、中国鉄鋼、中国石油化学の株式が上場されると、台湾電力、台湾糖業、台湾肥料、中国造船など4件の国営事業の株式上場の可能性も検討された。同年台湾省政府も民営化計画に加わり、3つの商業銀行と唐栄公司の民営化の議論がなされた。1989年交通部も陽明海運を上場の方式で民営化を進めると決定した。1990年代には、電信局から会社化された中華電信が経済建設委員会で討議中であった以外は、現在見られる民営化案件はほとんど確定していたと言える。

　民営化の方向性は1980年代末に決まっていたとはいえ、民営化の過程は計画どおりにはいかなかった。民営化で最も厄介な問題は、国営事業が全国民の共有の資産であるため、民営化の過程、その価格があまり低く設定されると「国家財産の安売り」という問題が起こりがちなことだ。総じて言えば、台湾のこれまでのすべての民営化は、日本統治時代にすでに多くの民間投資がなされていた彰化銀行や華南銀行以外はほとんど皆、株式の権利を売るが経営権は譲らないという方式をとっている。株式の権利が株式市場で流通する一方で、国営事業の法律的定義が政府の持ち株が50％以上であるため、個人投資家に株を売るという方式で、政府が一定の割合の株式を持っていれば、それがたとえ50％以下であっても経営権はしっかり掌握できる。同時に株式の権利を売却する過程で、職員に一定の割合で株の購入を認め、反発を解消した。したがって民営化の主な効果は経営権の実質的移動ではなく、予算を立てる過程で、立法院を通さずに済むという柔軟性と株式の権利が市場に流通するという効果であった。

中国鋼鉄、台湾国際造船（前の中国造船）、陽明海運、中華電信、台湾塩業、第一銀行、台湾肥料などを含む上場企業は、人事手配、企業戦略などは依然として経済部、交通部、財政部に掌握されている。言い換えれば、予算を立法院に通さなくて良いこと、株式市場で株の権利を売ることで収入が得られること以外は、管轄権という角度から見れば、国営事業は本当に「民営化」したわけではない。しかし証券市場という角度から見ればこのようなやり方が間接的に証券市場を強化したのである。

　中国鋼鉄の例はこの発展の過程を明らかに示している。中国鋼鉄は創業以来一貫して国営事業の模範生であり、また真っ先に民営化の対象として提起されてきた。今日に至るまで、中国鋼鉄は台湾唯一の製鉄所であり、鉄鋼業全体を支配している。中国鋼鉄は経営状態も良好で、国営事業の中でも特殊な民営化の条件を備えている。1つには鉄鋼業は民生基礎工業ではないため、一般の国民生活への影響をそれほど配慮せずに済む。また、中国造船や台湾機械などの国営事業に比べて財務が安定していて、中国造船や台湾機械のように欠損を出すことなく株の流通によって民営化の任務が果たせそうであった。そこで、中国鋼鉄は第四期拡張工事を始めたときすでに民営化の準備を始め、上場株数を増やすという方法で進めた。1991年に経済部江丙坤次長は早ければ3年、遅くても8年で中国鋼鉄の株式権の5割以上を売却して民営化の目標を達成すると発表した。1993年行政院長連戦は公共事業の株式売却は大量売却の方式が可能だと裁定した。今までのような漸進的な方式ではなく、国営事業は短期間に17.5億株を売却し、9カ月以内に政府の持ち株を50％以下にして、民営化の目標を達成しようというのだ。そのうち13億株は株式市場で売却し、4.5億株は職員による購入に充てようとした。

　行政院による大量売却の決定は中国鋼鉄内部で職員の動揺を招き、世論の批判を受けた。特に売却を請け負う権利を獲得した京華証券は社会的イメージという点からも業務の扱い方という点からもかなり異議を唱えられた。もし大量売却の方式が採用されたら、300億で中国鋼鉄に主人となって乗り込み、経営権を掌握できるのだ。そのため、経済部が大量売却の政策を策定するや労働組

合は強烈に反発し、民営化の暫時見合わせを要求した。その上、京華証券が販売計画案に高比率で特定の買い手を設定していたため、職員以外にも民営化を支持してきた経営層や前社長の趙耀東までもが疑念を抱き、このようなやり方は財団が中国鋼鉄の管制権を握るための便宜を図ることになるのではと、公の場で問い質された。多くの大学教授もこの疑惑だらけの売却案停止を連名で要求した。証券監督管理委員会も二度にわたって中国鋼鉄の株売却案の執行について上申し、特定の者が経営権を掌握するのを防ごうとした。各方面からの圧力で、経済部国営事業管理委員会、中国鋼鉄、京華証券の3社は何度も協議した結果、最終的に以下の方法を提案した。中国鋼鉄の政府持ち株14.3億株の売却は10億株を公開販売とし、そのうち2.8億は公開の抽選とする。また、1人4,000株を上限とし、小口の個人投資家の利益を保証する。7.2億は商談によって販売することとし、個人も法人も投機によって株引き受けを行う。しかし、財団の介入を防ぐため、1年間保留して販売しないという規制を設け、資金運用率を高める。公開販売の10億株以外の4.3億株は中国鋼鉄の職員の購入に当てる。なお、公開抽選の株と職員購入用の合計7.1億には1年の保留はなく、いつでも自由に売却できる。利益稼得状況が良好だったので、中国鋼鉄の販売した株は市場で買い取りブームとなり、たった半年後の1995年3月、政府の持ち株は50％以下になった。中国鋼鉄は正式に法的に認められる民営企業となった。一方で、政府はまだ株式の権利を48％持っているので、実質上は中国鋼鉄を管理しており、取締役の定員数を減らして、民間の投資家が取締役にならないようにした。

　電子業界の独立した発展と株売却という方式による国営事業の民営化は1990年代以降の台湾株式市場の主な動きとなった。これに対して、1980年代末に勃興した伝統的産業集団の企業の影響力は日増しに低下した。言い換えれば1990年バブル経済の崩壊後に台湾の株式市場の構造は根本的に変わったのであり、台湾経済システムの証券化はバブルの延長と見てはならない。台湾証券取引所が作成した台湾を代表する株式市場全体の台湾50指数の分布を見ると、伝統企業集団と関係のない電子業界と国営企業の民営化が台湾の株式市場に与えた影

表 3-3　証券取引所（台湾50指数）

類　別	企　業	比例（％）
非伝統集団電子産業	台積電、聯電、華碩、鴻海、可成、仁宝、広達、台達電、日月光、宏碁、鴻準、聯強、友達、光宝、聯発科、緯創、大立光	44.5
伝統集団	奇美電、国泰金、南亜、開発金、台塑、遠東、新光金、統一、台泥、亜泥、裕隆汽車、台北、中信金、台玻、砂山、統一超、台湾大哥大、富邦金、台塑化、宏達電、元大金	44.1
（前）国営事業	中鋼、第一金、彰化金、華南金、合庫、台肥、兆豊金	11.4

出典：証券取引所ウェブサイト http://www.twse.com.tw/ch/trading/indices/twco/tai50i.php

響がわかる（表3-3）。

　表3-3から、既存の企業集団とは無関係な1990年以降新しく設立された電子産業に国営事業を加えた販売株数は、台湾株式市場全体の株価の6割近くを占めて、伝統集団の株価を大きく上回っていることがわかる。これはまた、伝統集団と関係を断った電子産業が株式市場で資金を集め、独立した集団を形成していることを示している。同時に、国営企業から販売された株式も市場において一定の役割を果たし、台湾経済システムの証券化を強化している。

　最後に、政党間の競争のもと、国民党政府が90年代に絶えず株式市場刺激策をとり行政措置で政権への支持を取り付けようとしたが、許甘霖（2002）は極めて正確にこの現象を「民粋金権主義」と呼び、国民党政府が株式市場を党の事業が利益を得るためのただの道具として見ていたことだけでなく、500万を超す膨大な株式所有者を政治的動員の重要な対象と見ていたことを指摘している。1990年、台湾が政党間の競争時代に入ると、株価引き上げが重要な政策目標になった。許甘霖の党が重視したのは株価引き上げであるが、一方で、見逃してはならないのが、資金を流入させて株式の流動性を高めたことである。したがって1990年株式相場が崩壊した後、政府は株式市場に現れた弊害に向き合おうとせず、上場会社への管理や投資家の利益保護を強化して取引秩序を回復し、市場健全化を目指す措置を取らなかった。短期的には株価上昇を抑え、長期的には株式市場を安定化するという政策は選択肢に上がらなかったのだ。それに反して、政府は証券市場への施策の重点を、株式市場の流動性を高め続け

株価を安定化することに置き、「好材料と高値安定」を常に政治目標に据えた。それによって投資家たちの政府への支持を取り付けたのだ。1990年以来台湾政府は外国資本への市場開放、店頭売買センターの設立、オプション取引の開放、株式市場における信用取引の開放などの施策を次々と繰り出し、株式市場の流動性を刺激し、株価を引き上げた。同時に国安（国家金融安定）基金を設立し、金庫株の活用など種々の保護措置を講じて、株価の安定を確保した。このような流動性と株価の安定を小口投資家の利益保護より優先する政策が、前述の電子産業の新しい発展方式や政府の株売却行為と結合し、よりいっそう、株式市場を発展させた。

おわりに

　この論文で筆者は、台湾の証券市場が1990年代以降株式市場の発展に影響を与えた構造的要素について簡単に振り返った。筆者は先進国家の経験を基礎に書かれた文献にある経済システムの証券化、経営者主権および株主の保護の結びつきでは、台湾の現象を適切に説明することができないと考える。台湾には経営者主権の発展もなければ株主の保護に関する法律措置も少ない。台湾の例は証券化の背後に政治経済の背景があることを示している。台湾の経済システムの証券化を説明するには、問題の所在を1980年代半ば以降の台湾の政治体制と市場の相互関係と歴史的変化に求めなければならない。バブル経済崩壊後、新しく設立した銀行と新興産業の間に安定した連携がなく、新しい銀行の多くが失敗に終わり、株式市場が新興電子産業の資金調達の手段となった。一方、膨大な国営事業が株の売却という方法で民営化を行い、政党間の競争のもと、投資家は政治動員の対象になった。その結果、株式市場の流動性を高めることが、政策目標となった。筆者はこのような分析方法によって新興市場、証券市場の発展をよりよく理解できると考える。

　しかし注意しなければならないのは、台湾の株式市場の発展に伴い、これまで、流動性を促し、新しい企業を育成してきた方法が最近の数年間で、新たな

ボトルネックにぶつかったことである。後を絶たない不正な会計処理の醜聞、多くの上場企業による「小口個人投資家の抹殺」の噂、これらは、先進国家の経験に基づいて書かれた文献が強調する投資家の利益保護の重要性を示している。2000年以来、国と業界団体は自主的にあるいは必要に迫られて、各種の管理措置を取り始めた。これらはやはり市場と政治体制の関係に立ち返ってみてこそ、その輪郭が明らかになる。台湾経済システムのより健全な発展のためには、新しい角度から、伝統的な流動性促進という単一の目標を脱却し、政治情勢の中で、さらにバランスのとれた、より成熟したシステムを構築しなければならない。

参考文献
〈英語文献〉

Cetina, K. K. and A. Preda (2005). *Introduction. The Sociology of Financial Markets*. K. K. Cetina and A. Preda. Oxford, Oxford University: 1-16.

Davis, Gerald (2009). *Managed by the Markets: How Finance Re-shaped America*. New York: Oxford University.

Davis, G. F. and C. Marquis (2005). *The Globalization of Stock Markets and Convergence in Corporate Governance. The Economic Sociology of Capitalism*. V. Nee and R. Swedberg. Princeton, N. J., Princeton University.

Dore, R. P. (2000). *Stock Market Capitalism: Welfare Capitalism: Japan and Germany versus the Anglo-Saxons*. Oxford New York, Oxford University Press.

Federal Reserve http://www.federalreserve.gov/releases/z1/Current/data.htm

Fligstein, N. (2001). *The Architecture of Markets: an Economic Sociology of Twenty First-Century Capitalist societies*. Princeton, N. J., Princeton University Press.

Fligstein, N. and A. S. Sweet (2002). "Constructing Politics and Markets: An Institutionalist Account of European Integration." *American Journal of Sociology* 107 (5): 1206-43.

Gourevitch, P. A. and J. Shinn (2005). *Political Power and Corporate Control: The New Global Politics of Corporate Governance*. Princeton, N. J., Princeton University.

LaPorta, R., F. Lopez-de-Silanes, *et al.* (2008). "The Economic Consequences of Legal

Origins." *Journal of Economic Literature* 46 (2): 285-332.

LaPorta, R., F. Lopez-de-Silanes, et al. (2000). "Investor Protection and Corporate Governance." *Journal of Financial Economics* 58: 3-27.

Johnson, C. (1999). *The Developmental State: Odyssey of a Concept. The Developmental State.* M. woo-Cuming. Ithaca, Cornell University: 32-60.

Thelen, K. (2003). *How Institutions Evolve: Insights From Comparative Historical Analysis.*

Skocpol, T. (1992). *Protecting Soliders and Mothers: The Political Origins of Social Policy in theUnited States.* Cambridge, M. I., Harvard University.

Useem, M. (1996). *Investor Capitalism: How Money Managers are Changing the Face of Corporate America.* New York, Basic Books.

Vogel, S. K. (1997). *Freer Markets, More Rules: Regulatory Reform in Advanced Industrial Countries.* Ithaca, N. Y., Cornell University Press.

Wu, Yongping, (2005), *A Political Explanation of Economic Growth: State Survival, Bureaucratic Politics and Private Enterprises in the Making of Taiwan's Economy, 1950-1985.* Cambridge: Harvard University Press.

〈中国語文献〉

丁克華（2005）「金融自由化から我が国の資本市場発展の過程を振り返り、将来を展望する」臺灣金融財務季刊　第六集第三期　35～64頁

王振寰（1996）『誰が台湾を統治するのか――変革中の国家機構と権力構造』台北：巨流出版社

陳東升（2003）『集積回路：台湾のハイテクノロジー産業の社会学的分析』台北：群学出版社

許甘霖（2002）〈民粹金権主義？　党資本、株式投機と政治動員〉、瞿海源、蕭代基、楊国枢主編〈台湾社会問題研究〉台北：巨流、1-74頁

台湾証券取引所 http://www.twse.com.tw/ch/about/company/download/factbook/2009/1.02.htm2012/02/228 現在の記載より

第4章　台湾航空業の形成
──米華関係を中心に──

大　石　　恵

はじめに

　航空業の形成過程は、国・地域ごとに大きく異なる特徴を有する。なぜなら、航空機生産だけでなく、航空会社の新規参入や路線開設に関しても政府が関与せざるを得ないからである。つまり、前者については産業育成政策を立案し、後者については内資・外資企業に対する保護・規制を行い、就航相手国との外交交渉に臨むのが政府だからである。また、民間航空に対する政府の関与は、後発国であるかどうかにかかわらず、第一次世界大戦以降、各国で行われた[1]。

　本章では、1950～60年代の台湾[2]の民間航空市場の形成過程を考察する。相次ぐ戦争で、中台分断初期の国府は深刻な財政難に陥っていた。これは民間航空にも影響を及ぼし、政治的には諸外国との航空協定締結交渉、経済的には国営航空会社の設立で困難を伴った。しかし、国府は第二次世界大戦末期、アメリカを中心とする新たな国際民間航空秩序の形成を目指した国際民間航空会議（1944年11月；以下、シカゴ会議）に参加していた。シカゴ会議では、米欧、とりわけ米英間で「空の自由化」をめぐる激しい意見対立が見られた。というのも、第二次世界大戦中に航空産業が発展し、「空の自由化」を求めたかったアメリカとは対照的に、イギリスは戦争で航空会社が疲弊していたため、政府が制限主義の立場に立ったからである[3]。両国が妥協した結果、国際民間航空条約（以下、シカゴ条約）が成立したのであった[4]。

限られた「空の自由化」のもとで、米英以外のシカゴ条約締結国は、自国の航空業界をいかにして育成していったのであろうか。戦後、途上国の国営航空会社の中には、欧米の航空会社の資本参加や業務提携を通じて支配された事例がある[5]。本章では、中台分断以降の台湾の民間航空が、アメリカの影響下で自国資本の航空市場を形成していく過程を明らかにする。

　台湾は、日本の植民地統治が終焉を迎えると、国府という新たな支配者に直面し、国共内戦で短期間のうちに中国の経済圏から分離した。そのため、民間航空分野も政治経済的基盤の断絶・継承の影響を受けたのであった。また、台湾はアメリカが形成した戦後の新たな国際秩序に組み込まれたにもかかわらず、財政難を理由に国際機関から一時脱退したこともある。このような国府を取り巻く不安定な内外環境は、安全保障に密接にかかわる航空分野の市場形成、海外・外資航空会社からの支配などの影響を受けないのだろうか。

　台湾の民間航空に関しては研究蓄積が乏しく、冷戦期については偵察機U-2を使った対中偵察活動など軍事航空に関する研究と、それに関連したオーラルヒストリーが中心であった[6]。こうした中で、近年、民航隊（本章第1節の(3)、参照）草創期の軍事輸送に焦点をあてた張（2010）、台湾航空産業の発展が軍事的側面に規定されていた点に言及した林（2011）などの研究成果がもたらされている。しかしながら、民間航空輸送の構成要素の中でも、航空機の運航に直接携わる航空会社と、それを管理・監督する政府の活動についての分析は、緒に就いたばかりである。そこで本章では、台資航空会社の存続と外資航空会社との依存・補完関係を明らかにし（第2節）、1970年代以降の台湾航空市場の発展につながった政府の航空政策の内容を検討する（第3節）。

1．戦後台湾の航空資源

(1) シカゴ＝バミューダ体制[7] 初期の台湾の国際航空

　戦後台湾の国府による航空市場の形成の起源は、日中戦争終結までさかのぼ

ることができる。1945年、台湾は日本の植民地統治から解放され、国府の支配下で旧日本資産の接収、統治機構への編入が行われた。しかし、国府による中台の支配は、国共内戦によって短期間で終焉を迎える。1949年、国府が台北への政府移転を宣言して以降、国府の支配地域は台湾に固定化された。

　他方で、国府を取り巻く国際環境は、日中戦争末期以降大きく変化した。国府は、連合国の一員としてブレトン＝ウッズ会議（1944年7月）、シカゴ会議のいずれにも参加し、戦後の新たな国際秩序の初期加盟国となった。また、シカゴ会議以降はフィリピン（1946年9月）、ベトナム（1946年12月）、アメリカ（1946年12月）、イギリス（1947年7月）、オランダ（1947年12月）と相次いで航空協定を締結し、海外との空路を確保していった[8]。

　しかし、これらの航空協定は中台分断で矛盾を抱えてしまう。なぜなら、国府の支配地域は台湾に限定され、協定の対象地域に含まれている中国が法的効力の及ばない地域になったからである。その結果、国府は台湾への移転後、改めて諸外国と航空協定を締結しなければならなかった。アメリカとは、1946年締結の航空協定を延長することで合意し（1950年12月）、フィリピン、タイ、韓国とは航空臨時協定を締結し、当事国の一方から廃止の通告がなければ半年から1年ごとに協定を更新することとした（表4-1）。

　こうした政治的矛盾に加え、中台分断後の国府には国際機関への分担金支払が財政的負担となっていた。民間航空分野に関しては、シカゴ条約締約国は自動的に国際民間航空機関（International Civil Aviation Organization：ICAO）[9]に加盟することになっていたが、国府は1951年に脱退を宣言したのである[10]。というのも、当時の国府は国連専門機関であるICAO、食糧農業機関（Food and Agriculture Organization：FAO）、世界保健機構（World Health Organization：WHO）など各機関の分担金支払いにも困窮していたからである[11]。国府は1953年7月にICAOへの再加盟を承認されたものの、再び分担金を滞納すれば再度の脱退を余儀なくされ、国際的地位に影響を及ぼしかねない事態に陥っていた[12]。

　このように、中台分断前後の台湾では、国府の政治的不安定性や財政問題が

表4-1　台湾および主要関係国との航空関連年表[*]

年	月	台湾	アメリカ	韓国	日本	東南アジア[**]
1950	10					中菲臨時空運協定
	12		中美空運協定無期限延長			
1951	3	復興航空設立				中泰空運臨時協定
	9					
1952	3			中韓空運臨時協定		
1953	5	民用航空法公布				
1954	7	外国人投資条例公布				
1955	3		民航空運公司設立		中日空運臨時協定	
1957	6	遠東航空設立				
1959	12	中華航空設立				
1962	6					中寮運航権交換
1966	8					中越空運臨時協定
1974	4				日台断航	
1975	9				日台復航	
1986	11			中韓空運協定		

出典：中華民国交通史編纂執行小組編（1991）より作成。
注：[*]：本表における「中」は、いずれも国府を指す。
　　[**]：東南アジア各国の漢字名は、以下の通りである。
　　　　菲：フィリピン、泰：タイ、寮：ラオス、越：ベトナム。

民間航空にも波及していた。また、台湾の民間航空市場の形成に影響を与えた各種要素も持ち合わせていた。以下の項では、国府、アメリカ、植民地期台湾と戦後台湾の民間航空との関係性を概観していく。

(2) 国府統治下の中国の航空資源

　国府が台湾への移転以前に擁していた航空資源としては、外資との合弁で設立された航空会社と、航空行政機構の整備が挙げられる。

　まず、外資合弁航空会社について触れておこう。1930年代初頭の中国では、交通部と外国航空会社との合弁で中国航空公司[13]、欧亜航空公司[14]の2社が設立された。日中戦争中、2社は運航路線の短縮や緊急物資の委託輸送も行ったが、戦後は順次、運航路線を回復していくとともに、復員輸送にもあたった[15]。なお、1940年代後半の台湾線に関しては、2社が1949年まで、上海－台北、上海－福州－台北線を運航していた[16]。

表4-2 国府が契約した諸外国の航空機関連メーカーと部品

部品	航空機	エンジン	その他
社名	Boeing Consolidated Gloster North American	Wright Lycoming Pratt & Whitney Rolls-Royce	Bendix（航空機部品） Hamilton（プロペラ）

出典：発動機製造廠文献編輯委員会（2008）462-463頁より作成。

しかし、2社は国共内戦で営業路線の縮小を余儀なくされ、その後、国府とともに台湾へ移転することはなかった。それは、国共内戦の戦火を避けて香港に駐機中だった2社の機材11機と一部乗員が中国共産党へ投降し、質・量の両面で中国共産党側の民間航空の発展に寄与したからであった[17]。そのため、台湾移転後の国府は国内資本の航空会社を保有せず、日中戦争後の国営航空会社設立構想[18]も頓挫したのであった。

次に、航空行政を担当する政府機関の整備は外資合弁航空会社の設立と同時期に始まっていた。国府は北伐（1926～28年）以前に組織された軍事委員会傘下の航空処を軍政部傘下の航空署とし（1928年）、中国国内の民間航空を統一管理する機関として発足させた[19]。その後、航空署は航空委員会に改編され（1934年）、航空工業計画室を設けて航空機の修理・製造に関する工場建設や各種業務の処理にあたらせた。また、国府は航空工業の確立のため、海外メーカーと生産契約を結んで航空機の国産化を目指した（表4-2）。戦後、航空委員会は空軍総司令部、航空工業計画室は航空工業局に改組され（1946年）、国内の全航空機製造に関する事項を掌握した。つまり、第一航空機製造廠（昆明）、第二航空機製造廠（南昌）、航空研究院、第三航空機製造廠（台中）[20]、発動機廠（貴州）および日本から接収した航空廠庫などを管轄下に治めたのであった[21]。しかし、国共内戦の影響で航空工業局以下の各部署は1948年中に台湾へ移転し、米華相互防衛条約の締結（1954年）で、再度組織が改編されることになるのであった。

なお、民間航空の管理監督は、日中戦争後の交通部内に設置された民用航空

局へ移管され（1947年1月）、ようやく軍政下での民間航空行政が終わりを告げた。

(3) アメリカの影響

　国府統治下の中台の航空に強く関与していたのは、アメリカにほかならない。日中戦争中の1941年、アメリカ義勇兵で構成された飛虎隊（Flying Tigers）が参戦し、軍事面での米華協力関係が強化されて以降、米華間の軍民航空の関係は緊密になった。

　戦後、飛虎隊を指揮したシェンノート（Chennault, Clare Lee, 1893-1958）らが民航空運隊（以下、民航隊）を創設し、連合国救済復興援助（アンラ援助）[22] の中国側受入機関である行政院善後救済総署の直轄航空隊として発足した。中国では、既述の外資合弁航空2社が営業していたものの、シェンノートは戦後中国で航空輸送を強化する必要性と、復員輸送など航空需要の高まりを予見し、民航隊の設立に奔走したのであった[23]。

　民航隊は、アンラ援助の実施期間に限って援助物資・人員の運搬を許可されていたが、アンラ援助終了後は、交通部直属の航空隊として、政府物資の委託輸送を行いながら存続した[24]。国共内戦下では国府軍の物資輸送を担当するようになり、業務内容は軍事的色彩の濃いものへと変化したのであった。また、国共内戦期、航空各社は戦火を逃れての運航を余儀なくされ、民航隊もその例外ではなかった。運航規模の縮小は減収につながったが、結果的に、民航隊は国府とともに台湾へ移転した後、CIAからの資金提供によって会社の存続を図り[25]、1950年代の台湾の翼として内外定期便運航に従事する。

　政府間レベルでは、戦後、アメリカから国府に対して余剰物資が供与され、そのうち航空機については1945～46年にC-46型、C-47型の中古輸送機を計180機、その後追加的に150機が引き渡された。ただし、利用可能な機材は27機と全体の1割にも満たなかった[26]。

表4-3　国府が接収した旧日本軍の航空関連資産

接収資産	陸軍（航空機）	海軍（航空機）	工廠設備
	594機	389機	
内　　訳			9項目
利用可または1～2日間の修理で利用可	182機	289機	
10日以内の修理が必要	213機	100機	
10日以上の修理	199機		

出典：林（2011）108-110頁より作成。

(4) 植民地期日本の遺構

　最後に、日本の植民地統治の遺した航空関連施設に言及しておこう。海に囲まれた台湾にとって、かつては船舶が海外とを結ぶ唯一の交通手段であったが、1930年代、台湾総督府によって民間航空事業の振興が図られた。台湾では当初、航空機は蕃地政策に利用されていたが、主要国による国際航空路線網の整備が進むにつれて、台湾でも民間航空路線の設置に対する要請が強まっていったのである[27]。1935年、内地（日本）と台湾を結ぶ定期郵便航空が開設され、台湾各所を結ぶ民間路線も順次運航を開始した[28]。

　また、航空輸送は、滑走路、無線設備、空港施設、航空機などの要素が揃って運航可能になる。植民地下の台湾では日本軍による施設の整備が行われ、海軍第61空廠（高雄）、陸軍第5野戦航空修理廠（屏東）が設置されるとともに[29]、各地に飛行場が開設された。これらの施設は、戦後の日本資産接収の過程で国府が継承している。軍の飛行場では、施設の状況が良好な松山（台北）、桃園、新竹、台中、公館、岡山、宜蘭をはじめ、旧陸海軍の計54カ所の飛行場を接収した[30]。接収設備には航空機も含まれていたが、長期の修理を必要とする機体数が多く、終戦直後から即時利用可能な機材は全接収機材の43％程度に限られていた（表4-3）。

2．外資航空会社の内外定期路線就航

(1) 外資航空会社の利用

　国共内戦後、国府は海外との航空協定再協議・締結によって国際航空路線を維持したものの、台湾内に残された運航主体は、シェンノートらが設立した民航隊のみであった。

　一方、1950年代前半の台湾は、アジアの冷戦が熱戦へと転化していく過程で、国共内戦期に事実上棚上げされていたアメリカの対華援助が再開されたことで、経済建設が進展していく。国府は1953年に第1期経済建設4カ年計画をまとめ、アメリカの援助を軸とした経済発展計画を策定した。

　こうした動きとともに、台湾では航空関連法の整備も進展した。「民用航空法」（1953年5月）は、台湾を発着する民間航空機の運航にかかわる基本法として制定され、安全運航のみならず、航空事業者の株式構成比率や保有する航空機の国籍、配備に関する諸規定も含んでいた。

　同法第15条は、同法第17条で規定された外国籍の民間航空機・事業者の貨客取扱い地点の指定に該当しない航空事業者、航空機保有者を中華民国籍に限定した[31]。第21条では中華民国の航空機の使用が規定されており[32]、第15・21条に適格とされるのは中華民国籍の自然人・法人に限られることになる。また、航空会社が股份有限公司あるいは第21条第3項[33]に該当する場合、発行株式総額の51％以上を中華民国籍者が保有することも求められた（第62条）[34]。

　事実上、「民用航空法」は民航隊の営業期間延長を阻止する内容であり、国府が民航隊の特殊会社としての地位を剥奪することを意図していたと見ることができる。また、民航隊が運航の継続を希望する場合、国府は「民用航空法」で適格な企業と運航契約を結ぶこと、履行できなければ1953年末で営業終了することを指示した。

　こうした国府の措置に対し、シェンノートは暫定的な営業期間の延長申請を

行いながら、民航隊存続の方策を探った。その間、国府は民航隊に対して数ヶ月単位での営業延長申請を許可したのであった35)。

ところが翌年、民航隊に存続の途を残す「外国人投資条例」が公布された（1954年7月）。これは、台湾で企業活動を行う外国人・法人を対象としており、投資主体は経済部での審査を義務づけられた。「外国人投資条例」では、国防など一部の事業に対して例外規定が設けられ、民間航空会社に対しては、「民用航空法」第21条第3項、第62条を除き、行政院の審査を通過すれば同法の制約を受けない（第19条）とした36)。

国府は当初、交通部民用航空局との契約に反し、民航隊が無届けで自社の株式を譲渡していたため37)、「外国人投資条例」に基づく投資許可申請を即座に承認しなかった。しかし、最終的に民航隊は民航空運公司、亜洲航空公司の2社に改組することで存続を許可され、新体制がスタートしたのであった（1955年3月）。以後、1950年代を通じて民航空運公司は国府側の指定運航会社として、国府が航空協定を締結した相手国に就航したのである。

(2) 台資航空会社の萌芽期

1950年代初頭の国府は、財源不足で民間航空分野の整備も十分に対応できなかった。

航空機は、あらかじめ決められた航路に沿って運航される輸送手段である。そのため、管制業務や付随の機器を必要とする38)。当時、国府は航空分野への財政支出が不十分であったため、アメリカ民間航空管理局に交通部民用航空局職員の訓練、運航に必要な各種設備の援助を要請していた。アメリカ政府にとっては、台湾にアメリカの航空管制・運航システムを導入する好機であったが、第1節(1)で言及したように国府がICAOから脱退したため、民間航空のみを対象とした援助の具体化には至らなかった39)。

航空会社の設立に関しては、国府の台湾移転から間もない1951年3月、中国航空公司の元パイロットらによって復興航空公司が誕生した。復興航空公司は民間資本で設立された台湾初の航空会社であり、1950年代は台北－花蓮、台北

表 4-4　航空各社の保有機材数（1962年）

機体状況・数		機材総数			民航空運公司		亜洲航空公司		遠東航空公司		中華航空公司	
		良好	要修理	合計	良好	要修理	良好	要修理	良好	要修理	良好	要修理
機種	Convair 880	1		1			1					
	C-45	5	1	6					5	1		
	C-46	12	1	13	3		5				4	1
	C-47	7		7			4		1		2	
	C-54	3		3			2				1	
	DC-6B	1		1			1					
	DHC-4	2		2			2					
	H-395	11		11			11					
	PBY-5A	3		3			2				1	
	47G-2	1		1			1					
合　計		46	2	48	3	0	29	0	6	1	8	1

出典：中華民国交通部編（1962）より作成。

－花蓮－台東－高雄の台湾島内路線に就航していた。国府とフィリピンとの臨時航空協定締結交渉の際、復興航空公司は国府側の指定運航会社とされていたが辞退し、その座を民航隊に明け渡すことになった[40]。また、1950年代には復興航空公司に続いて、遠東航空公司（1957年6月）、中華航空公司（1959年12月）が設立された。遠東航空公司も中国航空公司OBが設立した企業で、チャーター便、貨物輸送を手始めに、1962年には台湾内定期便が就航した。中華航空公司は1962年の台湾内定期便に続き、1966年には台北－サイゴン（現ホーチミン）線への就航を果たした。

　これらの航空会社の規模の一端を表すものとして、以下では各社の保有機材について見ておこう。表4-4で明らかなように、民航隊から改組した亜洲航空公司が突出して多くの機材を保有している。民航空運公司と亜洲航空公司の機材数を合計すれば、1960年代初頭の段階で外資2社の輸送力が最大であることがわかる。また、各社が保有する機材の使用年数は、亜洲航空公司では15機が5年以下と機齢が若く、民航空運公司では全機で16～20年、遠東航空公司では全機が11～15年、中華航空公司では状態の良い8機が16～20年となっている[41]。航空産業の特徴の1つとして、費用構造に占める固定費の比率の大きさ

が挙げられることから[42]、1960年代初頭、比較的新しい機材を多く保有していた亜洲航空公司が台湾で最も有力な航空会社だったと言えるだろう。

では、台資航空各社には、運航を拡大する余地は残されていたのだろうか。中華航空公司に関して言えば、チャーター便運航や委託輸送などの収益が経営存続に不可欠だったようである。1960年末、4,000米ドルで民航空運公司に代わってビルマ（現ミャンマー）への物資輸送を行い、当該業務からの帰還前にラオス領内で短期間の運航を行って5万米ドルの営業収入を得るなど、会社設立直後で混沌とした時期に資金面の不安を軽減した[43]。また、ベトナム戦争中、国府空軍はアメリカ軍の物資運搬、空中投下任務に従事し、それに伴って中華航空公司は対越作戦の一環である南星計画に参加したのである。中華航空公司は社内に南星小組と称する部署を設置し、サイゴンへC-46型機とともに社員を派遣し、特殊部隊の降下訓練、北ベトナム領内への諜報員潜入の降下訓練、物資補給など、アメリカ軍の計画に基づく各種軍事活動に協力した（1962年）[44]。その間、中華航空公司はアメリカ軍から任務回数に応じた報酬を受領し、また松山（台北）の中華航空廠でベトナム戦争へ派遣したアメリカ軍機の修理も行っており、これらが中華航空公司の資金面を支えた[45]。

このように、1950～60年代は台資航空会社の経営が内外定期路線を運航できるほど安定していなかった。しかし、アメリカ軍の代理・下請け業務を行った中華航空公司は、1960年代後半、国府による支援と民航空運公司の旅客便撤退（1968年）によって、運航路線を拡大していくのである。なお、1966年には大華航空公司（3月）、台湾航空公司（4月）、永興航空公司（5月）が相次いで設立されたが、定期貨客輸送には参入せず、ヘリコプターによる農薬散布、チャーター便運航や海外航空会社の代理業務を主とした。

3．台資航空会社の発展の糸口

1960年代にかけて、台資航空会社は委託輸送やチャーター便運航などを主業務としており、自社での定期貨客便運航を維持・拡大することには困難を伴っ

た。その要因の1つは、国府とフィリピンとの航空交渉で見られたように、台資航空会社が国府指定の運航会社を辞退し、唯一の代替企業である民航隊（民航空運公司）が指定されたからである。

　一般的に航空協定は、第3ないし第5の自由は二国間協定を締結した当事国同士で承認されてきた[46]。また、協定は輸送力条項によって①輸送力事前決定型、②バミューダⅠ型、③輸送力自由決定型、④その他のタイプの計4パターンが存在する。①は、運航開始以前に当事国同士で輸送力をあらかじめ決定するものである。②は輸送力事後審査型であり、当事国間で輸送力の事前調整を行わず、運航開始後に協議する方式である。③は、文字どおり当事国間の輸送力を自由に決定する方式である。④は、①～③以外のタイプである[47]。このうち①型の協定を締結するケースが全体の過半数を占め[48]、国府もこれに該当した。中華航空公司を指定運航会社にするには、既存の航空協定を見直すか、新たな航空協定締結の機会を利用することが必要であった。

　その典型的事例が、華寮（ラオス）間での航空交渉であったと言えよう。国府は、ラオスとの外交関係を樹立していない段階で、ラオス航空による香港－ビエンチャン線の台北への延長申請を受けていた。これに対して、シカゴ条約に基づいてラオス領内における台湾航空機の上空通過と緊急着陸が承認されれば、ラオス航空機の台湾領空通過および緊急着陸を許可する姿勢であった[49]。ただ、民航空運公司は、ラオス航空の路線延長を許可すれば香港－台北間の運航会社数の増加で自社の収益が減少することを理由に反対していた[50]。

　その後、国府はラオスとの航空協定締結交渉を行い、ラオス航空が中華航空公司との共同運航を希望していること、機材のリースであれば航空機の登録国籍を変更することもなく、中華航空公司の機体がラオス領内を飛行できること、同社が東南アジアへ就航した後には路線拡大させることを念頭に置いていた[51]。民航空運公司はこれに抗議し、他社のラオス発着路線が香港、バンコクをはじめとする自社の運航地点と重複する場合は就航に反対することを明らかにした[52]。しかし、国府はラオスへの中華航空機リースの収入、それに付随して発生する中華航空公司側の費用負担が機体保険、修理業務と小さく、中華航空公

司も含めた台湾側とラオス双方の利益をも満たすと判断し、国府はラオスとの臨時航空協定締結へと動いた[53]。

こうした中で、民航空運公司は1964年、1968年に墜落事故を起こして台湾の旅客便から撤退し、中華航空公司が同社の運航路線を引き継ぐこととなった[54]。その結果、中華航空公司は台湾のフラッグ・キャリアとして多くの海外路線を運航するようになっていった。

おわりに

本章で見てきたように、1950～60年代の台湾の民間航空は、以下の点で国府の関与が見られた。第1に、航空協定締結時の指定運航会社の選定である。国府がフィリピンと協定を締結する際、台資の復興航空公司を指定し、国際線に就航させようとしたものの、失敗して外資の民航隊に依存した。ラオスとの交渉では、ラオス航空と中華航空公司との機材リース契約、ラオス航空機の台湾領空通過、技術着陸を容認し、ICAOの原則にのっとった互恵主義のもとで、中華航空公司の運航拡大を狙った。

第2に、外資企業との共存である。国府は、外資の民航隊に代わる台資航空会社が存在せず、「外国人投資条例」によって民航隊を存続させ、台湾発の国際航空路線を維持した。それは、台湾の民間航空市場を外資の民航隊（民航空運公司）に自由解放したわけではなく、自律性を堅持しながら、台資航空市場の形成を図っていったのであった。

こうした国府による外資利用と台資航空会社の保護、中華航空公司の代理・下請け業務を通じた存続が、1970年代以降の中華航空公司の路線拡充につながっていったと見ることができる。

注
1) 村上・加藤・高橋・榊原編著（2006）5-6頁。
2) 本章では便宜上、以下の表記で統一する。1928年、南京で成立した中華民国国

民政府および国共内戦後、台湾で国民党一党支配体制にあった中華民国政府を国府または華とする。現在、中華民国政府が実効支配している台湾島および附属島嶼部、金門・馬祖島、澎湖島を台湾または台、中華人民共和国政府が統治している地域を中国または中とする。ただし、各種規定・条約等に関しては、原文に即して表記する。

3) 藤田編（2007）41頁。
4) 藤田編（2007）40-42頁。
5) 資本参加・企業提携による影響力の行使の事例は、BOAC（British Airwaysの前身）とMalaysia Airlines、Air FranceとAir Cambodia（当時）など、機材・乗員の貸与を通じたケースとしてはSASとThai Airways（1959年12月、SASとTACの共同出資で設立）などが挙げられる（運輸省編 1964：Ⅲ 航空、第1章第5節）。
6) 世界的に航空自由化が進展する以前の台湾の民間航空に関する研究は、陸海運と比較して少ない。冷戦期の軍事航空に関する研究・オーラルヒストリーとしては、翁（1991）、翁・包柯克（2006）、曾主編（2008）が挙げられる。
7) シカゴ会議で多国間の合意を得られたのは、第1の自由（領空通過の自由）と第2の自由（技術的着陸の自由）のみで、第3の自由（航空機の国籍のある国の領域で搭載した貨客、郵便物を他国の領域で積み卸す権利）以降の運航権に関しては、航空協定締結の際、当事国間で協議して解決する必要があった。英米両国は他国に先駆け、「バミューダ協定」（1946年2月）を締結した。この協定では、当事国の航空企業が運営する航空路線の特定や運賃設定、輸送力などについて取り決められ、その後、各国が締結した二国間航空協定の原型となった。この2つの枠組みによって形成された国際航空秩序を総称して、シカゴ＝バミューダ体制と呼ぶ（ANA総合研究所編著 2008：23-24頁；村上・加藤・高橋・榊原編著 2006：139-141頁）。
8) 二档編（2000）574-575頁。なお、フィリピン、ベトナム（宗主国フランス）、韓国との協定に関しては、半年から1年ごとに協定を更新する航空臨時協定の形式で締結していた。
9) 1947年4月、シカゴ条約に基づき設立された国連専門機関の1つで、国際民間航空の安全運航や機会均等主義に基づく運航の実現のため、各種条約、ガイドラインを作成している。
10) NIS 39, PAGE 37-19.
11) 周編（2006）13-14頁。
12) 周編（2006）16頁。

13) 1930年、中華民国交通部と China Airways of America の合弁で設立され、1933年にアメリカ側株式が Pan American Airways に売却された航空会社。
14) 1931年、中華民国交通部とルフトハンザ航空との合弁で「欧亜航空公司」として設立された航空会社。独華関係悪化後、国府がドイツ側株式の凍結（1941年）、接収（1943年）を行い、中央航空公司に改組した（萩原 2006：104頁）。
15) 萩原（2006）114-115頁。
16) 交通部民用航空局台北国際航空站（2010）14頁。
17) "Disposition of Former Chinese Airlines, Aircraft, and Properties in Hong Kong", Bureau of Far Eastern Affairs (Economic Aid) 1948-1959, RG 59, Entry 1199, Box. 2 (NARA).
18) 萩原（2006）104頁。
19) 発動機製造廠文献編輯委員会（2008）460頁、林（2011）62頁。
20) 1948年にPT-17型教練機を製造し、計104機を生産した（中華民国交通史編纂執行小組 1991：228頁）。
21) 中華民国交通史編纂執行小組（1991）228頁。
22) 戦争被害を受けた連合国に対し、緊急性の高い救済援助を実施する連合国救済復興機関（1943～47年）が供与した援助。
23) 張（2010）17-19頁。
24) 張（2010）76-77頁。
25) Leary (2002), Chapter 7.
26) 萩原（2006）113頁。
27) 林（2011）19-21頁。
28) 曾（2008）90頁、林（2011）16-18頁。
29) 林（2011）35-36頁。
30) 林（2011）110頁。
31) 大石（2011）43頁、47頁注32。
32) 民用航空法第21条の内容は、次のとおりである。①中華民国国民、②中華民国政府各機関、③中華民国の各種法律下で設立され、中華民国内に事業所を有する（甲）無限責任会社、（乙）合資会社、（丙）股份有限公司で代表取締役あるいは、取締役または理事の3分2以上が中華民国国民である会社、のいずれかに該当する場合、中華民国の航空器を使用する（大石 2011：47頁、注33）。
33) 注32、参照。
34) 民間航空事業会社は、本法第21条第3項の規定を満たすこと。ただし、股份有限公司の場合株式は記名式で、株式発行総額の51％以上は中華民国国民の保有で

あること（中華民国史事紀要編輯委員会編 1989：468頁）。
35)　大石（2011）47頁、注37。
36)　大石（2011）43頁。
37)　Leary（2002），pp. 91-94.
38)　村上・加藤・高橋・榊原編著（2006）14頁。
39)　"Survey of Civilian Aviation Facilities in Formosa", June 19, 1952（Records of the U. S. Foreign Assistance Agencies 1948-1961, Office of Far Eastern Operations, China Subject Files, RG469 Entry 409, Box. 87, NARA）.
40)　「為中菲航線改由民航隊経営電査照辦理復由」（1952年6月9日、外交部档案、606. 34/0004）。
41)　中華民国交通部編（1962）717-10-11頁。
42)　村上・加藤・高橋・榊原編著（2006）155-157頁。
43)　曾（2002）71-72頁。
44)　曾主編（2008）14-15頁。
45)　曾主編（2008）153頁。
46)　注7、参照。なお、第4の自由は、航空機の国籍のある国の領域に向かう貨客、郵便物を他国の領域で積み込む権利、第5の自由は、第三国の領域に向かう貨客、郵便物を他国の領域で積み込み、または第三国の領域からの貨客、郵便物を他国の領域で積み卸す権利（以遠権）である（村上・加藤・高橋・榊原編著 2006：139-141頁）。
47)　藤田編（2007）81-82頁。
48)　藤田編（2007）82頁。
49)　「関於法国駐華大使国代表寮政府請求我国准許寮航永珍東京線班機過境及作緊急降落事」（1958年1月20日、外交部档案、606. 32/0012）。
50)　「為環球旅運社擬請准寮国航空公司在台北開航謹申芻見敬懇」（1957年1月、外交部档案、606. 32/0012）。
51)　「為寮国航空公司擬開闢永珍台北航線復請査照辦理由」（1962年4月7日、外交部档案、606. 32/0012）。
52)　「据悉台北永珍間現有開航班機業務之議論将本公司立場報請」（1962年5月9日、外交部档案、606. 32/0012）。
53)　「関於寮国皇家航空公司擬開闢永珍台北航線事函請査照由」業二（51）字第02319号（1962年5月22日発、外交部档案、606. 32/0012）。
54)　大石（2010）21頁。

参考文献

〈一次史料〉

外交部档案（中央研究院近代史研究所档案館蔵［台湾］）

Bureau of Far Eastern Affairs (Economic Aid) (1948-1959), RG 59 Entry 1199 (National Archives and Research Administration at College Park [NARA], MD, United States).

National Intelligence Survey (NIS) 39, RG 263 Entry 48 (NARA).

Records of the U. S. Foreign Assistance Agencies (1948-1961), Office of Far Eastern Operations, China Subject Files, RG 469 Entry 409 (NARA).

〈公刊史料〉

中国第二歴史档案館（二档）編（2000）『中華民国史档案資料匯編　財政経済（七）』江蘇古籍出版社

中華民国交通部編（1962）『台湾交通事業設備及人力統計報告　中華民国51年12月』

〈英語文献〉

Leary, William M. (2002) *Perilous Missions: Civil Air Transport and CIA Covert Operations in Asia*, Smithsonian Institution Press.

〈日本語文献〉

運輸省編（1964）『昭和39年度　運輸白書』(http://www.mlit.go.jp/hakusyo/transport/shouwa39/index.html)

ANA総合研究所編著（2008）『航空産業入門――オープンスカイ政策からマイレージの仕組みまで――』東洋経済新報社

大石恵（2010）「台湾政府文書からみた冷戦期台湾の民間航空――米台関係を中心に――」『高崎経済大学論集』第52巻第4号

大石恵（2011）「台湾における外資航空会社の存続問題――外国人投資条例（1954年）の施行をめぐって――」『産業研究』第46巻第2号

萩原充（2006）「中国の民間航空政策と対外関係」（『国際政治』146号）

藤田勝利編（2007）『新航空法講義』信山社

村上英樹・加藤一誠・高橋望・榊原胖夫編著（2006）『航空の経済学』ミネルヴァ書房

〈中国語文献〉
発動機製造廠文献編輯委員会（2008）『航空救国――発動機製造廠之興衰』発動機製造廠文献編輯委員会
交通部民用航空局台北国際航空站（2010）『台北国際航空站60週年站慶特刊』交通部民用航空局台北国際航空站
林玉萍（2011）『台湾航空工業史――戰爭羽翼下的1935年～1979年』新鋭文創
翁台生（1991）『CIA 在台活動秘辛――西方公司的故事――』聯経出版
翁台生・包柯克（2006）『黑猫中隊――Ｕ２高空偵察機的故事』聯経出版
曾建華（2002）『風雨華航――華航從間諜公司崛起秘辛』台湾壹傳媒
曾令毅（2008）「日治時期台湾航空發展之研究（1906-1945)」（淡江大学歷史系碩士班碩士論文）
曾瓊葉主編（2008）『越戰憶往――口述歷史』国防部史政編譯室
張興民（2010）「從復員救済到内戰軍運――戰後中国変局下的民航空運隊（1946-1949)」（国立中央大学歴史研究所碩士論文）
中華民国交通史編纂執行小組（1991）『中華民国交通史』（下）
中華民国史事紀要編輯委員会編（1989）『中華民国史事紀要（初稿） 民国42年１～６月份』国史館
周琇環編（2006）『戰後外交部工作報告（民国四十二年至四十五年）』国史館

第Ⅱ部　環　　境

第5章　環境保護文化における対立

——台湾の奉茶志工と環境保護活動家*——

何　明　修

はじめに

　グローバル化とは、基本的には国家間における品物および金銭、人、アイデアのやりとりが急激に増加することを指すが、環境保護主義または社会的機関の構造改革を行い生態系の危機に対処させようとする意識的な試みは多くの人にとってグローバル化とほぼ同義となっている。世界中の環境保護活動家たちは、あたかも自分たちが結束の強い均一な先駆者グループであるかのように、「地球規模で考え、足元から行動せよ」と主張している。環境保護主義の「グローバル性」は、世界中のさまざまな地域の強い類似性を示すものである。つまり、人類全体は同じ課題に直面しているのだ。

　環境保護主義に関するこうした簡単な解釈は、直感的に理解できよう。なぜなら、こうした解釈は我々の日々の経験と深いつながりがあるからだ。環境災害に国境はなく、その悪影響は多くの場合全世界に広がる。そのはっきりした例が酸性雨の発見だ。燃料として大量の石炭を使用したイギリスの工業化によっていかにしてスカンジナビアの森が破壊されたか（Hannigan 1995：pp. 136-137）という実例は、単一の生態系に属する異なる社会同士の複雑な相互関連性を実証するものである。最近では、生物多様性の損失や気候変動、放射能汚染が「グローバルな問題」として一般に認知されている。さらに、「アースデイ」および「地球サミット」からも明らかなように、環境保護活動家たちはグロー

バル化に関する話し合いの先駆的実践者である（Yearly 2007）。国際舞台において、環境保護活動家は、国家の力だけに頼ることなく社会的変革を促すことを目指し、その結果「世界市民政治」の創出に一役買った初期の参加者に含まれる（Wapner 1995）。

　こうした「グローバル化としての環境保護主義」という見解を最も明確に示しているのが Ulrich Beck の論文だろう。Beck が呼ぶところの「世界リスク社会」の到来には、「すべての国境と国家分裂を越えて責任と行為を共有する場の創出」が必要となる（Beck 2006：p. 23）。より厳密に言うと「世界主義化」またはより高度かつ複雑な形態のグローバル化こそが現代の特徴であると Beck は主張している。典型的な「世界主義的意識」には、世界社会における危機に対する認識が含まれる。そこで、人類により「文明による運命共同体」が形成されるのだ。2011年3月に発生した福島県における大災害をうけて世界中から日本人に寄せられた同情と反核運動の復活は、世界リスク社会時代における世界主義意識の一例だろう。

　環境社会学の分野において、現代の環境保護主義を理論化しようという試みがなされている。現代における環境保護主義の高まりは、自然に対する認識が人類にとっての資源であるという認識から、相互依存的な生態系であるという認識へと徐々に変容させてしまう西洋の近代化の産物であると、世界の環境制度理論家は主張している。国際的な科学者たちは、最新の発見を広め、国立公園・環境影響評価などの現代の環境規制を制定する手助けを行う「知識共同体」を構成している。特に、これらの理論家たちは、環境意識の高まりを組織化と行動主義の産物とする従来のボトムアップ式の解釈法に異を唱えている（Frank *et al.* 2000a, 2000b；Schofer and Hironaka 2005）。こうした理論家たちにとって世界環境制度は「トップダウン」方式で機能するものであり、各国家は自国の自然環境を保護する義務があるのだ。

　生態学的近代化理論によれば、発展による副次的な悪影響を考慮すると、産業社会は技術的により高度な形態の近代化へとさらに進んでいくことが予測される。生態学的に近代化した社会は、環境劣化に対する意識の高まりと、公害

および資源の枯渇という問題を解決しようとする科学者および政治家、ビジネスリーダーによる意識的な努力によって特徴付けられる（Mol et al. 2009）。

上記 2 つの理論は、世界の環境問題を本質的に同一のものとして捉えようという主張において意見が一致している。この仮定によれば、西洋の環境保護主義は世界のその他の地域の未来の姿を示していることになる。グローバル・サウスの軌跡に注目するその他の理論家は、こうした世界的普遍主義に異を唱えている。Guha と Martinez-Alier（1997）は、環境保護主義には主に 2 種類あると主張する。豊かな国々においては、裕福な暮らしと利他主義に基づいて手つかずの自然を破壊から守ろうと努力する、いわゆる「自然保護十字軍」が生まれる一方、貧しい人々が土地収用の危機に直面している発展途上国においては、「生活をかけた戦い」が日常的に見られる。特に Guha（1989）は、ヒマラヤの農民が自身の村の木々に抱きついて材木会社による土地の侵害に抵抗したインドのチプコ運動に対する、男女同権主義・精神主義的な（誤った）解釈に強く異議を唱えている。本来、チプコ運動は、自身の生き残りのみを目的とした伝統的な農民による抵抗運動の延長にすぎないのだ。

Martinez-Alier（2004）は、世界的均一性どころか、資源の枯渇と公害の観点から見ると、豊かな国と貧しい国における生態分布は現在かなり不均一であると主張している。グローバル・サウスの見地から、研究者たちは、発展途上国の環境的苦境の原因は経済的好機の欠如ではなく、貧困層から共有地を収用してしまう恐れのある資本主義的囲い込みの危険性であると指摘する（*The Ecologist* 1992）。したがって、1987 年に国連の環境と開発に関する世界委員会が仰々しく宣言したように、「共通の未来」というものは存在しないということになる。誤った普遍主義は、非常に多様な環境問題の本質を隠してしまうという点に問題がある。

本論文では、環境保護主義をグローバル化と単純に同一視することを批判するという点で、上記の 2 つの理論のうち、後者の見地に従うものとする。資源および危機の分布に着目する政治経済学的観点からではなく、環境保護主義の文化的側面に焦点を合わせ、西洋から入ってきた考えがどのように加工され、

地域の伝統と融合するのかを分析する。

　高雄市の柴山（別名「薪の山」）における環境保護に関する論争についての徹底的な事例研究を行うことで、この議論に関与している２つのタイプの関係者についての分析を行う。環境保護活動家たちは、自然を本質的に貴重なものとして扱う生命中心主義的立場を取っており、人間による侵害から柴山を守ろうとしている。彼らの多くは1992年に社会運動団体を結成した中流階級の専門家であり、彼らの絶え間ない活動がきっかけとなり、1997年に柴山自然公園が設立され、2011年には国立公園に昇格した。一方、茶を振る舞うボランティアを行っている奉茶志工は、他の登山仲間のために新鮮な茶を淹れるために水や調理用ガス、その他の湯沸かし器具を持参し始めた登山客を起源としている。現在、奉茶志工は柴山の３地点に集中しており、日中に柴山を訪れる登山客が山で温かい茶を楽しむことができるように、交代制で器具の運搬およびお茶出しを行っている。柴山を天然のジムや野外レクリエーションエリアとして捉えている点で、奉茶志工は言うまでもなく人類中心主義である。それ故に、森林開拓や茶道具の備蓄など、奉茶志工の活動は環境保護活動家から非難を浴びている。これが、10年以上にわたる双方の対立につながっているのである。

　本研究のために、2009年から2010年にかけて環境保護活動家たちに２回、奉茶志工たちに15回の徹底的なインタビューを実施した。また、2009年から2011年に、柴山にハイキングに訪れ、野帳に31回の書き込みを行った。文書データは、雑誌およびインターネットから得たものである。

　柴山の事例に入る前に、次の節で台湾の環境保護主義のグローバルな側面と地域的側面について議論する。

1．グローバルおよび地域的視点から見た台湾の環境保護主義

　著書 *Discovering Nature: Globalization and Environmental Culture in China and Taiwan* において、Robert Weller（2006）は台湾の環境保護主義の文化的側面についての素晴らしい分析を行っている。基本的に Weller は、1980

年代半ばの環境運動の登場によって台湾人は「自然を発見した」と主張する。それ以前は、文化と自然の二元性という西洋的概念を認めていなかった現地の文化にとって、人類の前に立ちはだかる実在物としての自然という概念はなじみのないものであった。台湾が自然との運命的な出会いを果たすことができたのは、戦後の急速な工業化の後に深刻な生態学上の危機に直面したためだが、国連およびアメリカから環境保護に関する有力な説が国内に入ってきたためでもある。しかし、Weller は、根強い土着文化が存在することや、国際的な情報源が互いに相反するものではないとしても異種なものであることを指摘しており、世界で行われている実践を真似しただけの特徴のないものであるとして、台湾の環境保護主義の単純化されすぎた図式を否認している。そのため、台湾版の環境保護主義は、雑種または現地の伝統と西洋の近代性のはざまに位置する「伝統から外れた礼節」である（Weller 1999）。筆者は Weller の見解に概ね同意しており、環境保護運動についてもその見解を採用するものとする。

　実際、台湾の初期の環境保護活動家たちの多くは、海外で教育を受けた経験があるため、正しい知識を持っていた。1980年代前半に第1回の原子力論争に火を付けた反核主義の学者たちを例に取ってみる。この学者たちはアメリカで訓練を受けた科学者たちであり、1979年のスリーマイル島での事故がきっかけで反核派に転換した。台湾に戻ってから、彼らは地域規模で現代アメリカの反核論を展開した（Ho 2003：pp. 689-690）。科学者が理性的かつ普遍的な言葉を用いた一方、草の根の公害反対運動はその情熱と激しさで知られていた。当初、公害被害者による活動はあまり組織立ったものではなかったため、工業生産者に対してバリケードを築くという行動に走ることが多かった。多くの識者により指摘されているように、草の根の環境保護主義は多くの場合、民間信仰とともに進められた。公害は地域社会の福利にとっての脅威であると認識され、信奉者を保護する守り神が呼び出された（Lu 2009；Ho 2005；Reardon-Anderson 1992）。

　つまり、台湾の環境保護主義は中流階級の専門家と被害を受けた一般市民の相乗によって生み出されたものであったが、社会現象学の用語を借りれば、基

本的に専門家と一般市民は異なる「意味の世界」で活動していたのである。西洋式の環境保護を掲げる活動家たちは、自身の行動は現在の世界の流れに沿ったものであると考える傾向にあり、自身の取り組みは地球を救うという世界的な流れの一部であると捉えている点で、彼らの考え方は世界主義的であった。しかし、草の根の活動家は、自身のコミュニティの空間的境界を超えて環境問題に対して関心を抱くことが、ほとんどない生粋の地元住民であった。

　したがって、これら2つの活動グループは、協力し合って公害と闘うための共同の取り組みを行うこともあれば、対立することもあった。Weller（2006：p. 115）の分析によると、「普遍主義および生命中心主義を掲げるNGO幹部の願いとは裏腹に、こうした地域団体のすべてが人間の福祉を第一として自身の地域のためだけに活動しているのだ」。公害に対する金銭的賠償という問題となると、特にこの論争は激化した。中流階級の専門家の立場からすると、公害の被害者であることを理由に物質的な利益を要求することは、「環境への裏切り」という恥ずべき行為でしかなかった。専門家たちからすれば、いかなる形の公害をも頑なに拒否することこそが、地域住民がすべき唯一の正当な主張なのだ。しかし、地域住民の意見としては、賠償は自身が受け入れざるを得ない次善の選択肢にすぎなかった。結局のところ、環境悪化に苦しみ、健康や生活、資産価値などの面で個人的な犠牲を払ったのは地域住民だったのだ。地域住民にとって、彼らの土地を大事にする方法を指導した環境専門家の行動は恩着せがましく思え、彼らは専門家の独善的行為に不快感を抱いた。地域住民がその地域の政治家の指示に従い金銭的賠償を要求し、NGO指導者からの善意の介入を敬遠した1988年の林園事件における有名な対立の原因も、文化的志向性の違いであった（Ho 2010）。

　産業公害との闘いという分野においても、世界と地域は協力し合うときもあれば対立するときもあるというパターンを展開している。環境保護に関するその他の問題において、地域の文化的伝統は環境保護活動を世に広めるのに役立っているという点でかなり順応性が高いと言える。中国文化において、女性は「面倒見の良い母親」としての役割を果たすことが求められており（Weller

1999：pp. 111-121)、女性主導の主婦連盟により、消費と教育に関する問題により重点を置いた、従来とは異なる環境保護活動が展開された。主婦連盟は、環境に優しい農業と健康志向の消費の促進を目指す自然食品協同運動の草分けであった。現在、連盟の食品協同組合には3万世帯以上が加入しており、台湾における最大の非営利販売網となっている（Chang 2009）。

　また、資源再利用は、政府の取り組みが一貫して期待はずれに終わってきた分野である。この欠点を補うために、台湾の大規模な仏教団体「慈濟」が、信者を動員し、家庭ごみを収集、分類、再利用するボランティア活動を率先して行った。仏教団体は、「幸福に対する感謝」（惜福）、「善行に応じた報い」（功徳）という伝統的な教えを現代風に解釈し、信者の関心を資源再利用に向けさせたのである。Madsen（2007）によれば、これは台湾の現代社会が直面する課題に対処するための、宗教指導者による取り組みの一環であった。非常に多くの人々が仏教団体「慈濟」を環境保護団体と見なしていることが報告書により示されるなど、仏教団体主催の再利用キャンペーンが成功を収めたことは明らかであったが、より有力な活動重視型の団体を例に挙げることができた人はごく少数であった（Chen 2008：p. 144）。

　わかりやすく言えば、既存の研究においては、台湾の環境保護主義はグローバル社会から移植された変異体であるという単純な主張が裏付けられておらず、極めて重要な懸念事項として環境問題が浮上してくるにつれて、次第に地域の伝統が特定の西洋の近代性に取って代わられるという予測の立証もなされていない。産業公害および自然食品、資源再利用に関する事例においては、異なる文化間における活発で興味深い相互交流について知ることができた。都市保全の領域において、こうした文化間の対話がどのように展開されるかは現時点では不明である。

2．環境保護活動家：柴山保護運動[1]

　現在の柴山は、北部の海軍港と南部の商業港にはさまれた丘陵地を指す地名

である。高雄市の中央部に位置する柴山は、以前は打狗山、そして壽山と呼ばれていた。その戦略的立地から、柴山は1930年代半ばから日本の植民地政府により軍の管理下に置かれてきた。戦後の国民党政府は、台湾が民主化プロセスに着手し始める1980年代後半まで、入山制限を継続し、柴山における経済活動を禁止した。長期にわたる軍の駐留は、生態学的資源という観点において柴山の保存状態が非常に良い状態で保たれるという予想外の結果をもたらした。

1980年代後半に軍の管理が次第に緩和されるにつれて、他の高雄市民同様、ジャーナリストと作家、医師、弁護士、建築家からなるグループも柴山を知ることとなった。当初彼らは、休日に地図に載っていない柴山の山岳地帯の探索を楽しむ友人グループであった。柴山の手つかずの美しさに魅せられ、彼らはトレッキングするだけではなく、何かそれ以上の行動を起こす必要があると確信した。自身のメッセージを一般市民に発信するために、彼らは地元の美術館で写真展を開いた。その後1992年に彼らは柴山自然公園促進会（CNPPS）を結成した。

彼らは、休暇で東京を訪れた際に、人口が集中する下町である上野に保存状態の良い鳥類保護区があることを知ったことがきっかけで、自然公園という理想を抱くようになった。大都市と自然の平和な共存、つまりは不注意な登山客と強欲な不動産開発業者から柴山を守るための、一致団結した取り組みが彼らの第一の目標となった。彼らにとって高雄市は、人道的精神文化の投入時期がとっくに過ぎた見苦しい工業都市であった。自然との暮らしは、健全であると同時に都市の改善につながるものでもあった。柴山は、都会に慣れすぎた住民にとっての最後の贖罪の手段であると見なされた。この目標を推進するにあたって、CNPPSメンバーの専門的能力と金融資産は貴重な資源であった。柴山の自然美と環境保護の差し迫った必要性を公にするために、CNPPSは図表入りのパンフレットを作成・出版した。

CNPPSメンバーには文才があったため、いつでも簡単に自身の要求を非常にわかりやすい言葉に置き換えることができた。当時、一部のCNPPSメンバーは地元のメディアで働いており、自身のメッセージを広範囲に向けて楽々

と発信することができた。ほどなくして、CNPPSは最も権威のある柴山に関する情報源となった。また、1990年代半ばに、CNPPSは、環境教育プログラムを開始し、旅行客向けのガイドとして働く「生態解説員」を目指すボランティアの訓練を行った。このプログラムのおかげで、CNPPSは創設メンバーである専門家の枠を越えて、さらに多くのメンバーを採用することができた。新メンバーの中では、学校教師の数が多く、環境保護の信条を生徒に伝えていく教師は非常に重要な存在でもあった。

市の職員は当初、「国立公園」または「都市公園」といった法定用語ではないという理由で、自然公園という理想に対して懐疑的であった。苛立った環境保護活動家たちは、政治家と土地投機家が密かに癒着しているのではないかと疑いもした。1997年に高雄市政府がついに柴山自然公園の設立を宣言し、CNPPSのキャンペーンが実を結んだ。自然公園には、海抜10m以上のすべての陸地部分が含まれた。公園面積は約1,200haにわたるものであったが、土地の6分の5以上は依然軍当局の監視下に置かれた。区画化を行うというCNPPSのアイデアが採用され、法律にも記載された（Kaohsiung City Government, 2003）。

1997年の柴山自然公園の設立によって、自身の任務の第一段階を達成した環境保護活動家たちが次になすべきことは、主張者から教育者への転身であった。CNPPSの初期の指導者たちは、組織を正式登録せず、政府の助成金を申請しないことで政治的独立を図るという活動戦略を思い描いていた。後に、新たな指導者たちはこの方針を変えることに決めた。組織は2001年に正式登録され、新しい組織名は柴山会（THA）となった。また同年、THAは年に1度の教育活動である柴山祭の開催も開始した。柴山祭は、生態学的豊かさを祝う祭りで、主に児童とその親を対象としていた。市政府からの助成金は、このイベントを実現するためには欠かせない資金源であった。2010年に、THAと公的部門の連携がさらに進み、市政府によって新たな生態学教育センターが設立され、その日常運営がTHAに委託された。

ある意味では、独立した主張者から政策協力者への環境保護活動家の段階的変容は、台湾の活気に満ちた市民社会の影響の高まりを示すものであった

(Fell 2012：pp. 171-191；Hsiao and Ho 2010)。しかし、決して環境保護活動家と市政府職員の間の協力関係には摩擦がなかった、ということではない。むしろ、THAの活動家は、市政府が柴山自然公園に最低限の注意しか払っていない、と不平を漏らし続けていた。政府は広大な敷地を保全するのに十分な監督官を雇っていなかったため、囲い込みや開墾、家畜の飼育、破壊といった登山客や近隣住民による違法行為が変わらず続いた。さらに、有力な寺院や実業家、政治家による土地の占有や商業的利用が広く行われており、市政府職員は依然としてそれを黙認していた。市政府によるいい加減で資金不足の環境保護活動に苛立ちを覚えたTHAの活動家たちは、より高位の当局者による介入しかさらなる生態系被害を避ける道はない、と確信した。これこそが、彼らが公園の管理を中央政府に格上げするという考えに賛成した理由である。THAの協力により、2011年12月についに壽山国家自然公園が設立された。

3．ボランティア――すべての人のためのお茶出し――

さまざまな点で、CNPPS/THAの活動家は「自然保護十字軍」というモデルにほぼ当てはまる。彼らの顕著な特徴としては、上位中流階級の人々による参加、脱物質主義的価値観、手つかずの自然の利他的保護が挙げられる。一方、奉茶志工たちの社会における経歴は活動家たちとは異なる。インタビューに協力してくれた15人の奉茶志工のうち、11人が進んで職業を明かしてくれた。その内訳は、公務員が1人、医師が1人、建設作業員が3人、実業家（経営者および店舗経営者）が6人であった。筆者の推定では、奉茶志工は概して下位中流階級であり、CNPPS/THAの指導者層のほとんどを占める弁護士や医師、ジャーナリストなどのリベラル派の専門家は奉茶志工の中には少ない。

さらに、性差も顕著である。環境保護活動家たちの間では、性比率はより均等であり、女性が中核的指導者層を形成している。例を挙げると、2001年からTHAの事務局長を務めているのはドイツで教育を受けた女性である。奉茶志工のほとんどは男性であり、インタビューに協力してくれた15人も全員男性で

あった。女性ボランティアが茶を淹れているのを時折見かけるが、水が入った20kgの容器を持って山を登る女性には出会わない。当然のことながら、女性にとっては体力が大きな課題となる。奉茶志工はそのほとんどが40代から50代の中年層である。

　現在、柴山エリアには、七蔓、盤榕、雅座の３つのお茶出しエリアが存在する。各エリアにはそれぞれの奉茶志工チームがおり、交代制で水や茶の材料、調理用ガス、その他の器具の運搬を行い、湯を沸かしたり、茶を淹れたりしている。七蔓は現在使われていない鉱山道路沿いに位置しているため、車両を使うことができる。盤榕および雅座は山頂に近いため、重い物資を運ぶのに一時間必死に歩かなければならない。３つの奉茶志工チームは、それぞれが最も多くの登山客を呼び込み、自分のチームの茶を楽しんでもらいたいと考えているため、微妙な競争関係にあるが、お互いに協力し合うこともある。盤榕のチームが最も規模が大きく、100人の奉茶志工からなる。その規模から、同チームは自分たちの懸命な働きを称賛するために毎年年末の宴（尾牙）を開催している。雅座のチームは、水の容器にチーム名の書かれたステッカーを貼っていることから、最も組織化されたチームであると言える。さらに、雅座には盤榕にはない東屋があるため、チームの本部が登山客にとっての「第二の我が家」になるよう、さまざまなポスターや二行連句で装飾をしている。七蔓のチームは、奉茶志工にとってその交通の便があまり魅力的ではないからか、メンバー数も団結力も平均的と言える。同チームは人員不足という慢性的な問題に悩まされており、2009年12月から新メンバー募集のビラを貼り出している[2]。

　これら３つの地点ではそれぞれ配合や風味の異なる茶が振る舞われているため、柴山を訪れる人は、すべての地点で茶を楽しみたくなることだろう。雅座の奉茶志工は、桂皮や西洋人参、大麦、玄米、はと麦を特別にブレンドした茶を提供している。七蔓のチームが使用している材料は上記のものに類似しているが、同チームは、材料を前もって調理しているため、よりさっぱりとした味わいが楽しめると主張している。盤榕では、梅緑茶、生姜茶、洛神花茶、大麦茶の中から日替わりで選ぶことができる。ほとんどの場合、茶は温かい状態で

振る舞われる。つまり、奉茶志工は繰り返し茶を淹れ続けなければならないということである。天気の良い休日には、常に温かい茶を振る舞うために1つのお茶出し場で3人または4人の奉茶志工が休みなしに働く必要がある。伝統的に、温かい茶は体に良いと考えられており、アメリカ化されたテレビコマーシャルで見られるような、運動で汗をかいた後に冷たい飲み物を飲む行為は通常冷ややかな目で見られる。柴山で振る舞われる茶にはさまざまな種類があるが、それらはすべて健康に良いと言われている。

上記のように、茶の材料は栄養を考慮して厳選されているため、かなりの費用がかかる。さらに、高雄エリアの水道水は飲用に適していないことで有名であるため、奉茶志工は費用のかかる浄水手段である逆浸透装置を使用してろ過した水のみを使うよう注意を払っている。これらをすべて合わせると、かなりの額になる。盤榕のチームは、定期的に資本収支を発表している。それによると、2010年の最初の3カ月で、同チームは6万7,000 NTドルを費やしたという[3]。こうした費用を賄うために、同チームは現物または現金での寄付を募っている。報道によると、高雄市のある市会議員が七蔓に毎月1万NTドルを寄付しているという[4]。また、地元の別の議員は使い捨て紙コップを寄付しているとのことである[5]。

少なくとも軍による支配が次第に廃止されていった1990年代初期以降、柴山におけるお茶出しは、このような組織だった形で行われていた[6]。茶の種類や質の点においても、山道を上ってすべてを運ぶという過酷な取り組みが行われている点においても、この柴山の例に類する場所は台湾のどこにもない。実際、奉茶志工が「高雄市をより愛すべき都市にしてくれた」ということで、彼らの利他的功労を紹介するPRビデオの撮影を行った（Kaohsiung City Government Information Bureau, 2006）。現市長の陳菊は、かつて七蔓を訪れたことがあり、「公共の福祉の促進」に対する奉茶志工の努力に大きな感銘を受けた。彼女は茶を数口だけ飲み、「山に水を運ぶのはとても骨が折れる仕事ですから、あまりたくさんお茶を飲みすぎてはならないと思います」と感謝の気持ちを込めてコメントした[7]。

第 5 章　環境保護文化における対立　105

　政治指導者たちも好意的な評価をしており、概して平均的な市民の意見と一致している。定期的に山登りを楽しむ登山客に対し、奉茶志工は温かい茶以外にも多くの重要なサービスを提供している。必要に応じて、彼らは行方不明者を救出したり、けが人を助けたり、疲れた人に食事を振る舞ったりしている[8]。前述のとおり、市政府は柴山を管理するための十分な人員を確保することができないため、七蔓、盤榕、雅座に常に詰めている奉茶志工たちこそが、不運な登山客がいつでも頼ることのできる事実上の緊急事態管理者になっているのである。かつて、ある夏に突然の激しい雷雨が柴山を襲い、登山客を恐怖に陥れたことがあった。雅座では、20人以上の人々が東屋に避難した。当時、ある1人の奉茶志工が自ら名乗りを上げて怯えた登山客の集団を先導した。彼は傘を持っていない人々に使い捨てのレインコートを配り、空腹に苦しむ人々が「下山ルートを進む力を取り戻すことができるように」と、自分が持っていた軽食を分け与えた。雨が次第に弱まり、人々が立ち去り始める中、彼は滑りやすい段差に気を付けるよう全員に言い聞かせた。筆者は、ある母親が自分の娘に「お兄さん」にお礼を言ってきなさい、と言っている姿を見かけた[9]。

　総じて、奉茶志工が柴山におけるお茶出しとその他の活動を行う理由を2つ挙げたい。まず1つ目の理由として、もう定期的な山登りでは満足できない彼らは、水を担ぎながらの登山を自身の身体的能力を鍛えるための最高の運動であると捉えていた、ということが挙げられる。ある医師は、より困難な登山活動に挑むために体を鍛えたいという理由で奉茶志工になった。当初、彼は山頂に辿り着くたびに水を捨ててしまっていた。他の奉茶志工が、せっかく努力するのならもっと有意義なものにしたらどうかと勧めたため、その後彼は容器に浄水を入れ、お茶出し場にその水を供給するようになった[10]。つまり、彼は孤独なエクササイズ愛好家から本物の奉茶志工に変わったのである。奉茶志工にとって、定期的に水をかついで山を登るという運動には不思議な癒しの力があるという。この運動のおかげで癌が治ったという人もいれば[11]、痛風が治ったという人もいた[12]。

　次に、積極的に公共の利益を追求しようという奉茶志工もいた。野外で振る

舞われる温かい茶は、疲れた登山客の喉の渇きを癒すだけではなく、より多くの人に自然の中を散策するよう促す役割も果たしていた。また、奉茶志工は、柴山をすべての人が訪れやすい状態に保つための一連の活動にも協力していた。彼らはごみ拾いや雑草駆除、木製の歩道の維持管理などを行った。長い年月の間に、一部の奉茶志工の間に管理人としての責任感が芽生え、自分たちが活動を続けなければ、柴山は劣化して危険で汚い荒れ地になってしまうと考えるようになった。七蔓のチームに所属するある実業家は、自分の仕事を引き継いでくれる若い奉茶志工がいつかいなくなってしまうのではないか、と危惧していた。彼の妻は、10年にもわたって彼が奉茶志工としての活動に熱中しすぎていることに不平を漏らしていた[13]。

4. 対立する2つの環境保護活動

1990年代前半に台湾が民主化に着手し、都市部の中流階級の人々が動員され、集団行動を起こし始めていた頃、環境保護活動家と奉茶志工は2種類のボトムアップ式の活動を展開していた。彼らはそれぞれ、主張と奉仕という、市民社会における異なる2つの志向を体現していた。CNPPS/THA活動家による推進運動のおかげで、柴山の生態系は軍による管理が終わった後に生じた商業開発のリスクから守られた。現在、柴山は現地政府による宣伝が徹底的に行われた観光名所となっている。これは、環境保護活動家たちがキャンペーンを開始した20年前には、ほぼ考えられなかったことである。

一方、奉茶志工たちによる関与は、現状を変えることを望まない控えめなものであった。彼らの目標は、貧しい人々を助け、公共の福祉を実現することであった。環境保護活動家は、台湾のその他のボランティア団体と同様、その数は少ない（Marsh 2003）。THAの報告によると、2009年度の有料会員数は70名以下であるとのことだが[14]、台湾の成長途中の環境保護団体の中では珍しいことではない。盤榕の年末の宴に参加した奉茶志工だけでも、明らかにTHAの会員数を超えている。環境保護活動家は政策に対する影響力を有しており、

簡単に政治指導者と直接話し合うことができるが、奉茶志工は一般市民の間で非常に人気がある。THAは間違いなく社会運動団体であると断定することができるが、奉茶志工は慈善団体に近いと言える。

　環境保護活動家による活動および奉茶志工による活動のさまざまな志向や柴山に対する共通の関心について考慮すると、これら2つの活動は補完的であり、相互に協力し合うものであるかのように思える。しかし実際には、両者の関係は遠く、冷え切ったものであり、ときには敵対することもあった。山岳地帯における器具および材料の備蓄や野外で湯を沸かす行為は、環境を破壊しただけではなく、自然公園の規則にも反していた。さらに、自然に近付くときは必ず自給自足ができるようにし、自然に残す影響を最小限に留めなければならないということを登山客は学ぶ必要がある。しかし、奉茶志工の活動が原因で、登山客は依存的になってしまい、都市部から離れた場所にいるにもかかわらず、自然の中でも都市部で楽しめるような洗練された娯楽を楽しむことができるという、誤った期待を抱くようになってしまった。その上、奉茶志工によるお茶出しがひとたび有名になれば、特定の場所にさらに多くの登山客が集まることになる。そこで、さらに場所を作るために奉茶志工は、多くの場合苦労して森林を開拓し、ときにはお茶出し場を「装飾」するために新たな種の植物を植えることもあった。これにより、すでに脆弱な状態にあった生態系が破壊されてしまったのだ[15]。盤榕は、東屋がない唯一のお茶出しエリアであったため、奉茶志工は盤榕にも一軒東屋を建設するよう市政府に陳情してきた。奉茶志工に賛同する一人の市議会議員が彼らを支持していたが、THAは市政府職員に東屋建設プロジェクトを却下してもらうことに何とか成功した[16]。

　THAは、自身が主催する教育プログラムにおいて、自然に近付く正しい方法を広めようと常に努力してきた。2010年の柴山祭で筆者が見学したイベントにおいて、参加児童とその親は、柴山では常に水を持参し、奉茶志工によって振る舞われる茶は飲まないよう指導を受けていた[17]。環境保護活動家と奉茶志工の間で激しい対立が生じることもあった。ある環境保護活動家が、ある出来事について以下のように語ってくれた。

お茶を飲んでいる人たちには我慢がなりません。彼らに使用済みの茶葉をどのように捨てているのか聞いてみました。地面に捨てていたのでしょうか？　私はお茶出しの責任者であるA-Chuanという人のところに案内されました。するとA-Chuan氏は無愛想に「誰の代理で来たのですか？　学校ですか？　それとも政府機関ですか？」と聞いてきました。私が「どこの組織の代表でもありません」と答えたところ、「組織や学校、政府機関の代表でないなら、私のところには来ないでいただきたい」と言われました。私は、茶葉を捨てることは環境破壊につながるということを根気よく説明しました。生分解性があったとしても、いくらでも捨てて良いということにはならないのです。人間が捨てるごみを微生物が吸収する能力にも限界があるのです。(THA Newsletter 2004：pp. 12-14)

奉茶志工が環境保護活動家を独善的で傲慢だと見なしたとしても不思議はない。インタビュー時、多くの奉茶志工が以下のような否定的な意見を述べていた。

　　もし彼ら（環境保護活動家たち）が政府に訴えを起こしたとしても、政府職員は彼らに耳を傾けないでしょうし、彼らは頭がおかしい人として扱われるだけですよ。我々は公共の利益のために活動していますし、お茶出しは高雄市民のためにやっていることなのです[18]。

　　環境保護活動家たちがやっていることは、単なる抗議行動にすぎません。彼らが道路のコンクリート舗装に対する抗議を行っているため、市政府は道路の舗装をする気がありません。活動家たちの中には専門家がいて、かなりの影響力があるのです[19]。

　　中には左寄りの活動家もいます。彼らは山の中で火を使うことの危険性

について抗議するために私たちのところに来ることがありますが、環境保護活動家の中でもそういった人間はごくわずかしかいません。100人中1人以下ではないでしょうか[20]。

　環境保護活動家たちがやっていることは机上の空論でしかありません。THAが人員削減を行い、その結果現在では電話応対スタッフが1人いるだけという状態になってしまったため、寄付を強く求めているというニュースを見ました。既存のすべての社会集団には存在価値がありますが、絶対的に正しい集団や普遍的に受け入れられている集団などありません。彼らはまともに歩けもしないのに空を飛ぼうとしているようなものなのです[21]。

　これらのコメントすべてにおいて、THA活動家たちの弱さが鋭く指摘されている。奉茶志工と比較すると、THA活動家は社会的に孤立しており、資金不足に苦しむエリート主義の空論家であるように思われる。しかし、環境保護活動家に対して敵意を表していたにもかかわらず、インタビューに参加した奉茶志工のほぼ全員が、厳密に言えば自分たちの活動は違法であることを認識していた。それ故に、よく奉茶志工たちは、自身のお茶出し活動は「組織」の支援を受けていない、全くの自発的活動であるということを強調する。さらに、自身の活動が生態系に及ぼす悪影響に関して尋ねられると、奉茶志工たちはとにかくそれを否定し、中には実際自分たちは「環境保護」のために活動しているのだと主張する者さえいる。
　奉茶志工たちが実際に行っていることをより詳しく見てみると、彼らの考え方があまりにも単純かつ浅はかで、完全に間違っていることがわかる。例えば、多くの場合彼らは、公共の場所で喫煙しないことと、茶を飲むのに使い捨て紙コップを使用しないことは「環境保護」と同義であると考えている。環境意識と聞くと、彼らは片付いていて清潔であることを連想しがちである。そのため、お茶出しエリアを「清潔」に保つためには、雑草駆除や森林開拓を行うことが

好ましいということになってしまう。中には、特定のエリアのすべての樹木を除去し、より管理がしやすく「美しい」種と入れ替えてしまう熱心な奉茶志工もいる。ある奉茶志工は、このような行動を以下のように正当化している。

 自然はいつか消滅します。なぜなら、それは自然のDNAにより決められているからです。ですから、自然には私たちによる改革が必要です。これらの木々は同系交配で生まれたものですが、同系交配には問題があります。私たちのやり方は完全には正しくないかもしれませんが、私たちは自然に対して確実に素晴らしい奉仕を行っているのです[22]。

 言うまでもなく、この科学者ぶった発言は、発言者が無知であることのみを示している。茶の使用済み材料は、奉茶志工が正当化しようとしているもう1つの生態学的問題である。ほとんどの場合、次第に分解するだろうという考えから、彼らは茶の使用済み材料をただその辺に捨てている。「山と森から来たものは山と森に帰る」として、彼らは自身のご都合主義的な茶の材料の捨て方を正当化している。しかし、因果関係を示す観察さえ行えば、この主張に対する反証を挙げることができる。使用済み材料が熱いままだと、それが捨てられた場所の地面に害が及び、不毛の土地になってしまうこともある。お茶出しエリア付近では、簡単に再び自然の一部になるとは思えないほど、大量の茶葉がいつでもうず高く山のように積まれているのが目に付く[23]。

 多くの奉茶志工の行動が明らかに生態系にとって有害であり違法であるにもかかわらず、不思議なことに市政府は未だに何も行動を起こさないままでいる。奉茶志工たちは非常に人気があるため、彼らの活動を完全に禁止することが政治的に難しいのは無理もない。市政府職員が黙認しているのではないかという環境保護活動家たちの疑いは、ある意味正しいと言える。しかし、市職員は、一部の奉茶志工が休憩所全体をほぼ「私有地化」してしまっており、彼らの巨大な貯水タンクやボイラーは見た目に見苦しいという苦情にも対応する必要がある。2011年前半に、市政府は七蔓における奉茶志工の活動エリアを囲う新た

第5章 環境保護文化における対立　111

なフェンスを設置した。それ以降、奉茶志工が利用する空間とその他の登山客が利用する空間が視覚的に区別されるようになったが、お茶出しは依然として続いた[24]。

環境保護活動家と奉茶志工の間で悩む地方自治体は、明らかに板挟みになってしまっている。お茶出しのおかげで人気が出て柴山は有名になっているが、それに伴って簡単に見過ごすことのできない悪影響が出ている。近年、高雄市政府は柴山の管理を中央政府に引き継ぐという考えを支持しているが、その理由は明らかである。厄介な問題を他の誰かに押し付けたいだけなのだ。

5．世界規模および地域規模の環境保護主義

本質的に環境保護活動家と奉茶志工の間の対立の根底にあるのは、人間と環境の関係に関する2つの意見の衝突である。CNPPS/THA活動家の基本理念は、Arne Naessが提唱した影響力の強い概念である「ディープエコロジー」に非常に似ている。「ディープエコロジー」は、人間中心主義を力強く批判し、「生物圏平等主義」（Naess 1973）を強調する概念であり、先進国においてこの概念に触発された類似の試みがいくつも行われた。環境保護活動家は、人間のニーズに対してどれだけ有用かに関係なく、すべての生物には生まれながらの価値があるということは自明のことであると考えている。CNPPS/THA活動家が主張しているように、普通の都市公園は人間が利用するためのものであるのに対し、柴山における自然公園の構想は「自然のためのもの」にすることである[25]。柴山には自然の均衡とバランスがある。したがって、すべてのトラブルと破壊は、人間による侵害行為が原因ということになる[26]。環境保護活動家は、柴山の前では人間は謙虚でいるべきだと力説する。自然を人間に適したものにするのではなく、複雑な自然生態系のありがたみを知るべきだ。すべての支配願望と欲は人間により生み出されたものであり、世界との異化による産物であることから、真の自然愛好家ならば確実に「山の気持ちになって考える」はずだ[27]。

自然が人間に与えてくれるのは、平凡な生活の中で長い間眠っている精神性を養う機会である、と環境保護活動家たちは考えている。人間の感性と経験は、豊かな自然と常に触れ合うことで豊かなものとなる。そのために人間は、功利主義的な関心を捨て、心を浄化し、健全な自然の恵みを受け入れることのできる状態に自身を導く必要がある。実際、柴山における生態学的惨事を引き起こしているのは、こうした見苦しい物質主義なのである。奉茶志工は、柴山という神聖な場所に明らかに都会的な快適さを持ち込むことで、同じ過ちを犯している。柴山は、「心霊的道場」として正しく認識されるべきである[28]。

簡単に言えば、CNPPS/THA の活動は、その脱物質主義的価値観や自然中心的視点において、主流派の環境保護主義という世界の流れを追随していると言える。中核的な活動家たちの学歴や専門家としてのより特権的な立場を考えれば、彼らが容易に世界の環境保護文化を吸収することができるのも当然だ。

環境保護活動家の主張の中に現地の文化的要素を見つけることは難しいが、奉茶志工の活動は、環境保護というグローバルなメッセージを吸収し、一般市民がより理解しやすく受け入れやすい現地の言葉に変えようという現地文化のための取り組みである。奉茶志工によるお茶出しとその他の支援のおかげで、高雄市民の間で登山はよりいっそう人気となった。現在、休日1日に柴山を訪れる人の数はおよそ1万人と推定されている。

奉茶志工は環境保護活動家ほど雄弁ではないが、彼らが自然に関して活動家たちとは異なる視点を持っていることがその活動からうかがえる。最も顕著な特徴は、その臆面もない人間中心主義にある。柴山は貴重なレクリエーション機会を与えてくれるため、高雄市民はまさに柴山の恩恵を受けている。奉茶志工は、自然自体の本来の価値について語ることはばかげていると考えている。この考え方を最もよく表しているのは、雅座に2010年の夏に貼り出された二行連句だろう。その内容は以下のとおりである。

　　柴山の道で体を鍛え、
　　雅座で香り高い茶を味わう[29]

ある雄弁な奉茶志工が、水を運び、茶を淹れる活動の優れた効果について説明してくれた。

> この山は、多くの人々の人生を救ってきました。ここに来れば、人生は色鮮やかなものになります。来なければ、モノクロの人生になってしまうでしょう。山を登るときは常に集中していなければなりませんから、嫌なことについて考えなくなります。厄介な子供であろうと、資金難のビジネスであろうと、もうどうでも良くなるのです。これが、幸福の天人を意味する「仙」という漢字が「人」と「山」でできている理由です。（Li 2008 から引用）

定期的に運動することで多くの奉茶志工がより健康になったため、彼らは柴山を「病院」と呼ぶ習慣がある[30]。これは、環境保護活動家たちの間での「心霊的道場」というイメージとは大きくかけ離れた、非常に功利主義的な描写である。

さらに、奉茶志工が自身の環境保護活動に取り入れている現地の文化的要素が２つある。１つ目は、生命を慈しむ「養生」の文化である。七蔓と雅座で振る舞われている特別な配合の茶は、「養生茶」と呼ばれている。つまり、奉茶志工は動植物の素晴らしさを理解するためではなく、健康のために自然に近付いているのである。Tang（2011）が指摘するように、身体「養生」文化は今でも台湾人の間にあるが、彼らは同時に西洋から入ってきたスポーツとエクササイズという概念も受け入れている。奉茶志工は、「養生」文化を自然の中に持ち込むことで、既存の習慣を自然化しているだけなのである。

次に、もう１つの現地の文化的要素は、善意の慈善行為という伝統的な概念に起因する。茶を振る舞うという行為は本来、喉が渇いて疲れ切った路上生活者に対する慈悲の行為である。ただし、こうした文脈における「茶」は通常、飲料水の婉曲表現である。柴山の奉茶志工はこの伝統に「環境保護」という新

しい意義を加え、この伝統を作り変えたようだ。もはやそれは幸の薄い路上生活者に対する慈悲深い支援ではなくなり、市の住民を山に行く気にさせる行為となってしまった。原則として、奉茶志工は「功徳」という宗教じみて聞こえる言葉は使わない傾向にあるが、彼らは自らの動機を「慈善心」であると説明している[31]。

2つの環境保護活動の違いについてある奉茶志工は、「THAはより学術志向ですが、我々はより地域に根差しているのです」と意見を述べている[32]。実際、奉茶志工は伝統文化に深く根差しており、それと同時に環境保護の現代的意味を変えようとしている。THA活動家が「学術的すぎる」という印象を持たれているのは、明らかに台湾にはほんのわずかしか支持者層がいないグローバルな自然保護主義に、思想的に深く傾倒していることが関係しているに違いない。

おわりに

柴山におけるお茶出しをめぐって過去20年間にわたり続いている論争は、制度的解決により解消することができる純粋な技術的問題であると捉えることができる。特に人口が過密な台湾の都市においては、都市保全のためには野外でのレクリエーションに対する市民のニーズと生態系のバランスの両方を満たさなければならない。過去においては、市政府は無節操で決断力がないように見えたかもしれない。市政府は、環境保護活動家と奉茶志工の双方の機嫌を取るのではなく、双方の要求に応えようと努力している。しかし、地元政治家が置かれている厳しい状況は、深刻なジレンマを招いている。CNPPS/THA活動家が夢見るような、完全に自然を第一に考えた大都会の自然公園は、それほど簡単に実現できるものではない。また、奉茶志工も、生態系に被害を及ぼすことなく活動規模を広げ続けることはできない。環境保護活動家と奉茶志工の対立する主張の間のどこかに解決策があることは明らかだ。両者ともにいつかは中庸で満足しなければならないのである。

しかし、本論文の目的は、環境保護主義とグローバル化の観点からこの事例を提示することである。グローバル化理論の一部の論者たちの単純な主張に反し、近代性の覇権主義的な世界的性質が、先進国の住民がしていることを地域住民が模倣するという意味での普遍的均一性を生み出すとは限らない。期待されている世界の一様化および均一化のプロセスは簡単には進まない。環境保護主義は、すべての人類が直面している生存危機に対処するための共通の取り組みである、と捉えることができるかもしれないが、地域ごとにさまざまな種類の環境保護主義が存在するという事実を否定することはできない。高雄市の環境保護活動家は、自身の世界観が文化的にほとんどの市民の好みに合っていないように感じ、苛立ちを募らせている。一方、奉茶志工は実際に、世界中の人々が環境意識を抱いている時代の中で、伝統的な「養生」と「慈善」の文化を作り変えることによって、文化的修繕の道を切り開いている。しかし、過度の人間中心主義が原因で、彼らは環境被害に気付かずにいる。つまり、台湾の現状において断固たる環境保護が可能であるとすれば、それは地元に根差した生態系配慮型のものでなければならないということになる。

*本文書は、2012年6月30日から7月1日の期間に立教大学にて発表された国際シンポジウムの論文です。Mei Lan Huang氏およびTzu-chi Tseng氏のご協力に感謝いたします。

注
1) 本章の以下の部分では、Ho (2008) の論文から抜粋・再編成した資料を利用する。
2) 野帳（2009年12月6日）。
3) 野帳（2010年5月15日）。
4) インタビュー（2009年10月17日）。
5) 野帳（2009年8月15日）。
6) インタビュー（2010年2月6日）
7) インタビュー（2009年10月7日）。
8) インタビュー（2009年12月21日）。
9) 野帳（2010年7月24日）。
10) インタビュー（2010年2月5日）。

11) インタビュー（2010年2月6日）。
12) インタビュー（2010年2月6日）。
13) インタビュー（2009年10月17日）。
14) インタビュー（2009年12月27日）。
15) インタビュー（2009年11月21日）。
16) 野帳（2010年10月11日）。
17) 野帳（2010年5月22日）。
18) インタビュー（2009年12月21日）。
19) インタビュー（2009年10月17日）。
20) インタビュー（2010年2月6日）。
21) インタビュー（2010年2月6日）。
22) インタビュー（2010年2月6日）。
23) 野帳（2010年1月10日）。
24) 野帳（2011年1月26日）。
25) http://www.wretch.cc/blog/takaohill/21497375（2012年2月20日）から引用。
26) http://www.wretch.cc/blog/takaohill/10519293（2012年2月20日）から引用。
27) http://www.wretch.cc/blog/takaohill/9324819（2012年2月20日）から引用。
28) http://leekc-95kh.blogspot.com/2008/02/blog-post_4211.html（2012年2月2日）から引用。
29) 野帳（2010年7月25日）。
30) インタビュー（2010年2月6日）。
31) インタビュー（2009年11月15日）。
32) インタビュー（2010年2月6日）。

参考文献

Beck, Ulrich（2006）*Cosmopolitan Vision*, trans. by Ciaran Cronin. Oxford: Polity.

Chang Chun-yen（2009）*Moving Toward Consumer Culture of Public Value? Consumption Justice and Mom's Revolution of HUCC*［朝向公共價值的消費者文化？消費正義與主婦聯盟的媽媽革命］. Master dissertation at Shin Hsin University.

Chen, Chialuen（2008）"Taiwanese Buddhists' Attitudes and Behaviors of Animal Release: The Effects of Religious Beliefs and Ecological Recognition［台灣佛教信眾的放生態度與行為：宗教信眾與生態認知的影響］." *Thought and Words*［思與言］46（3）: 133-170.

Fell, Dafydd (2012) *Government and Politics in Taiwan*. London: Routledge.
Frank, David John et al. (2000a) "The Nation-State and the Natural Environment over the Twentieth Century." *American Sociological Review* 65 (1): 96-116.
——— (2000b) "Environmentalism as a Global Institution: Reply to Buttel." *American Sociological Review* 65 (1): 122-127.
Guha, Ramachandra (1989) *The Unquiet Woods: Ecological Change and Peasant Resistance in the Himalaya*. Berkeley, CA: University of California Press.
Guha, Ramachandra and Juan Martinez-Alier (1997) *Varieties of Environmentalism: Essays North and South*. London: Earthscan.
Hannigan, John A. (2001) *Environmental Sociology: A Social Constructionist Perspective*. London: Routledge.
Ho, Ming-sho (2003) "The Politics of Anti-Nuclear Protest in Taiwan: A Case of Party-Dependent Movement (1980-2000)." *Modern Asian Studies* 37 (3): 683-708.
——— (2005) "Protest as Community Revival: Folk Religion in a Taiwanese Anti-Pollution Movement." *African and Asian Studies* 4 (3) 237-269.
——— (2008) "Contentious Democratization of the Environment: Militarism, Conservation and Livelihood in a Taiwanese Community." *Journal of Political and Military Sociology* 36 (2): 269-291.
——— (2010) "To Co-opt Social Ties: How Taiwanese Petrochemical Industry Neutralized Environmental Opposition." *Mobilization: An International Journal* 15 (4): 447-463.
Hsiao, Michael Hsin-huang and Ming-sho Ho (2010) "Civil Society and Democracy-Making in Taiwan: Reexamining its Link." pp. 43-64, in *East Asia's New Democracies: Deepening, Reversal, and Non-liberal Alternatives*, eds. by Yin-wah Chu and Siu-lun Wong. London: Routledge.
Kaohsiung City Government (2003). *Nature Park: A Trip in Chaishan* [自然公園：柴山之旅]. Kaohsiung: Ch'uanmen wenhua [串門文化].
Kaohsiung City Government Information Bureau (2006) *The Love of Kaohsiung* [就是愛高雄]. http://www.youtube.com/watch?v=KZNpH5ug0kk. (2009/12/06)
Li, Ch'i-ch'üan (2008) *A Competition in Chaishan* [柴山論劍]. http://www.youtube.com/watch?v=BQe186TEl58 (2009/10/21)
Lu, Hsin-yi (2009) "Place and Environmental Movement in Houjin, Kaohsiung." *Journal of Archaeology and Anthropology* 70: 47-78.
Madsen, Richard (2007) *Religious Renaissance and Political Development in Taiwan*.

Berkeley, CA: University of California Press.

Marsh, Robert (2003) "Social Capital, Guanxi, and the Road to Democracy in Taiwan." *Comparative Sociology* 2 (4): 575-604.

Martinez-Alier, Juan (2004) "'Environmental Justice' (Local and Global)." pp. 312-326, in *The Cultures of Globalization*, eds. By Frederic Jameson and Masao Miyoshi. Duke, NC: Duke University Press.

Mol, Arthur P. J. *et al.* (eds.) (2009) *The Ecological Modernization Reader*. London: Routledge.

Naess, Arne (1973) "The Shallow and the Deep, Long-Range Ecology Movement: A Summary." *Inquiry* 16: 95-100.

Reardon-Anderson, James (1992) *Pollution, Politics and Foreign Investment in Taiwan: The Lukang Rebellion*. Armonk, NY: M. E. Sharpe.

Schofer, Evan and Ann Hironaka (2005) "The Effect of World Society on Environmental Protection Outcomes." *Social Forces* 84 (1): 25-47.

Tang, Chih-Chieh (2011) "Yangsheng, Sport and Exercise: A Preliminary Inquiry about Taiwanese Notion of Yundong. [養生、競賽遊戲與鍛鍊：本土運動觀念初探]." *Social Analysis* [社會分析] 2: 87-148.

The Ecologist (1992) "Whose Common Future?" A special issue no. 22 (4), July/August.

Wapner, Paul (1995) "Politics beyond the State: Environmental Activism and World Civic Politics." *World Politics* 47 (3): 311-340.

Weller, Robert (1999) *Alternative Civilities: Democracy and Culture in China and Taiwan*. Boulder, CO: Westview.

────── (2006) *Discovering Nature: Globalization and Environmental Culture in China and Taiwan*. Cambridge: Cambridge University Press.

Yearly, Steve (2007) "Globalization and the Environment." pp. 239-253, in *The Blackwell Companion to Globalization*, ed. by George Ritzer. Oxford: Blackwell.

第6章　原子力神話の軌道力
―― 無効化とディスコミュニケーションの政治 ――

安部　竜一郎

はじめに

　2011年3月に発生した福島第一原子力発電所の事故は、二重の意味で原発の抱えるリスクに対するわれわれの認識の甘さを露呈させた。第1は、事故発生のリスクについてであり、これまでは原発で深刻な事故が発生する確率は「頭上に隕石が落下する確率よりも小さく、無視できる」と言われてきた。ところが今回は原発事故の最後の砦であったはずの多重防護システムが地震と津波による電源喪失という単一の要因からいともあっさりと破られた[1]。第2は、ひとたび大事故が発生した場合の被害の大きさ、深刻さである。事故発生時に退避等の措置を取るべきEPZ（緊急時計画区域）は原発から半径8～10km程度とされていたが、事故発生後半径2kmから始まった避難指示は、3km、10km、20kmと順次拡大され、ついには30kmを超える地域についても避難の勧告が出された。2011年6月16日時点の原発事故による警戒区域（半径20km圏）、計画避難区域および緊急時避難準備区域からの避難者数は11万3,000人にのぼった[2]。今回の事故は、福島県を中心とした東北から関東北部にかけて大量の放射性物質を撒き散らし、さらに太平洋へ膨大な放射能汚染水を垂れ流した。避難者への補償のみならず、農林水産業の損害賠償や除染対策費も含めると今後の事故処理費用は莫大な金額にのぼることは避けられない。報道によれば、東京電力が2012年度までに負担する賠償金・除染対策費だけでも3.5兆円を超

えると見込まれている[3]）。

　今回の事故によって原子力のリスクが初めてあらわになったかのような論調[4]）は事実にそぐわない。原子力がたった1度の事故で一国の経済・社会を傾かせかねないほどかくも巨大なリスクを内包することは、導入の初期から今日に至るまで多くの研究者によって指摘されてきた。しかし、これまでは、メディアを通じて振りまかれてきたいわゆる「安全神話」によって、原子力リスクの認識は論争のベールの向こう側へと追いやられてしまった。加えて、いわく「準国産エネルギー」であるとか「CO_2を出さない」とか、原子力のポジティブなイメージのみを一人歩きさせた結果が今回の事故であったと言える。

　本研究の目的は、原子力のリスクを不可視化してきた「神話」の生成と維持のメカニズムについて迫ることにある。本稿で言う「原子力神話」とは、原発はいかなる事態に至っても安全であるという技術的言明（いわゆる「安全神話」）を中心として、原子力の経済的、政治的、社会的リスクを覆い隠し、各々の領域において肯定的なイメージのみを強調する一連の言説の体系を指す。

　原子力神話は、単なる大衆に原発を受容させるためのプロパガンダではない。いわば原子力推進という国策を支えるイデオロギーとして作動しており、ゆえにその拘束力は、利害関係者の範囲＝原子力業界を超え、もともとその外部に配置されているはずの司法や経済界、メディア、専門家のコミュニティにまで及ぶ。これによって、数々の原発訴訟は退けられ、非効率な電気事業の地域独占体制は温存されてきたのである。

　原子力神話の構築に、メディアや政府行政、そして推進を担ったいわゆる「御用学者」たちの果たした役割は確かに大きい。しかし、それだけであれば、経済学や法学などの社会科学を含めた原子力の科学が、本来相容れぬはずの「神話」と共振し相互に補強し合うという奇妙な現象を説明できない。そこで、本研究では、行動経済学で用いられるフレーミング理論やコミュニケーション分析、科学社会学における権力分析、リスク社会論や災害心理学などの分析枠組みを適宜援用し、この科学と神話の共依存関係を可能ならしめている2つの様態、原子力批判の無効化とリスク認知を妨げるディスコミュニケーションの

プロセスについて明らかにする。

　すでに起こってしまった事故は変えようがないが、今後われわれの社会は、いまも漏出を続ける放射能による汚染や原発の使用済燃料から発生した高レベル放射性廃棄物の保管など、広範かつ長期にわたる原子力のリスクから目をそらさずに向き合わなければならない。そのためには、原子力を取り巻くさまざまな「神話」を相対化し、その呪縛から離脱する必要がある。なぜなら、原子力神話は、決して過去の遺物ではなく、昨今の低線量被曝や体内被曝をめぐる議論にかたちを変えて忍び込み、いまも密やかに作動を続けているからである。

1.「安全神話」の逆機能

　一般に、原子力の安全神話とは、「大量の放射能が外部へ漏れるような事故は絶対に起きない」（吉岡 2011）、あるいは「事故が起きても深刻な事態に至る前に収束できる」（武谷 1989）という信仰にも似た確信を指すとされる。吉岡によれば、安全神話はもともと原発立地自治体・住民の同意を得るための方便にすぎなかったという。ところが、ひとたび原発が立地審査をパスしてしまうと、その原発に追加の安全対策を施したり、重大事故を前提にした避難訓練やシミュレーションを行ったりすることは難しくなってしまう。なぜなら、それは現在の施設の安全性に疑いがあるという負のメッセージとなってしまうからである。こうして、福島第一原発の非常用電源の補修は見送られ、事故対応も避難勧告も後手を踏むことになってしまった。本来は住民対策用のプロパガンダにすぎなかった安全神話が、推進側に跳ね返ったあげく、安全対策に対する事実上の制限として機能してしまった（吉岡 2011：131-136頁）。

　興味深いことに、これまで原発推進を支えてきた研究者たちは、「原子力の潜在的危険性」という表現で事故の可能性を認めてきた（原子力安全委員会 1981：第2章）。例えば、かつて原子力安全委員長を務めた佐藤は、原子力開発初期には格納容器さえあれば安全という「信仰」があったが、1979年に米国スリーマイル島原発2号機で起きた炉心溶融事故以後は、設計の範囲を超える

事故が起こり得るという前提で安全対策を考えるようになったと述べている（佐藤 2006：74-80頁）。むしろ、原発推進側が安全性の根拠としたのが、1975年に公表された米国原子力規制委員会（Nuclear Regulatory Commission）委託の原子炉安全性研究報告 WASH-1400（主査の名前をとって通称ラスムッセン報告と呼ばれている）による確率論的事故評価である。これによると、炉心溶融事故の起こる確率は2万炉年に1度程度とされており（Rasmussen, et. al. 1975：Executive Summary p. 8）[5]、さらにそうした原発の重大事故で死亡する確率は原発100基あたりで200億年に一度程度であるとされた（Rasmussen, et. al. 1975：p. 112）。これを根拠に、原発で深刻な事故が発生する確率は「ヤンキースタジアムで野球観戦中に頭上に隕石が落ちて死ぬ確率よりも低い」のだから現実には考慮しなくても差し支えない、として原発推進を擁護する際の科学的根拠として使われた（高木 2000：132-134頁）。

　このラスムッセン報告に対してはすでに数多くの批判がある（代表的な批判として、憂慮する科学者同盟 1979、を参照のこと）が、紙幅の関係上ここでは同報告の妥当性の検討には踏み込まない。ここで注目したいのは、上述の立論が、原発事故の現実的可能性を認めるという科学的な思考を示しつつ、同時にそれを無視してよいという二律背反の命題を抱えてしまっていることである。安全規制を担う当局にとって、「事故は起きるかもしれない」という命題Aに従って規制を強めると「事故は起きない」という命題B（安全神話）が成り立たなくなる。一方、命題Bの安全神話に則って安全対策の強化に慎重になれば、いざというときに無策の謗りを免れない。いわばダブルバインド（ベイトソン 2000：288-319頁）状態に置かれてしまうため、身動きが取れなくなってしまう。

　この矛盾した姿勢は原子力委員会が定めた『原子炉立地審査指針』に如実に現れている。同指針では、原子炉の立地条件として次のように定めている（原子力委員会 1964）。

1．1　原則的立地条件
　原子炉は、どこに設置されるにしても、事故を起さないように設計、

> 建設、運転および保守を行なわなければならないことは当然のことであるが、なお万一の事故に備え、公衆の安全を確保するためには、原則的に次のような立地条件が必要である。
> (1) 大きな事故の誘因となるような事象が過去においてなかったことはもちろんであるが、将来においてもあるとは考えられないこと。また、災害を拡大するような事象も少ないこと。

さらに立地審査の基本目標としては次のように記されている。

> b　更に、重大な事故を超えるような技術的見地からは起るとは考えられない事故（以下「仮想事故」という）。（例えば、重大事故を想定する際には効果を期待した安全防護施設のうちのいくつかが動作しないと仮想し、それに相当する放射性物質の放散を仮想するもの）の発生を仮想しても、周辺の公衆に著しい放射線災害を与えないこと。
> c　なお、仮想事故の場合には、集団線量に対する影響が充分に小さいこと。

　ここで言う「重大事故」とは、「最悪の場合起こるかもしれない事故」ではあるものの、その際にも原発の防御機能が作動することによって深刻な放射能汚染が生じない程度の事故のことを指す。一方、「仮想事故」（hypothetical accident）とは、原子力業界独特の表現で、重大事故を超えるような深刻な事故を意味し、技術的には起きることはないとされている。つまり上記基本目標のbとcは、仮想事故のような深刻な事故は起きないのだが、そんな起きないはずの事故が仮に発生したと「仮想」した場合でも周囲に著しい被害が及ばないような場所に原子炉を建てよ、という趣旨となる。これを「念には念を入れよ」という意味として好意的に解釈できなくもないが、日本語としては極めて回りくどく珍妙な表現と言わざるを得ない。なぜこんな表現を取らざるを得ないか

と言えば、立地審査では一応現実の原発の危険性を評価するわけだが、かといって危険性の存在を認めてしまえば「重大事故が起きても安全」とか「重大事故を超える事故は起きない」といった「安全神話」と齟齬を起こすことになる。そこで、危険性はあったとしてもあくまで想像上の可能性でしかない、ということにしておいて、今度はそれを評価の対象とするというねじれた姿勢をとらざるを得なくなる。自らが評価するべき対象を評価の前提で「起こるとは考えられない」と言い切ってしまうわけだから、安全審査を司る側は自らその存在理由を否定しているに等しい。

　実際、立地審査は電力会社の原子炉設置許可申請にお墨付きを与える形式上の手続きにすぎなかった。例えば、立地審査指針では、原子炉は「人口密集地帯からある距離だけ離れていること」と定めているが、東海原発（1998年に廃炉）、東海第二原発などは東海村の住宅区域に隣接しており、今回の福島第一原発事故のような「仮想事故」が発生すれば住民が「著しい」放射線汚染に見舞われる危険性は極めて高い。つまり、同原発などは立地審査で不許可になってもおかしくないはずである。ところが、あくまで事故は「仮想」なのだから、事故の結果どの程度の放射能汚染を仮想するかは立地申請をする事業者次第ということになる。立地審査指針では、今回と同じ炉心冷却剤喪失事故が起きた場合の一般公衆の被曝が2万人Sv（100万人が20mSvずつ被曝する計算）以内となることを目安としている。一方、東京電力の柏崎刈羽原発の設置許可申請書では、冷却水喪失事故による一般公衆の被曝は0.15万人Sv以内と「仮想」されており（東京電力1992：10頁）、この程度であれば立地審査上問題ないことになってしまう。もちろん今回の福島第一原発の事故を鑑みれば、この数字の内で収まるはずのないことは明らかだろう。

　2002年に国際原子力機関（International Atomic Energy Agency：IAEA）が原発から半径30km圏を緊急防護措置区域（Urgent Protective action planning Zone：UPZ）とする指針を出したのに伴い、2006年、我が国でも原子力安全委員会でUPZ導入の是非について議論された。このとき、本来原発の安全を司る役目の原子力安全・保安院は、原子力安全委員会に対し、UPZの導

入が「原子力に対する国民の不安を増大」させ「立地地域の社会的混乱を惹起する」ので検討そのものを打ち切るよう申し入れている[6]。結局、一部委員の抵抗もむなしく、UPZの導入は見送られた。

　この2つの事例からもわかるように、安全神話は、単に国民に原子力の受容を働きかけるプロパガンダにおさまらず、規制する側をも縛るくびきとしての機能を持つ。では、なぜこのような「神話」が可能となり、そして、今回の原発事故が起きるまでそれが維持されたのか。第3節では、リスク社会論の枠組みを用いて、人々がどのように原子力のリスクを認知するかについて、特に科学知識とコミュニケーションへの依存という点から論じる。

2. リスク認知の構造

(1) 知識依存性

　ベックは1986年のチェルノブイリ原発事故直後に公刊された著書『危険社会』において、近代資本主義がその生産力の基盤とする科学技術によって巨大かつ不可避のリスクを抱えてしまったこと、そして社会がリスクへの対応を余儀なくされることによって、近代社会の構造そのものが再帰的に変容していくと論じた。ベックにとって、リスクはあくまで起こるかもしれない将来の不確実な危険であって、すでに起きていて被害を招くことが確実な場合はリスクとは呼ばない。例えば、墜落の危険性はこれから飛行機に搭乗しようとする人にとって受け入れざるを得ないリスクである。しかし、墜落していまや地表に衝突しようとしている飛行機の中の人にとってはリスクではもはやなく、すでに確定した危険である。つまり、リスクは常に未来の不確実性の領域に属するのであって、危険そのものというよりは、危険およびその因果関係の予測や推定にかかわるものとされる。

　ベックによれば、リスクの生成とそれへの社会の反応にはいずれも科学技術が決定的な役割を果たしている。飛行機や原発などの巨大科学からPCBやダ

イオキシンのような人工化学物質まで科学技術の発達に伴って人間が産み出したものであり、それによって人類は大きな利便を得たものの、その一方で当初はたいしたことはないと考えられていたリスクが今、我々の生活を蝕む事態に至っている。地震や火山の噴火などの自然災害にしても、都市化や貧困など人間社会のメカニズムがいっそうそのリスクを深刻化させているのであり、その背景には都市の居住や交通、そして経済といった社会システムを支える科学技術の存在がある。

さらに、人々がリスクを認識するには科学的知識によるリスクの特定が必要となる。何がリスクなのか、そしてそのリスクがどの程度深刻なのかという説明がなければ、リスクは「未知」の海に埋もれたまま我々の認識の外に留まってしまう。フロンガス（クロロフルオロカーボン）を例に考えてみよう。フロンガスは1920年代に発明された人工化学物質で、化学的に極めて安定しているため人体および環境に無害とされ、その後冷蔵庫の冷媒やスプレー類の充填剤としてさかんに使われた。フロンガスが成層圏で活性化してオゾン層を破壊していることが疑われだしたのは1970年代に入ってからである。その後研究が急速に進み、オゾン層破壊の結果地上に到達する紫外線量が増え皮膚がんのリスクが増大することが判明する。1987年のモントリオール議定書によってフロンガスの使用が全面禁止されたことは周知のとおりである。問題の原因と結果をつなげ、さらにその程度を測定によって数値化することで、社会は初めてリスクを「可視化」することが可能となる。リスクを検知できなければそのリスクは存在しないも同然だから、人々のリスク認知は科学技術とそれが産み出す知識に依存することになる（ベック 1998：35-48頁）。

(2) コミュニケーション依存性

一方、社会システム論の視点からリスク社会を分析するルーマンは、リスク認知におけるコミュニケーションの役割に注目する。例えリスクが科学によって因果関係や数値で示されたとしても、それを人々がどの程度の切実さをもって受け止めるかは別問題である。紫外線にしても放射能にしても、その脅威が

すぐさま痛みや悪臭、不快感などの知覚可能な経験として迫ってくるわけではない。仮にリスクを知識として知っていたとしても、さほど深刻に受け止めず、これまでどおりの生活を送ることもできる。喫煙の健康に対するリスクはすでに確固たる医学的証拠を伴っているが、ヘビースモーカーはしばしば医者からの禁煙の勧めを看過してしまう。なぜなら、喫煙のリスクはすでによく知られているにもかかわらず、実際のところその人の身にはまだ何も起きてはいないからである。リスクがいつ生じるかわからない未来の危険に留まる限り、人々は十分な注意を払おうとしないかもしれない。見えもせず嗅ぐこともできないリスクの存在を受け入れ、それに真摯に向き合うためには、それがその人の「生活の質」に大きな影響を与え、そしてそのリスクを減らすために何がしかの代償を支払う必要があるという意見が社会で大勢を占めなければならない。ルーマンの表現を借りれば、人々はリスクの存在とその重大さを「信じる」必要があるのだ。

では、社会はどのような経路でリスクの存在を認識することができるのか。リスクが社会に常に脅威として作用し続けるがゆえに遅かれ早かれそれと向き合わざるを得ないと考えるベックに対し、ルーマンは、リスクはコミュニケーション行為によって初めて社会に影響を与えると考えた。ルーマンによれば、仮に原発事故による放射能汚染で健康を害したとしても、彼が（あるいは彼を診察した医師が）自らの病を放射能に関連付けて他者に伝えなければそのリスクは問題とは成り得ない。つまり、人々のコミュニケーション行為こそがリスクを社会システムへと埋め込む器ということになる（小松 2003：68-76頁）。

ルーマンの主張を補強するため、ここで最近の災害心理学における「リスク認知のバイアス」の議論を例に、コミュニケーションの在り方がリスクを認知する上でいかに重要かを示してみる。福島第一原発事故の原因となった大津波は、東北から関東北部の太平洋岸を襲った。1万9,000人を超える震災による死者・行方不明者を出したが、亡くなった方のほとんどが津波に逃げ遅れて飲み込まれた水死であったという[7]。広瀬は、津波や火災などから人が逃げ遅れる理由として、リスクを知ってはいても、しばしばそれを「いつものこと」（正

常性バイアス）とか「たいしたことはない」（楽観主義的バイアス）として、ぎりぎりまでリスクの程度を低く見積もって心理的なストレスを減殺しようとする傾向を挙げている（日本リスク研究学会 2006：268-269頁）。

　一方、避難を呼びかける側は、人々がパニックに陥るのを恐れるあまり、正確な情報を出し渋るということが起きやすい。広瀬（2004）は、2001年9月11日の同時多発テロ時に、世界貿易ビルのノースタワー64階の人々へ緊急対策本部が電話で「その場にじっと留まり、警察の到着を待とう」指示を出したため1時間近く避難が遅れて14名が亡くなったケース（広瀬 2004：14-21頁）や、1977年米シンシナティで起きたキャバレー火災の際にパニックを恐れた従業員が「火元は遠い」と誤った情報を客に伝えたため逃げ遅れた164名が死亡したケース（広瀬 2004：128-132頁）をその例として挙げている。今回の原発事故においても、政府は「市民に不安を与え、パニックが起きるのを恐れたため」という理由から、緊急時迅速放射能影響予測ネットワークシステム（SPEEDI）による情報の公開を遅らせてしまった[8]。広瀬は、こうした行政や専門家側が陥りやすいバイアスを「パニック神話」と呼んでいる（広瀬 2004：127-149頁）。

　広瀬は、リスク認知を妨げるこうした心理的バイアスを取り除くため、リスク・コミュニケーションの重要性を説いている（広瀬 2004：125-126頁）。通常リスク・コミュニケーションと言うと、科学者や技術者、研究者といった知識生産の専門家と知識の消費者に当たる行政当局者、市民などの異なる利害関係者間でリスクの解釈や対応策の枠組みなどについて意見交換を行うことを指すが（日本リスク学会 2006：265-267頁）、広瀬は、家族や友人、近隣の人々とのコミュニケーションやメディアからの情報取得も大きな役割を果たすと指摘している（広瀬 2004：87-98頁）。宮城県釜石市鵜住居地区は今回の津波で壊滅状態となったが、同地区にある釜石東中学校と鵜住居小学校にいた児童生徒約570名は地震後いち早く高台に逃げたため全員助かっている。これは、同校では長年にわたり防災教育に力を入れており、生徒たちに三陸沿岸部に伝わる「つなみてんでんこ」[9]の教えを徹底するよう指導していたためと言われている（片田 2011：『河北新報』2011年5月19日付）。

以上の事例から導かれることは、人々のリスク認知は、リスクを特定する科学知識と同様に、あるいはそれ以上に関係者間のコミュニケーションに依存している点である。裏を返せば、いかにリスクの存在を科学知識が示していようとも、コミュニケーションの如何によっては社会がそれを受け入れようとしない場合もあり得るということになる。

(3) 科学の合理性と社会の合理性の相互作用

このように書くと、あたかも社会の側が科学者を含む専門家コミュニティによるリスクの特定をいかにして受け入れるか、という問題であるとの印象を受けるかもしれない。しかし、これまでの環境問題の事例を見ると、逆に専門家によるリスクの特定が社会のリスク認知に遅れたために、迅速な対策を妨げてしまうという事例も少なくない。

水俣病のケースを考えてみよう。新日本窒素水俣工場が水銀を含む廃液を水俣湾に排出し始めたのは1932年からであり、1940年代には後に水俣病と判明する患者が出ている[10]。当初は、「猫踊り病」などと特異な風土病扱いをされたが、1956年頃から熊本日日新聞を皮切りに原因不明の「奇病」としてさかんに報道されるようになって、熊本大学医学部をはじめとする専門家グループによる原因究明が本格化してくる。1958年7月、厚生省は奇病と日本窒素の工場排水との関連について初めて言及するが、当然のごとく会社側は反論を開始する。延々と今日まで引きずる水俣病論争のはじまりである。1959年7月、熊本大学医学部の水俣奇病総合研究班は、原因は有機水銀であり、汚染源として工場排水が疑われると発表した。会社側はこれに「終戦時に日本軍によって廃棄された爆弾が原因」という推論を唱えて反論し、清浦雷作東京工業大学教授は有機アミン原因説をもって有機水銀主因説を批判した。これを皮切りに、水俣病と工場排水との因果関係をめぐって、科学者の間で激しい論争が続く。この後、水俣病のために魚の売れなくなった漁民たちが会社に補償を求める運動に立ち上がったが、科学的な因果関係の不確定を盾にとられて敗れ去る。また、患者家族たちは、会社に抗議し工場正門前での座り込み活動を開始するが、病死者

30万円、成人の生存者10万円、未成年の生存者3万円というわずかな「見舞金」によって患者会は分裂・弱体化させられてしまう。その間、会社は排水を水俣湾に放出し続け、水俣病患者の数は増大する。会社が放出を停止したのは政府が公式に水俣病と工場排水の因果関係を認める直前の1968年5月にアセトアルデヒドの生産自体を停止したときのことであった（宇井 1968）。

　水俣病に限らず、環境問題においては、科学的な因果関係の確定を待って対策をとろうとするとしばしば手遅れになってしまう。ベックは、科学がリスクの特定と評価において依拠すべき合理性を独占していた状況は崩壊したと主張する（ベック 1986：39頁）。社会がリスクの存在を理解し対策を講じるためには、科学的な評価が必要である。その意味で、社会があるリスクを受け入れるにあたって科学知識に依存する。水俣病の経緯を見ると、原因物質の特定やその影響の評価について、科学の果たした役割は大きい。一方、あるリスクを避けるべきか、受け入れるべきかという判断や、どのリスクが深刻でどのリスクが無視できるかの判断基準は、社会の価値体系にかかわっている。したがって、リスクの評価については科学が単独で判断すべきではなく、むしろ社会の合意形成に依存している。水俣病の場合、国は科学的合理性を重んじて社会的合理性を従属的に扱ったがゆえに必要な対策を遅らせてしまった。松本（2011）が言うように、リスクの特定とその評価が正確に行われるためには、科学的合理性と社会的合理性の相互作用こそが重要である。例えば、「予防原則」は、リスクの原因と結果との関連にある程度の確からしさがあって、さらに被害がかなりの程度大きなものと推定される場合は、因果関係について科学的な結論が出ていなくとも予防的な見地から措置を取るべきであるとする考え方である。ここでは、社会的合理性は科学の合理性に従属せず、両者は等しい重みで位置づけられている。この予防原則の導入については批判があるものの[11]、仮に水俣病で導入されていれば被害が大きく減ったことであろう。

3. 無効化の政治

(1) 原子力批判の無効化

　果たして、原子力のリスク認知は正しく行われてきたのであろうか。第3節で述べたように、人々のリスク認知は科学知識に依存する。特に原子力の場合、放射性物質は人の目には見えも匂いもせず触れもできないから、その危険を五感によって認知することは不可能である。原子炉建屋は、核防護上外部から見えないように設置されており、見えたとしても泊原発（北海道古宇郡）や美浜原発（福井県三方郡）のように湾を隔て遠く望める程度である。

　原子力の危険は、常に専門家の示す放射能の値やシステムの分析というかたちで我々に忍び寄ってくるのである。このため、原子力のリスクに関する知識が一般の人々に与えられなければ、その認知は困難である。しかし、原子力に対する批判はその導入の初期から存在していた。例えば、第二次大戦前に理化学研究所の仁科芳雄のもとで原子力開発の研究に携わった坂田昌一は、1959年、東海村に日本初の商業用原発として導入された東海原発の安全性に疑問を投げかけ、原子力安全審査委員を辞任している（坂田 2011：171-183頁）。同じく仁科門下の武谷三男は、当初原発の導入に賛意を示していたものの、後に原発批判に転じ、現在の技術的批判の基礎をつくった[12]。原子力開発の初期にかかわった核化学者高木仁三郎は、1975年に原子力資料情報室を創設して、原子力批判の代表的論客となる。1973年に提訴された伊方原発1号機設置許可処分無効訴訟では、冷却材喪失、地震、再処理、高レベル放射性廃棄物、低線量被曝などの安全性に対する批判からコストなどの経済的側面への批判、核物質防護のための情報秘匿、被曝労働などの社会的影響への批判、エネルギー問題に至るまで、今日問われている論点のほとんどが法廷で争われている。「原発事故による死亡確率は無視できるほど小さい」とした1975年のラスムッセン報告に対しては、スリーマイル島原発の炉心溶融事故以前の1977年にUnion of Con-

図6-1　ルビンの壺

cerned Scientists（憂慮する科学者同盟）から徹底した批判が出版されている（憂慮する科学者同盟 1979）。

　原子力のリスクを示す論拠は早い段階で示されていたのである。ところが、結果的にこうした原発批判や論戦の多くは、人々の認識へと十分には届かなかった。これは、原子力批判が稚拙で非科学的であったからではない。1976年発行の『原子力発電の危険性』では、武谷三男や高木仁三郎をはじめ、物理学者の久米三四郎、水戸巌、放射化学の古川路明、地質学の越生忠、放射線遺伝学の市川定夫、経済学の室田武らが原稿を寄せており、冷却材喪失による炉心溶融、耐震性、再処理、廃棄物処理、コスト、社会的影響などについて、原発批判の論陣を張っている（技術と人間 1976）。原発の擁護が科学的言説として我々の眼前に現れるのと同様、原発の批判も科学の形式に則ってそれと向かい合ってきたのである。

　むしろ、原子力批判を不可視化してきたのは、リスク認知における知識依存性とコミュニケーション依存性の2つの特性を逆手に取った原子力神話の効果に他ならない。本節では、特に知識の面でリスク認知を妨げている原子力神話のフレーミングについて考察する。

(2) 原子力神話のフレーミング

　図6-1は、フレーミング（framing）の効果を説明する際にしばしば用いられる「ルビンの壺」と呼ばれる絵である[13]。一見なんの変哲もない壺に見えるが、白抜きの部分に注目すれば、向かい合う2つの顔が浮き出てくる。つまり、何か一方に注目すると、その反面を見落としやすいという人間の認識上の性向

を示している。どの部分を認識の対象とするかの線引きを「フレーミング（枠取り）」と呼び、特に行動経済学ではリスクとベネフィットの枰桔を人がいかに認識し選択するかを説明する上で重要な概念となっている。例えば、リスクを伴う投資を好む人は、金利など投資のメリットは強く意識しても、為替損などリスクについてはあまり深刻に受け止めない。安定した資金運用を好む人は、逆にリスクを意識しすぎて投資のメリットは後背に退く。このように、人は、必ずしもリスクとベネフィットを比較衡量して合理的選択を行うとは限らず、しばしば対立的な利害のどちらかを強く意識して他方を検討の枠外に置いてしまう。

　原子力のように、リスクとベネフィットの対照が鮮やかであればあるほど、フレーミング効果もいっそう力を発揮する。もともと原子炉は、核兵器の原料であるプルトニウムを製造するために米国で発明された。初めて臨界（核分裂連鎖反応が継続的に起きる状態）に達したのが1942年のことであり、この実験の成果から長崎に投下された原爆ファットマンのプルトニウムが製造されたのである。当時、原子炉は核兵器開発の道具にすぎなかったのである。したがって、原子力エネルギーを、爆弾以外の動力源として利用したのも原子力潜水艦が最初であった。原子力の民生利用という認識が一般のものとなるのは、1953年11月の国連総会におけるアイゼンハワー米大統領（当時）による"peaceful uses of the atom"演説を待たなければならない。そもそもこの演説は、同年8月のソ連による「水爆」実験[14]を受けてもはや核の絶対的優位を保てないと見た米国が、「核の平和利用」に舵を切った上で核物質の国際管理機関（後のIAEA）を設立し、それを通して核兵器の拡散をコントロールしようという提案にほかならなかった[15]。

　日本はこの米国の路線転換に見事に呼応する。戦後、日本は米国によって原子力研究を禁じられていたが、1952年のサンフランシスコ講和条約によって独立を回復するや否や、研究者たちは研究再開を図っていた。当時日本学術会議副会長であった茅誠司や伏見康治らは政府に対し原子力委員会の創設を働きかけようとしたが、これには朝鮮戦争下で米国の核戦略に組み込まれることへの

懸念から反対の声も強く、結局この動きは頓挫する。核兵器と平和利用の狭間に陥って身動きがとれなくなった学界をよそに、1954年3月、突如政治家によって原子力予算の計上が国会に諮られる。中心となったのは中曽根康弘や稲葉修らとされており、このときのことを評して中曽根が「もたもたしている学者の頬を札束でひっぱたいた」と語ったというのはよく知られた話である（吉岡1999：56-67頁）。

このように、日本の原子力は政治主導によって始まった。そこで大きな役割を果たしたのが当時の読売新聞社主、正力松太郎であった。正力は自らの政界進出の野心もあって、主催する読売新聞や日本テレビを用いて大々的な原子力平和利用推進キャンペーンを展開する。1955年には、米国から原子力平和使節団を招聘し、日比谷公園を皮切りに広島を含む7都市で原子力平和利用博覧会を開く。そこでは、発電だけでなく、がん治療や食品保存、害虫防除のための放射線照射などについて展示が行われた。京都での博覧会だけでも15万人を超える人々が訪れたという（田中＝カズニック 2011：16-17頁）。正力は、1956年1月に初代原子力委員長に就任し、同年5月に科学技術庁が原子力開発を主たる目的に設立されると初代長官となっている。

日本を代表する新聞やテレビが意識的に原子力に好意的な情報を垂れ流すに従い、次第に人々の中に原子力に対するポジティブのみがイメージが定着していく。武田によれば、当時ウランやラジウムといった放射性物質を混ぜた飲料や菓子類、風呂などをこぞって求めた人々が少なくなかったという（武田 2011：60-97頁）。しかし、その一方、この時代は日本の反核運動の形成期でもあった。1954年には米国によるビキニ核実験で第五福竜丸が被曝し、それをきっかけに杉並区から全国へと核廃絶運動が広がっていき、1955年には第1回の原水爆禁止世界大会が広島で開催される。原子力への熱狂と全国で3,000万人を超える署名を集めた反核運動の空前の盛り上がり。本来であれば相対立する可能性をもつ2つの志向性が奇妙にも共存する。

田中は、これは米国が正力の読売新聞や日本テレビと結び、原子力に対する拒絶反応を打ち消すため、ことに広島の被爆者たちを原子力推進の輪の中に取

第6章　原子力神話の軌道力

り込む戦略を仕掛けた結果であると論じている。その第1弾が1954年からその翌年まで続いた広島への原発誘致活動であり、第2弾が前述の原子力平和利用博覧会の広島開催であった。興味深いことに、大方の被爆者はこれを好意的に受け止めていたという。例えば、被爆者でもあった渡辺忠雄広島市長（当時）は、米国側の働きかけについて、市議会で「世界の科学水準の高い国では原子炉の平和利用が実用化の段階に入っており、広島だけいたずらに原子力の利用に狭量であってはならない。適当な時期に受け入れる」と答弁したとされる。さらに、地元紙の中国新聞も「その偉大なエネルギーを平和の目的のため、人類の幸福増進のために使用することについては、だれしも反対はない」と社説で書いたという。この誘致計画は広島への原発建設が米国の責任を間接的に認めると見なされることを恐れたアイゼンハワーの反対で頓挫する。しかし、その後の平和利用博覧会に際しても、当時の広島原爆被害者同盟事務局長であった藤田平一は「原子力が平和的に利用されることによって人類の平和と幸福が近い将来、必ず約束されるであろう」とコメントを寄せている（田中＝カズニック 2011：23-58頁）。

　田中は、このねじれについて、「被爆者を含む多くの日本人が『核兵器＝死滅／原子力＝生命』という二律背反的幻想に深くとりこまれてしまった。原子力の持つ超越的で強大な『生命力』という幻想を投影する場所として、原子力で徹底的に破壊された『死の象徴』広島ほど理想的な場所はなかった。なぜなら『生命力』は『死』と明確に対峙されるときにこそ、そのみずみずしい活力性がシンボリックに拡大強調されるからである」と説明している（前掲書46-47頁）。

　核兵器にしても原子力にしても、核の解放する巨大なエネルギーを利用する点ではなんら違いはない。異なる点は、一方は、それを殺傷や破壊に用い、他方はそれを発電に用いるというだけである。これを兵器＝死、平和＝生という二項対立に単純化することによって、その背景にある核兵器と原子力のもう1つの共通点を不可視化してしまう。それは、放射能汚染の危険性である。一方は広島の人々にとってすでに体験された脅威ではあるが、他方は未来のリスク

図6-2　平和利用のフレーミング

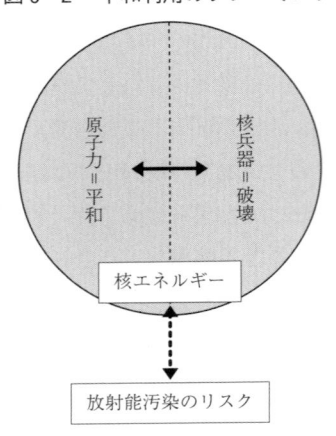

(図中:　原子力＝平和　↔　核兵器＝破壊　／　核エネルギー　／　放射能汚染のリスク)

であって、それが現実のものとなるかどうかは不確実である。核エネルギーの巨大さと放射能汚染のリスクは同様に二律背反となっているが、このような曖昧な対照性は、鮮やかな破壊と平和の対照性の陰に隠れてしまう（図6-2）。こうして、核兵器の残虐性が強調されればされるほど、そのエネルギーの巨大さとそれを「平和」的に電源として利用する際の希望が浮かび上がり、放射能汚染のリスクは後景に退いて見えにくくなるという構図ができ上がる。

　湯川秀樹や朝永振一郎ら日本の科学界の泰斗が当初原子力の導入に慎重であったのは、まさに核兵器と平和利用の境目をいかに担保するかにこだわったためであった。朝永や伏見康司ら日本学術会議の中心的メンバーは、米ソの核兵器開発競争に巻き込まれないために、原子力開発から米国の影響力を極力排除しようと尽力し、その結果「自主・民主・公開」の原子力平和利用三原則が1955年に策定された原子力基本法に盛り込まれることとなった。原子力基本法第二条には、この三原則に並んで「安全の確保を旨とし」という項が含まれており、実は四原則と呼ぶべきなのだが、原子力利用の核心であるはずの「安全」は、核兵器と平和利用を隔てる三原則に隠れてしまって、言及されることはほとんどない。原子爆弾による殺戮・破壊の記憶が鮮明に残り、朝鮮戦争で核兵器の使用が現実のものとして検討されていた状況下、兵器と平和の二項対立的フレーミングがどれほどの効果をもったかをうかがい知ることができよう。

　もう1つ原子力神話の形成に「有効」であったフレーミングを挙げるとすれば、近年の地球温暖化問題に原発の推進を結びつけた、いわゆる「原発＝温暖化の救世主」論である。これは、ある意味で「原発＝石油代替エネルギー」論の焼き直しにすぎないが、1997年に日本が大幅な二酸化炭素排出削減を約した京都議定書をまとめたことから、日本の環境政策の目玉の1つとして位置付け

られるようになる。確かに原発は稼働中の原子炉から二酸化炭素を排出しない。これをもって、既存の火力発電所を原発に置き換えていけば電力需要の将来の延びをもってしても二酸化炭素排出量は削減することができる、というのが論拠となっている。福島第一原発事故後の現在でも、原発再稼動の根拠の1つとしてしばしば言及される。

　原発の推進が果たして地球温暖化対策に有効か否かについては、高木（2000）や吉岡（2011）をはじめいくつも有力な批判があるので、そちらを参照されたい。ここで指摘したいのは、原子炉が二酸化炭素を出さないというミクロな事実を強調することによって、その他の多くの「不都合な事実」を見えにくくするというフレーミング効果である。原子炉は二酸化炭素を出さなくとも、燃料となるウランは日本では採れないのですべて海外からの輸入である。米国やオーストラリア、アフリカの諸国におけるウラン採掘、精錬、輸送、濃縮と、実際に原発で燃やせるようになるまで膨大な量の石油エネルギーを消費していることはいうまでもない。加えて、これまで日本は使用済み核燃料の再処理を海外に委託しており、その輸送と抽出プルトニウム等の返還にも化石燃料は消費される。さらに、今後続出するだろう原発の廃炉や高レベル放射性廃棄物の処理には、膨大なコストとともに長期間にわたる監視・処理が必要となり、そこで費やされるエネルギーとなるともはや推定すら不可能なレベルとなろう。こうしたマイナス面を補ってあまるほど原発の二酸化炭素節約効果が優れているかは、はなはだ疑問が残る。なにより、原子力推進のリスクがほとんど考慮されていないことは大きな問題である。本来であれば、原子力の推進によって増大するリスクとそれによって地球温暖化のリスクが軽減する分を正確にはじきだし、きちんと比較衡量した上で政策を国民に問うというのが筋であろう。ただし、仮にリスクの増減を算定することが可能であるとしても、全く別物である両者のリスクをどのように勘案するかという難問が残されていることは言うまでもない。ところが、原子力のリスクは「神話」によってほとんど存在しないも同然と見なされているから、そうした理論上の困難をするりと潜り抜けてしまう。安全神話に基づけば、「仮想」のリスク（本章第2節参照）はいく

ら足しても仮想上にすぎず、現実のリスクは限りなくゼロに近いという理屈となる。つまり、原発＝温暖化救世主説のフレーミングには、原発の安全神話が前提として必要なのである。一方、温暖化救世主説が原発のメリットのみを強調することで、人々の目を安全神話の「穴」からそらすことができる。

　こうした原子力神話のフレーミングは、社会のあらゆるところに仕掛けられている。例えば、前述の放射線の医療や農業への利用は、放射性物質を扱うということ以外原発とほとんど関連性を持たないにもかかわらず、放射線被曝のリスクを極力低く見せかけるために利用される。また、原発の経済性については、早くから室田（1981）らによる批判があるにもかかわらず、資源エネルギー庁は算定根拠を一切公開せずに火力や水力よりはるかに優れていると公表してきた。自然エネルギーに対するネガティブキャンペーンも原子力のフレーミングの一種である。天候に発電量が左右されることから、電力会社は「質の低い電源」として自然エネルギーによる電力の買取りを拒む際の口実にしてきた。ここでは、自然エネルギーの優れた点が不可視化されている。

(3) ゲリマンダリング

　ゲリマンダリングとは、選挙の際に、自らに利益を誘導するために恣意的な選挙区割りを行うことを意味する。発端は、1812年、当時の米国マサチューセッツ州知事であったエルブリッジ・ゲリーが、自らの所属政党に有利になるように州の選挙区を区割りしたことにあった。区割りの境界は奇妙なかたちに歪み、それが伝説の怪物サラマンダー（salamander）を想い起させたことから、知事の名前Gerryと掛けて"Gerry-mander-ing"と揶揄されたのが始まりである（図6-3参照）。

　このようなゲリマンダリングは、原子力神話の構築においても重要な役割を果たしている。最たる例が、国際放射線防護協会（International Commission of Radiological Protection：ICRP）による許容線量基準である。

　ICRPは、その前身の国際X線およびラジウム防護委員会（International X-ray Radium Protection committee：IXRPC）が1950年に名称をICRPへと

替えることで発足した。中川はこの再編の背景に米国の核開発戦略があったと指摘している。米国放射線防護委員会（The National Committee on Radiation Protection：NRCP）は1946年の設立以来、米国のマンハッタン計画の強い影響下にあった。NRCPは当初「これ以下の被曝であれば健康被害は起きない」という耐用線量の考え方を採用していた。これは、原

図6-3　"The Gerry-Mander" illustrated by Elkanah Tisdale in 1812

爆開発に携わる被曝労働者の確保を優先したためである。ところが、動物実験によって遺伝学者たちは、放射線被曝に遺伝的影響が現れること、そしてそれが被曝線量に比例して起きることを発見し、耐用線量に対して批判の矛先を向け始めた。NRCPは耐用線量の維持を断念し、これに替わる基準を探し始めた。そこで利用されたのがICRPである。ICRPは直ちに許容線量の策定に乗り出した。許容線量とは、放射線被曝は少なければ少ないほど望ましいという点を認めつつも、人間のいかなる活動にもリスクは生じるとしてある程度の被曝リスクの受け入れを迫るリスク受忍論に基づいたものである。ICRPは当初労働者の許容線量を年間15rem（150mSv）と定めたが、これは核兵器工場の労働者被曝管理の障害とはならない程度のものであった（中川2011：17-48頁）。

　また、1950年のICRP勧告で「可能な最低レベルまで引き下げるよう努力すること」とした一般公衆の被曝に関し、1965年勧告では「容易に達成できるだけ低く」、そして1973年には「合理的に達成できる限り低く」と徐々にトーン

ダウンさせていく。1977年には、ついに許容限度を廃し、線量当量の使用へと踏み切る。この勧告のバックボーンとなったのが、米「原子放射線の生物影響に関する委員会」（Committees on the Biological Effects of Atomic Radiation：BEAR）が主導したコスト－ベネフィット論であった。これは、一般公衆の被曝線量の低減に要するコストがその金額で得られるベネフィットを上回るのであれば、人々に被曝を受忍させるべきだとする理論であった。ICRPはこれに基づき、被曝線量の総計を下げるための費用とその被曝による人命等の損害の合計額が最小になるように被曝限度値を定めるのが合理的と考えた。こうした経済合理性に従って定められたのが、1977年のICRP勧告で採用された一般公衆の線量当量限度、年5mSvである（後に年平均1mSvに引き下げられた。前掲書136-159頁）。

　このようにICRPの防護基準は、医学的な事実というよりは、時の核開発や原子力産業の利害に大きく影響されて決まってきた。問題は、こうした状況依存的なICRPの防護基準を、しばしば科学的に確定した「安全基準」であると思い込まされてしまうことにある。例えば、政府は事故直後の住民の被曝限度をICRP 2007年勧告に基づき年20mSv以内と定めた。しかし、ICRPの緊急時被曝限度20～100mSv、復旧時1～20mSvというのは、あくまで原発事故などで深刻な放射能汚染に陥った事態にやむを得ず適用される値で、前述のコスト－ベネフィット論を反映させたものである。いわば非常事態だからある程度の被曝はいたしかたないといった性格のものであって、それ以下の被曝なら安全という基準ではない。ところが、政府はそこから福島市内の小中学校、幼稚園の屋外活動の基準として毎時3.8μSvという数字を割り出し、それ以下であれば児童が校庭に出て遊ぶことを認めるように指導した。これは非常時の被曝基準を日常時の活動に当てはめている点で誤った解釈といわざるを得ない。これによって、住民が毎時3.8mSv以下であれば安全という認識を抱きかねない点も問題である。また、政府は今後の住民の帰還を見据えた避難指示区域および警戒区域の見直しの基準として、やはり年20mSvの被曝基準を用いることを決めている。その理由として、年間20mSv以下であれば、喫煙や飲酒、肥満、

野菜不足などの他の発がんリスクと比較して十分低いことを挙げている。これも、緊急時の被曝基準をあたかも安全基準であるかのように扱い、日常生活のリスクと比較している点で問題がある。これを住民の帰還の基準に適用すれば、戻った人々がすでに安全と判断して放射線防護対策を怠る危険性すらある。

　もともと低線量被曝は、データが十分にはなく、被曝量と健康被害の確定的な因果関係を導くことは困難な領域である。ICRPの基準は実際には数多くある低線量被曝による健康被害発生確率に関する解釈のひとつにすぎないのであって[16]、それを唯一の科学的な被曝基準であるかのように扱うことにそもそもの無理がある。だからこそICRPは、これまでより安全サイドに立って、被曝線量と健康被害の間に明確な閾値はなく低線量領域においても被曝量の増加に比例して被害の確率が増加するという直線モデル仮説に基づいて勧告を行ってきた。ところが、一部の放射線医学者のように「100mSv以下は健康に影響を示すデータはない」などと言い回れば、一般の人々の専門的知識への依存が誤作動してしまい、低線量被曝のリスク認知を妨げる要因を作ってしまう。

　今回の事故で、ゲリマンダリングによるリスク認知の不全が最も大きな被害をもたらしたのは、言うまでもなく事故の「想定」に関するものである。通常、日本語の「想定外」とは、「予想もつかないほど」というような意味で用いられる。しかし、原子力用語では、その意味は異なる。第2節において、原子炉立地審査指針の「仮想事故」について述べたが、事故「想定」とはそこに由来する用語である。つまり、通常の原子炉の運転においては重大事故が設計上起こり得る最大の事故であり、それを超えるような事故は「仮想事故」としてあくまで想定上の可能性としてのみ対応すればよいこととなっている。今回の冷却材喪失事故はまさにこの仮想事故に相当するとされていた。ところが、もともと起きないことになっているのだから、事故の規模もいかようにでも「仮想」できるということになってしまう。

　今回の事故で言えば、冷却材喪失までは仮想の範囲内であったが、そこから炉心溶融が起きて水素爆発にまで至った点が「想定外」なのである（図6-4）。では、この想定の内と外の線引きは、どの程度科学的なものだったのだろうか。

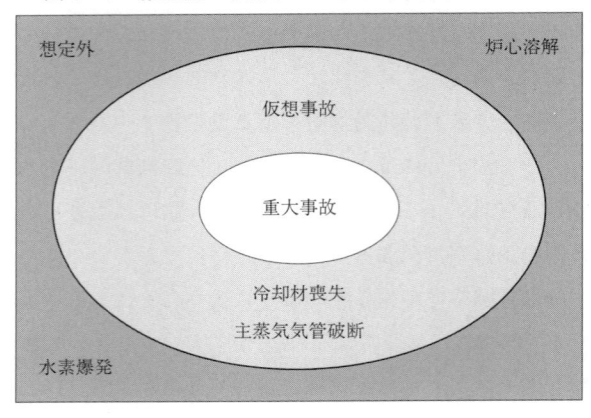

図6-4　推進側の事故リスク想定（沸騰水型軽水炉）

想定外　　　　　　　　　　　　　　炉心溶解

仮想事故

重大事故

冷却材喪失
主蒸気管破断

水素爆発

2010年に発表された原子力安全基盤機構の報告では、原発に15mの津波が押し寄せた場合、全電源が喪失して炉心溶融に至るという今回の事故と全く同じシナリオを描いている（原子力安全基盤機構2010）。炉心溶融に至れば、燃料棒皮膜のジルコニウム合金と高温の水蒸気が反応し水素が発生して、ついには酸素と反応して爆発へ至るという危険性は早くから指摘されていた[17]。2001年には、浜岡原発1号機で水素爆発による配管破断事故が発生している。ところが、そこまで「仮想」してしまえば、原子炉圧力容器、格納容器から大量の放射性物質が漏出するリスクに触れざるを得ず、原子炉立地審査で通らない可能性が出てきてしまう。これを避けるためには、炉心溶融や水素爆発のリスクを仮想の外に追いやることが得策である。

こうした想定の内と外の線引きにかかわるゲリマンダリングは、原発の耐震性をめぐる議論にも見て取れる。実際、これまで原発の耐震設計の甘さが何度も指摘されてきた。1999年提訴の能登半島の志賀原発2号機訴訟や2002年に提訴された静岡県の浜岡原発訴訟では、原発が近辺で発生が予想される大規模地震に耐えられるか否かが争点になってきた。志賀原発訴訟では、2号機の耐震指針がマグニチュード6.5規模であるのに対し、志賀原発近くの邑知潟断層帯がずれた場合マグニチュード7.9規模の地震が起きる可能性が指摘された。一審の金沢地裁は原告の主張を認め、運転差し止めの判決を下したほどである。

こうした警告は、原発を規制する政府の原子力安全・保安院や原子力安全委員会には届かなかったのだろうか。原子力安全・保安院と原子力防災課が共同

第 6 章　原子力神話の軌道力　143

で作成した2009年4月27日付「原子力防災マニュアル等作成上の留意事項（素案）」では、原発は「想定される最も厳しい地震等に対しても安全が確保されるよう、十分な災害対策が講じられており」、重大事故が「現実に発生する蓋然性は極めて低い」としている。実はこの「想定」が問題であった。2010年から現在まで原子力安全委員長を務めている班目春樹氏は、2001年に中央省庁再編に伴って原子力の新たな規制部局として立ち上がった原子力安全・保安院の初代委員も務めており、原子力安全行政において中心的な役割を果たしてきた人物である。彼は、2007年2月、浜岡原発訴訟において浜岡原発を運転している中部電力側証人として法廷に立っている。このとき、地震により非常用電源も含め原発が全電源喪失に至る可能性を問われ、班目氏は「非常用ディーゼル2台が同時に壊れることは想定していない。そんなちょっとの可能性に重大な事象が重なるなどさらにちょっとの可能性を組み合わせていったら、（原発の）設計はできない。どこかで割り切る（ことが重要な）のだ」と応えている[18]。班目氏の証言を見る限り、想定の内と外を分ける線引き（証言の表現を用いれば「割り切る」基準）には原発を現実に建てられるかどうかという点が考慮されていることがうかがい知れる。

　他の例を挙げよう。東京電力福島原子力発電所における事故調査・検証委員会（政府事故調）の中間報告によれば、2008年に東京電力は福島第一原発の津波リスクの再検討を行っている。その結果、9～15mあるいはそれを超える津波が襲うという知見を得た。ところが、東電は科学的な根拠の不確かさを理由にその結果を退け、津波対策の実施を見送った（東京電力福島原子力発電所における事故調査・検証委員会 2011：490-491頁）。その背景は、防波堤の嵩上げや非常用電源の高所への移設に伴って膨大な費用がかかってしまうことを恐れたためであると言われている（池田 2012：20-21頁）。

　このように、想定の内と外とを分ける線引きには、原子力を推進する側の利害が強く反映されている。この利害の圧力は安全規制を担う側にも同じようにかかる。事故想定に基づき安全対策、安全規制が図られるが、その想定の線引きには一見科学的な確率論で彩られている。しかしながら、確率計算の背景に

は明確な原発推進の利害が隠されており、その利害に従って計算の根拠が選択される。その結果、現存の原発はいかなる「想定」においても安全は確保されることとされる。こうした原子力のゲリマンダリングに疑問を投げかけるような言説は、それがいかに科学的事実に基づいていようとも、背景にある利害を共有しない限り受け入れられることはない。それらは科学の名をもって、「非科学的」であり「経験則に反している」として退けられるのである。

4．ディスコミュニケーションの政治

(1) 原子力ディスコミュニケーション

　断っておくが、原発の安全性を主張することそれ自体を批判しているわけではない。本章が批判しているのは、科学としての作法を失ってしまった原子力の科学が、科学の衣を纏って自らの利害を一般の人々へと押しつけている、その手法である。

　本来科学においては、自然科学か社会科学かにかかわらず、推定や仮説による立論に始まって、データや事例に基づく検証、そしてこれに対する批判・反証を経てより包括的な立論へと導かれていく。しかしながら、原子力神話においては、対立する批判を無効化することによって、科学の内に制度化されているはずの弁証法的プロセスを妨げてしまう。ポパー流に言えば、原子力神話は自らを反証を許さないドグマへと仕立てたことで科学ではなくなったのだ。

　人々を原子力リスクの認知から遠ざけ、神話を神話として維持するもう1つの手法がコミュニケーションの断絶（ディスコミュニケーション）である。原子力のディスコミュニケーションには、2つの局面がある。第1は、原子力の科学や原子力産業、そして関係官庁といういわゆる原子力ムラ内部におけるディスコミュニケーションである。かつて日本原子力発電に勤務し現在は日本原子力産業協会参事の北村俊郎は、今回の事故で避難所生活を余儀なくされた。北村は、原子力ムラの雰囲気について、自省をこめて次のように述懐している。

反対派から厳しい指摘や質問があっても、これにかかわっていては時間の無駄という気持ちでいた。内部的にも、まるで日光東照宮の三猿「見ざる」「いわざる」「聞かざる」のように、「いえない」「いわない」「わからない」、見て見ぬふりをするという状態は、原子力の世界ではそこここで見られた。それがせっかくの有益な意見を抑え込んでしまう結果となった。なぜ関係者は目、口、耳を塞いでしまったのか。…（中略）…権威主義に陥り、やがて反対意見を認めることは沽券にかかわり、自らの否定にもなると考えるようになる。（北村 2011：195-196頁）

　もちろん、こうしたディスコミュニケーションの背景には、原子力ムラの利益誘導がある。北村は、別の箇所で次のように述べている。

　　東京大学の原子力工学科を卒業した学生は、大学に残って研究と教壇への道を進むか、経済産業省や文部科学省へいくか、国の研究機関へいくか、電力会社やメーカーの原子力部門に将来の幹部候補として採用される。就職してからも、指導を受けた大学教授を軸として産官学を超えて同窓の関係を続ける。京都大学、大阪大学、名古屋大学、東京工業大学など国立の主な大学には原子力工学科（原子力の人気がなくなってからは、看板を替えたり、教える内容に幅を持たせたりしているが）があり、どこも同じようなことになっている。（北村 2011：175頁）

　原子力の世界では、原発推進の利害が科学のエトスとすり替わる。反旗を翻すような研究者に対しては、万年助手に据え冷や飯を食わせ続ける。事実上のムラ八分の矛先は、大物研究者にさえも向けられる。本章第4節で触れた坂田昌一は、1959年、コールダーホール型原発（東海原発に導入）の審査に携わった際、同炉の安全性に疑問を投げかけたとたん、同炉の審査に携わる小委員会の議事録が回ってこなくなって議論の蚊帳の外に置かれたという（坂田 2011：

171-183頁)。

　本来であれば、彼らによる批判が科学的に妥当か否かについて、真摯に討論されなければならなかった。しかしながら、ほとんどのケースで議論は単なる追認の手続きへとおとしめられてしまう。原子力の安全規制は実質的に機能せず、科学的な批判はまともに検討されることなく無効化されてしまう。その典型が原発訴訟である。1973年に提訴された伊方原発1号機設置許可処分無効訴訟を皮切りに、多くの法廷で原発の安全性をめぐる多角的な議論が提起された。原告は各分野の専門家を証人に立て、素人レフェリーである裁判官を前に推進側に対して真っ向論戦を挑んだのである。ところが、ある裁判では原告の適格性が問題とされていわゆる門前払いにし[19]、ある裁判では国の安全審査が形式的合理性を有しているとして、原告の訴えを棄却した。これまで民事を含めれば膨大な数の原発訴訟が起されているにもかかわらず、判決において原発の技術論に踏み込んだものは極めて少ない[20]。

　第2の局面は、社会におけるディスコミュニケーションである。こちらも、原子力ムラと似たような利益誘導が行われる。電源三法交付金である。電源三法とは1974年に定められた「電源開発促進税法」「特別会計に関する法律（旧電源開発促進対策特別会計法）」「発電用施設周辺地域整備法」のことで、電力消費者から使用電力量に応じて徴収した電源開発促進税を原資にして、電源立地自治体へ交付するものである。例えば、2010年度は電源立地対策費として合計1,426億円余が支出されている。電源三法交付金は水力、火力など原子力以外の電源立地自治体にも交付されるが、交付額は発電容量に従って大きくなるので、原発立地自治体には莫大な資金が転がり込むことになる。一方、核燃料税、例えば、柏崎刈羽原子力発電所（7基合計820万kw）を抱える柏崎市は、2009年度に40億円余の交付を受けている。立地自治体は、この交付金を用いて、「発電用施設の周辺の地域における公共用の施設の整備その他の住民の生活の利便性の向上および産業の振興に寄与する事業を促進すること」とされている。おおかたは体育館や道路といったハコ物やインフラの建設に振り向けられるので、実際に儲かるのは建設業や関連する産業だけで恒久的な雇用を生み出すわ

けではない。それでも財政赤字に苦しむ自治体にとっては、一時的にでも助け舟となるし、住民にとっても建設時にはそれなりの雇用が期待できる。このほかにも、原発の立地時には、電力会社の立地対策費がばらまかれる。住民は原発のおこぼれを期待する賛成派と反対派に分断され、お互いのにらみ合いの中でリスクをめぐる議論はすれ違ってしまう。住民からすれば、隣近所での軋轢を避けようとすれば、態度を鮮明にせず沈黙を保つことが得策となる。こうして、ディスコミュニケーションが民主的な議論に取って代わる。

行政や原子力安全委員会が住民から直接質問や意見を受ける場として、公開ヒアリングが用意されてはいる。しかし、公開ヒアリングにおいて述べられた反対意見は、政策決定主体によって「参酌」されることになってはいるものの、政策に反映されたことはこれまでに一度もない。パブリックコメントにしても同様である。このため、公開ヒアリングは、「対話の場」どころか、原発反対派から「推進のための通過儀礼」と目され、開催阻止行動の対象となってきた。名ばかりのコミュニケーションが、かえって反対派の不信を深め、両者はより深刻なディスコミュニケーションへと陥っていく。

武田は、原発推進派と反対派の間のディスコミュニケーションの原因を両者のイデオロギー対立に求めている（武田2011）。しかし、イデオロギー対立は、ディスコミュニケーションの原因ではなく、むしろ結果にすぎない。これまで述べてきたように、ディスコミュニケーションの背景には、原子力神話とそれをツールとして利用してきた原子力ムラの利害がある。ディスコミュニケーションは、何かの結果というより、予め制度に組み込まれ、原発推進の体制の一部となったのだ。そう仮定してみると、なぜ原発に不利な情報が隠され、また、操作されてきたのかが見えてくる。

(2) 情報の隠蔽と操作

日本の原発事故には隠蔽が付き纏う。1981年の敦賀原発１号機の放射能漏れ事故では、日本原子力発電はその事実を翌月まで隠していた。1995年に高速増殖原型炉もんじゅで起きたナトリウム漏洩火災事故では、動力炉核燃料事業団

（現日本原子力研究開発機構）は漏洩したナトリウムが飛散するさまを撮影したビデオをすぐには公開せず、隠匿との非難を浴びた。2007年には、1978年に福島第一原発3号機で制御棒が炉心から抜け落ちて臨界に達するという事故が起きていたことがわかる。この事故はなんと29年もの間隠されていたことになる。最も世論の指弾を浴びたのは、2002年に明るみに出た東京電力による一連のトラブル隠しであろう。80年代後半から90年代にかけ、13の原発で29カ所もの検査記録を改竄していたのである。その結果、8基の原発ではひび割れなどの損傷が放置されたまま運転を続けていたことがわかった。今回の福島第一原発の事故においても、政府は、早い段階で炉心溶融の可能性を把握しながら、「原子炉の健全性は保たれている」と繰り返すのみであった。政府が明確にそれを認めるのは2011年5月になってのことである。

　情報は隠されるだけではない。捻じ曲げられる。まだ記憶に新しいのが、玄海原発（佐賀県）を舞台にしたいわゆる「やらせメール事件」である。2011年6月26日に放送された経産省主催の『放送フォーラム in 佐賀県「しっかり聞きたい、玄海原発」玄海原子力発電所　緊急安全対策　県民説明番組』において、定期検査のため停止していた2号機、3号機の運転再開の是非のアンケートをとったところ、そこの九州電力関係者から大量の賛成メールが送りつけられたのだ。やがて、これらが当時の九州電力副社長の指示によるものであることが判明する。副社長は、古川康佐賀県知事の意向に沿って指示を出したものと見られている。2005年に県主催で開かれた「プルサーマル佐賀県討論会」では、一般参加の応募者1,000名のうち実に655名が九電関係者であり、そのうち3人が事前に取り決められていた「仕込み」質問を行った。その中には「危ないというが、私の家で作った米や野菜が放射能の影響で売れなくなったということはない」などと一般の農業者を装った発言もあった[21]。

　泊原発でも、2008年に開催した3号機の「プルサーマル計画に関する公開シンポジウム」と「ご意見を伺う会」において、北海道電力社員がシンポジウムに出席し、事前に北電が用意したものと同じ質問をしたり、賛成意見を述べたりした。シンポジウムでは、158人の出席者のうち92名を北電社員が占め、ア

ンケートにプルサーマル賛成と書いている。ほかにも、国が主催したシンポジウムに反対派の排除のために社員92名が動員され、北海道主催のシンポジウムにも60名の社員がかり出された[22]。九電にしても北電にしても、その場しのぎというよりは、組織を挙げての情報操作が常態化していたことをうかがわせる。

　原子力事故の情報が隠されれば、科学的な探求にとって妨げとなり、知識の創発が滞ってしまう。原子力のコミュニケーションが切断され、歪められれば、人々のリスク認知もねじまがってしまう。原子力のディスコミュニケーションは、確かに原子力神話は守ったかもしれないが、原子力の内部と社会の双方でリスク認知の不全を招いた。その結果として、今回の事故につながった。社会の支払った代償はあまりにも大きいが、原子力の科学にとっても、今回の事故によって自らの存立基盤を失ってしまったに等しい。

5．国策を超えて

　以上述べてきたように、原子力の神話は、批判の無効化とディスコミュニケーションによって可能となった。原子力の明の部分の強調と明暗の対照の鮮やかさで批判を不可視化するフレーミング効果と、線引きの妙味によって危険を安全へと塗り替えるゲリマンダリングの力によって、批判は人々の認識へと到達できなくなる。一方、コミュニケーションの断絶と歪みは、人々による原子力リスクの認知をねじまげてしまう。批判の無効化とディスコミュニケーションは、原発推進という同じコインの裏表の関係にあり、互いに互いを必要とする。この双子星の軌道力によって、原子力の神話は科学と社会の双方向に作動する。

　この系を可能ならしめているのが、原子力の科学と国家の共依存関係である。原子力の開発は、核の時代に引き続き、国家主導で進められてきた。原子力の科学は、最初から国策科学としての役割を担わされていた。原子力の科学も、研究には膨大な資金と知識、マンパワーが必要なため、国策科学という立場を十分に利用した。権力と科学の共依存は、規制する側と規制される側の一体化

をももたらした。確かにそれは、原発政策を進める立場では効率的ではあるが、リスクの低減という科学に期待される役割からすると本末転倒である。原子力神話は、科学者というよりも、むしろ政策担当者たちにとって必要とされたのだ。科学者たちは、彼らに従属したにすぎない。しかし、科学者たちにとって、その従属は資源とポスト、そして権力の配分を伴うがゆえに心地よく、自ら進んで神話に科学的な資源を提供することで政策担当者たちを支えてきたのである。

こうして原子力神話は、推進のためのイデオロギーとなる。イデオロギーであるがゆえに自己完結的であり、外部からの批判は受け付けない。その結果としてのリスク軽視が、今回の事故を招いた。原子力神話が今回の事故を産み出し、今回の事故が原子力神話に終止符を打つ。両者の間には自己言及的でネガティブなフィードバックが生じている。もはや蜜月の時代は終わったのだ。

筆者の提言は、原子力の科学が政策との距離を取り戻すことである。一部の学者が主張するごとく、確率論的影響評価などという旧い砦に逃げ込んで新たな「神話」を構築する暇など残されていない。なぜなら、我々の目前には2つの未曾有のリスクが控えているからだ。

その第1は、今回の事故による放射能汚染である。海洋にはこれまで人類が経験したことのないほどの放射能を垂れ流した。避難区域をはじめ、広大な土地が汚染に見舞われた。今後、これが我々の生活にどのように跳ね返ってくるのか。食べ物はどの程度健康に影響を与えるのか。帰還を前提に除染の作業が進められているが、果たして除染はどの程度有効なのか。除染後の土地に住み続けることがどの程度のリスクを有するのか。人は実験動物ではない。リスクの特定が科学的に困難であったとしても、ことは公正にかかわる問題である。現在のようななし崩し的帰還・場当たり的な除染ではなく、でき得る限り自由で開かれた議論によって当面の方向性が定められなければならない。

第2は、高レベル放射性廃棄物の処分の問題である。現在のところガラスで固化したうえステンレス製の容器に入れて地下深く埋め込む方法が検討されている。しかし、人の監視の目の及ばない深層処分よりも、再処理をやめて使用

済み核燃料のまま、地表で常に監視の眼を怠らずに管理したほうがベターであるという意見も根強い。ことに、これまで原発に批判的だった研究者にその意見が多い。高レベル廃棄物は、その量と貯蔵する放射能の強さから、万一管理に失敗すれば今回の事故をはるかに上回る汚染を招く危険性がある。深層処分と再処理なしの地表管理のどちらがより危険が少ないのか。そして、いまだに決まらずにいる処分候補地をどうするのか。原発は止めればいいが、すでにできてしまった放射性廃棄物をなくすことはできない。いかに困難な選択であろうとも、いずれ決断を迫られることになる。

　高木仁三郎は、1999年の東海村でおきたJCO臨界事故に衝撃を受けて『原子力神話からの解放』を上梓した。深刻な放射能汚染を引き起こした今回の事故を経験した今こそ、ディスコミュニケーションの壁やフレーミングやゲリマンダリングのような眼眩ましを破り、原子力神話の外に出なければならない。そして、科学と社会のあらゆる場で、原子力に関する自由で真摯な議論を積み上げていかねばならない。それが、未来の世代に対して、我々がなし得る唯一の弁済かもしれないのだから。

注
1）　ただし地振動による配管の損傷が冷却水喪失の直接因という見方もあり、今後の解明が待たれる。
2）　衆議院総務委員会における塩川鉄也議員（日本共産党）の質問に対する松下忠洋経済産業副大臣の答弁。
3）　『朝日新聞』（2012年7月12日付朝刊）。
4）　例えば班目春樹原子力安全委員長は福島第一原発事故調査委員会（国会設置）において「（原発の安全指針に）瑕疵があった」ことを認めて謝罪した（『産経新聞』2011年2月15日付朝刊）。
5）　現在世界で運転中の原発は430基程度（現在停止中の日本の原発を含む）だから、約47年に1度程度の割合で炉心溶融事故が発生する計算となる。
6）　2012年3月15日付原子力安全委員会事務局「防災指針改訂に関する保安院との打合わ経緯（メモ）」別添8。
7）　警察庁2011年4月19日発表（共同通信、2011年4月19日配信）。

8）　『毎日新聞』（2011年5月3日付夕刊）。
9）　「津波が来たら、肉親にかまわず、各自おのおので高台に逃げよ」という意味であるという（山下2008）。
10）　熊本大学医学部第二次研究班の調査による。
11）　例えば中西（2004）を参照。
12）　例えば武谷（1976, 1986）。
13）　1925年にデンマークのEdger Rubinが発表したとされる。
14）　実際には水爆ではなく、強化型原爆実験であったとされている。
15）　演説の全文は米国エネルギー省（Department of Energy）の以下のホームページから閲覧できる。http://www.presidency.ucsb.edu/ws/index.php?pid=9774#axzz1n1hobyKq
16）　例えば欧州放射線リスク委員会（European Committee on Radiation Risk: ECRR）の基準はICRPよりはるかに厳しいことで知られる。
17）　例えば槌田（1979）249-257頁。
18）　浜岡原発訴訟第17回口頭弁論調書。
19）　高速増殖原型炉もんじゅ設置許可処分無効訴訟第1審福井地裁判決（1987年）。
20）　もんじゅ設置許可処分無効訴訟差し戻し審名古屋高裁金沢支部判決（2003年）ではナトリウム漏出や炉心崩壊の危険性を、志賀原発2号機運転差し止め訴訟一審金沢地裁判決（2006年）では耐震設計の不備を理由に、いずれも原告勝訴を言い渡した（ただし、もんじゅ訴訟は2005年の上告審で逆転敗訴となった）。
21）　第三者委員会（2011）『九州電力株式会社第三者委員会報告書』16-25頁。
22）　プルサーマル公開シンポジウム等に関する第三者委員会（2011）『調査報告書』。

参考文献

〈英語文献〉

Bateson, Gregory (1972) *Step to an Ecology of Mind*, (佐藤良明訳『精神の生態学 改訂第2版』新思索社、2000年)

Beck, Ulrich (1986) *Riskogesellschaft: Auf dem Weg in eine andere Moderne*, (東廉・伊藤美登里訳『危険社会――新しい近代への道』法政大学出版局、1998年)

Rasmussen, Norman C., *et al.* (1975) *Reactor safety study: An assessment of accident risks in U. S. commercial nuclear power plants*, Nuclear Regulatory Commission.

Union of Concerned Scientists (1977) *The Risk of Nuclear Power Reactors: a Review of the NRC Reactor Safety Study WASH-1400* (NUREG-75/014), (日本科

学者会議原子力問題研究委員会訳『原発の安全性への疑問――ラスムッセン報告批判』水曜社、1979年）

〈日本語文献〉
池田信夫（2012）『原発「危険」神話の崩壊』PHP研究所
宇井純（1968）『公害の政治学――水俣病を追って』三省堂
片田敏孝（2011）「小中学生の生存率99.8％は奇跡じゃない――『想定外』を生き抜く力」『WEDGE 2011年4月号』ウェッジ
技術と人間編集部編（1976）『原子力発電の危険性――調査、資料、理論、そして闘い』技術と人間
北村俊郎（2011）『原発推進者の無念――避難所生活で考え直したこと』平凡社
原子力安全委員会（1981）『原子力安全年報昭和56年版』原子力安全委員会
原子力安全基盤機構（2010）『平成二一年度地震に係る確率論的安全評価手法の改良――BWRの事故シーエンスの試解析』原子力安全基盤機構
小松丈晃（2003）『リスク論のルーマン』勁草書房
佐藤一男（2006）『改訂原子力安全の論理』日刊工業新聞社
高木仁三郎（2000）『原子力神話からの解放――日本を滅ぼす九つの呪縛』光文社
武田徹（2011）『私たちはこうして「原発大国」を選んだ――増補版「核」論』中央公論新社
武谷三男（1976）『原子力発電』岩波書店
武谷三男（1989）『フェイルセイフ神話の崩壊』技術と人間
田中利幸、ピーター・カズニック（2011）『原発とヒロシマ――「原子力平和利用」の真相』岩波書店
槌田劭（1979）「燃料の健全性への危惧」原子力技術研究会編『原発の安全上欠陥――付・スリーマイル島事故の考察』第三書館
東京電力（1992）『柏崎刈羽原子力発電所原子炉設置変更許可申請書』
東京電力福島原子力発電所における事故調査・検証委員会（2011）『中間報告』内閣府
中川保雄（2011）『〈増補〉放射線被曝の歴史――アメリカ原爆開発から福島原発事故まで』明石書店
中西準子（2004）『環境リスク学――不安の海の羅針盤』日本評論社
日本リスク研究学会編（2006）『増補改訂版リスク学事典』阪急コミュニケーションズ
広瀬弘忠（2004）『人はなぜ逃げおくれるのか――災害の心理学』集英社

松本三和夫（2011）「テクノサイエンス・リスクを回避するために考えてほしいこと——科学と社会の微妙な関係」『思想』2011年第6号、岩波書店
室田武（1981）『原子力の経済学——くらしと水土を考える』日本評論社
山下文男（2008）『津波てんでんこ——近代日本の津波史』新日本出版社
吉岡斉（1999）『原子力の社会史——その日本的展開』朝日新聞社
吉岡斉（2011）『原発と日本の未来——原子力は温暖化対策の切り札か』岩波書店
吉岡斉（2011）「原子力安全規制を麻痺させた安全神話」石橋克彦編（2011）『原発を終わらせる』岩波書店

第Ⅲ部　産　業

第7章　台湾ハイテク産業のグローバル人的ネットワーク
――2000年代前半までの技術導入期を中心に――

田　畠　真　弓

はじめに

　集積回路（Integrated Circuit：IC）産業と薄膜トランジスタ方式液晶ディスプレイ（TFT-LCD）産業は、ともに台湾ハイテク産業を代表する花形的存在である。特筆すべきことは、両産業がいずれも極めて短期間で大規模な生産体制を構築することに成功している点だ。米国の半導体関連企業や日本の総合電機メーカーは40年以上の歳月をかけてIC産業の基礎を築いた。一方、台湾では1974年に設立された政府系研究開発センター、工業技術研究院電子工業研究中心（現在の電子工業研究所の前身）が米RCAからCMOS製造技術を導入した後、わずか20年程度でIC産業の川上から川下部門までの産業体系を構築するに至った（盧志遠1997）。また、台湾のTFT-LCD産業はIC産業の発展をはるかに上回るスピードで発展した。日本の総合電機メーカーはおよそ20年の歳月をかけて液晶パネルの量産段階に入ったが、台湾のTFT-LCD産業は日本企業からの技術導入を経て、わずか5年で生産体制を立ち上げ、量産化に成功している。

　日本、韓国、台湾はいずれもICやTFT-LCD産業の技術を最初に開発した国ではない。しかし、日本は米RCAからプロトタイプの技術を導入、繰り返し技術改良を行い、ICやTFT-LCD産業の量産技術を開発した。このように、とりわけ後発工業国にとって海外の先発工業国からの技術導入は、国内ハイテ

ク企業の技術学習や技術改良、イノベーションにおいて極めて重要な役割を果たしている。前述のように、台湾の IC や TFT-LCD 産業は米国や日本からスピーディに先端技術を導入し、短期間で量産化および商品化技術を立ち上げた。それでは米国、日本および台湾ハイテク産業相互の技術知識の流動はどのようにして促進されたのか。台湾企業はどのようなルートを通じて海外から技術を導入したのか。台湾の IC 産業は、米国留学帰国組や、シリコンバレーの関連企業で経験を積んだ台湾人エンジニアやベンチャー企業経営者が最先端技術を持ち帰り、台湾に産業の基礎を築いたことからスタートした。米国から帰国した台湾人技術者たちはシリコンバレーと台湾の新竹サイエンスパークに人的ネットワークを構築しており、こうした技術者による社会的ネットワーク（サイエンス・コミュニティ）を通じてシリコンバレーから技術を導入し、台湾の産業発展に貢献してきた。人的ネットワークを通じた海外からの技術導入は、果たして台湾 IC 産業特有のメカニズムだったのだろうか。それとも、台湾の他のハイテク産業においても同様の人的ネットワークを活用した技術導入が行われたのだろうか。本報告では、台湾の人的および社会的ネットワークがハイテク企業の技術導入に果たした役割について、シリコンバレーだけでなく、日本からの技術導入も含めて比較検討を試みている。具体的には、企業間ネットワーク理論とフィールドワークの研究方法を通じて、台湾企業が米国から IC 関連の技術知識を、日本から TFT-LCD 関連の技術知識を導入したプロセスを考察する[1]。

　筆者は2003年から2009年にかけて台湾、米国、日本でフィールド調査を実施し、約130名のインフォーマントに取材を行った。IC 産業については、1960年から2002年にかけての台湾 IC 関連企業と海外企業との提携状況を網羅したデータベース（国立台湾大学社会学系組織研究室所蔵）から米シリコンバレーに本社または支社を置く IC 関連企業や業界団体、台湾政府の出先機関等の幹部らを選び出し、2003年の 1 ～ 2 月にシリコンバレーでフィールド調査を実施した。TFT-LCD 産業については、1998年から2003年にかけての台湾 TFT-LCD 産業に関する新聞記事のデータベース（国立台湾大学社会学系組織研究

室所蔵)[2]から台湾の TFT-LCD 専業メーカー、日本国内の TFT-LCD 関連企業（大半が垂直統合型の総合電機メーカー）、台湾 TFT-LCD メーカーの日本支社、工業技術研究院東京事務所等を選び出し、2003年10月～2004年1月の初めに台湾国内の TFT-LCD 専業メーカーや日系企業を訪問し、フィールド調査を実施した。さらに2004年1月中旬から2月および7月、東京や大阪、奈良、神奈川県で関連企業のインタビューを行っている。TFT-LCD 関連のパーツ業者についても2004年3月から6月にかけて台湾全国に散らばる台湾業者および日系企業を訪問し取材を実施した。また、台湾企業と日本企業の知識流動メカニズムの差異について検討するべく、2004年9月から2006年にかけて台湾の日系企業総経理や董事長にも取材を行った。2007年から2009年にかけては台湾や日本の IC および TFT-LCD 関連企業を取材し、台湾企業が当該産業でシェアを奪取した後のグローバル市場における勢力地図の変化を追跡している。

　本報告は以下の項目に分かれている。第1章では、まず人的および社会的ネットワークと知識導入に関する先行研究を検討する。第2章と第3章ではフィールド調査のインタビュー内容と各種の産業データを元に台湾の IC 産業や TFT-LCD 産業が人的および社会的ネットワークを通じて米国や日本から技術を導入する具体的な経緯と、米国から技術を導入する場合と日本から導入する場合との技術導入メカニズムの違いについてそれぞれ検討する。また、時代的には台湾のハイテク業界で米国や日本からの技術導入が活発化する1990年代から2000年代の初期が分析の中心となっている。

1．先行研究の検討

　ネットワークメカニズムが技術知識のディフュージョン（普及）や知識の導入に与える影響についてはイノベーションの角度から盛んに議論されてきた（Cohen and Levinthal 1990；Chiffoleau 2005；Dahl and Pedersen 2005）。しかし、ネットワーク構造が知識ディフュージョンに与える影響についてはほとんど検討されてこなかった。組織間で、あるいは技術者の間で技術知識が流動し

たり、移転されたりする場合の社会関係は、ソーシャル・キャピタル（社会関係資本）のネットワークメカニズムという観点からを理解することができる。その際、以下のような問題が検討すべき課題として浮かび上がってくる。技術知識を移転する側と知識を導入する側のネットワーク構造の差異は、知識の流動やディフュージョンに如何なる影響を与えるのか。国際間の技術移転において、技術移転国と技術受け入れ国の企業組織間のネットワーク構造の違いがどのような役割を果たしているのか。技術移転国の企業組織間ネットワーク構造の違いを考慮して、技術受け入れ国はそれに対応した技術導入戦略を採用しているのか等。

　知識のディフュージョンとは、技術者同士の人的ネットワークや、企業間のインフォーマルな提携ネットワーク等を通じて技術知識が知識の移転者から知識を受け入れる側へ移転されるプロセスを意味する。すなわち、技術者同士や企業間のソーシャル・キャピタルを通じて技術知識が移転される過程である。従来の研究によれば、ソーシャル・キャピタルは以下の2種類の社会ネットワーク構造を通じて形成されると考えられている。1つはコールマンらが提唱している「閉鎖的なネットワーク構造」で、もう1つは、バートやグラノベッターらの研究から注目されるようになった「開かれたネットワーク構造」である。前者のネットワーク構造において、アクターは相互の信頼関係を基礎として緊密な社会ネットワークを構築する。長期的な信頼関係を通じて背信行為等が発生しないように相互の監視体制を強めつつ関係を強化していく。しかし、信頼関係を共有できるアクター同士でネットワークを構築するため、排他的でネットワークの外部から新しい情報を得るチャンスが少ない（Coleman 1988；Burt 2001）。一方、後者のネットワークはアクター同士の結びつきが緩く、仲介者を通じて積極的にネットワークの外部のアクターと接触し新しい情報を取得する。しかし、長期的な信頼関係よりも短期的な交流が中心で、背信行為等が発生する危険性がある（Granovetter 1973；Burt 1993, 2001）。企業組織が他の企業から技術知識を導入する場合を考えると、閉鎖的なネットワーク構造を持つ企業から技術を導入することは難しい。しかし、開かれたネットワーク構

造の企業から技術を導入することは比較的容易である。台湾[3]と米国、特にシリコンバレーの産業ネットワーク構造は移民社会を基礎とした開かれた社会構造 (open social structure) だが (Cohen and Fields 2000 ; Hsu, Jinn-Yuh and Saxenian, AnnaLee 2000 ; Jou, Sue-Ching and Chen, Dung-Sheng 2001)、日本の産業ネットワーク構造は、単一民族社会を基礎とした閉鎖的な社会構造 (closed social structure) だと考えられている (Orru, Hamilton and Suzuki 1989 ; Fukuyama 1995)。このような米国と日本の産業ネットワーク構造の差異を分析の前提とすれば、台湾企業が日本から技術知識を導入する場合、日本の閉鎖的な産業ネットワーク構造を考慮して米国から技術知識を導入する場合とは異なった戦略が採用されたと筆者は考える。以下の章では、台湾のハイテク産業のグローバル知識導入プロセスを再検討し、米国、日本、台湾のそれぞれの産業ネットワーク構造の違いが台湾の技術導入に与えた影響について分析する。

2．シリコンバレーと台湾IC産業間の知識流動

　台湾IC産業の競争力は、米国を中心とする海外から広範に技術知識を導入し、それらを適宜修正しながら自国産業のイノベーションに生かしてきた点にある。図7－1に示すように、過去30年あまりの発展プロセスにおいて、米国や日本からの技術導入が重要な役割を果たしてきた。陳東升や周素卿（陳東升 2001 ; Jou and Chen 2001）の研究結果に見るように、台湾IC産業の企業間ネットワークは極めてオープンで、国内企業間だけでなく、米国や日本企業と幅広いグローバル提携ネットワークを構築している。しかも、技術提携は海外企業とのネットワークに偏るわけではなく、国内企業間と海外企業との技術提携は提携ネットワーク全体のそれぞれ半々という比率を示している。したがって、台湾IC産業の企業間ネットワークはグローバルな技術コミュニティ (global technological community) を形成しており、ネットワークの構造が外部に向かって開かれている。このようなオープンネットワーク構造において、台湾企

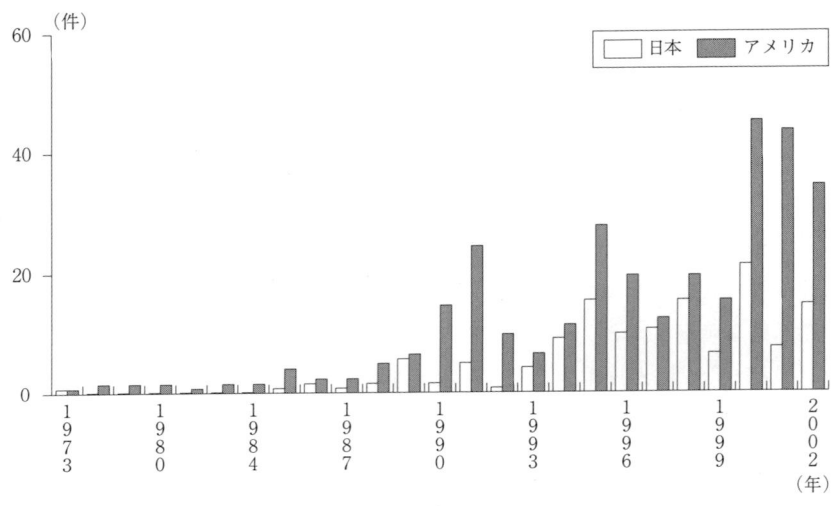

図7-1 台湾半導体産業の日本および米国との提携関係

出典：聯合新聞網、中時電子報のデータバンクから作成。

業は異なる商習慣や経営環境をのりこえて多様な技術や知識を吸収するという特性を備えている（Hsu and Saxenian 2000）と考えられている。

　ICの製造プロセスにおいて、以下のような代表的な業態があり、米国、日本、台湾企業はそれぞれの組織的な特性に合わせて各種の業態を採用している。代表的な業態の１つがIDM（integrated device manufacturer：垂直統合型メーカー）で、米国、日本、韓国や欧州の半導体事業で広く採用されている。IDMではICのシステム・アーキテクチャー、設計、製造、パッケージ・テスティング、ブランド経営やマーケティングといった工程や業務をすべて行う。日本ではNECや東芝、シャープ、三菱電機といった総合電機メーカーがIDMの役割を果たしており、ICの設計やデバイス製造等の業務を社内の家電やパソコン製品等の製造部門に提供している。米国のIDM企業はIBM、ルーセントテクノロジー、AMI Semiconductor、テキサス・インスツルメンツといったメーカーが中心だが、パソコンやプリンタ・システム事業部を抱えるIBMや情報通信機器大手のルーセントテクノロジーを除くと、そのほとんどが半導体

事業に特化した専業メーカーで、日本の総合電機メーカーとは組織の構造が異なっている。一方、台湾のIDM企業はその位置づけが米国のそれと似通っており、華邦電子、旺宏電子、茂矽電子等が挙げられる。いずれも半導体専業メーカーで、ウエハファウンドリー（受託生産）業務を兼務している場合もある。

　2つ目の業態は垂直分業で、ファブレス（生産工場を持たない）や、ウエハファウンドリー、パッケージやテスティング等、特定の工程や業務に特化した業態である。ファブレスはICの設計に関する研究開発やマーケティングのみを担当し、その拠点は米国のシリコンバレーや台湾の新竹サイエンスパークに集中している。一方、ウエハファウンドリーはファブレスやIDM企業等の顧客から受注して製造のみを担当する。ウエハファウンドリーは製造工程だけを担当するため、納期の管理やアフターサービス等の面でファウンドリー業務を兼務するIDM企業よりも優位性を持っている。自社ブランド製品の研究開発や製造、販売等を行わないため、自社ブランド製品を持っているIDM企業と競合しない。IDM企業にとっては、ファウンドリーに設計図を提供しても、ファウンドリーにそれらの製品のアーキテクチャを模倣される危険性がない。ファウンドリーは顧客であるIDM企業と競合関係にならないため、各種の製造サービスを提供し、多くの顧客から受注しやすい状態をつくっている。現在、ウエハファウンドリーやパッケージ、テスティング等の垂直分業型業者はそのほとんどが台湾に集中しており、ウエハファウンドリーでは台湾積体電路公司、聯華電子等、パッケージやテスティングでは日月光や立衛科技等が挙げられる（黄素芬 2001；Wang and Yang 2003；Arita and MacCann 2000）。

　米国IC産業の業態はIDMのような垂直統合型か垂直分業型のファブレスに分かれており、日本のIC事業は垂直統合型の総合電機メーカーが担当している。台湾の場合、ファブレス、ファウンドリー、フォトマスク、パッケージやテスティング等の垂直分業型が中心的な役割を果たしており、特にウエハファウンドリーは台湾のIC産業が独自に生み出した業態で、同産業の萌芽期（1970年代）の垂直分業型業者の発展を牽引した。この時期、台湾政府傘下の研究機関が台湾企業と米国企業の技術交流の仲立ちとして活躍し、米国から導

入したIC関連の技術を台湾国内の民間企業に移転するという役割を果たしている。1973年、台湾政府は工業技術研究院（ITRI）を設立し、海外の技術導入を支援し、国内IC産業の発展を促した。翌年、工業技術研究院は電子工業研究所（ERSO）を設立し、米RCAからCMOS技術[4]を導入している。

　台湾政府傘下の研究機関は米国企業からローカル企業への技術移転の仲介役として活躍しただけでなく、先端的な技術を民間企業や産業界に移転する役割も果たした。工業技術研究院は内部の事業部を独立させ、民間企業としてスピンアウトさせている。台湾政府は1979年に新竹サイエンスパークを立ち上げ、聯華電子、台湾積体電路、華邦電子等、工業技術研究院からスピンアウトしたローカル企業がサイエンスパークに入居していった。1990年代前半に入ると、台湾積体電路と聯華電子はファウンドリーのグローバル市場でシェア全体の80％を占めるようになる。台湾のファブレスも工業技術研究院からキーテクノロジーを導入し、さらに国内のファウンドリーや米国のIDMとの提携関係を通じて世界第2位のシェアを奪取している。このように、工業技術研究院は技術導入の制度的な仲介システムとして活躍しただけでなく、海外から導入した技術を効率的かつ迅速に台湾のハイテク産業に拡散、普及させる役割も果たしていたのである（Mathews 1995：29）。

　工業技術研究院による制度的な技術知識導入の仲介機能（knowledge brokerage）だけでなく、台湾のIC産業は人脈を介したインフォーマルな技術導入も行っている。先行研究の成果が示すように、米シリコンバレーに居住する、または米国で育った台湾出身のエンジニアや起業家の人的ネットワークが、台湾のIC関連企業が米国から技術を導入する上で、インフォーマルな人の移動を介した知識の仲介機能を果たした（Mathews 1995；Saxenian 1997；呉思華 1999；Saxenian and Hsu 2001；Tzeng 2004）。曾瑞鈴（Tzeng 2004）の研究によれば、米シリコンバレーで活動する台湾系IC企業は華人ホワイトカラー（台湾から米国に留学し、現地で経験を積んだエンジニアあるいはマーケティングの人材等）を積極的に雇用し、このような米国と台湾双方の言語や文化、商習慣に精通した人材を通して米国ハイテク産業のメインストリームに食い込

んでいった。華人ホワイトカラーは技術やビジネス情報の交流の担い手として、台湾のハイテク産業とシリコンバレーのハイテク業界を結びつける役割 (bonding role) を果たしていたのである。すなわち、台湾のIC産業は工業技術研究院に代表されるフォーマルな技術知識の仲介役と、インフォーマルな人の流れを介した技術知識の仲介役 (米国在住の華人エンジニアや起業家) を通して米国の先進的なハイテク企業と緊密な提携関係を築くことに成功した。台湾のIC産業は制度的な技術導入と非制度的な技術導入を併用することで米国企業との提携ネットワークの質を高め、柔軟に最先端の技術を導入していたのである (陳東升 2008)。

インフォーマルな人的ネットワークを介した技術導入は、前述のように台湾から大挙して米国に渡った留学生の存在が重要な役割を果たした。1980年代、電子工学等を専門とする大学院の学生たちが台湾から米国に留学し、1980年代末、米国の大学で学位を取得し、現地のIC関連企業で経験を積んだ技術者が続々と帰国し、最先端の技術知識を台湾に持ち帰った (張俊彦等 2001；Saxenian 2002)。呉思華の研究によれば、当時米国に留学した台湾人留学生の大多数が国立交通大学や国立台湾大学の同窓生で占められていた。米国に留学してからも専門領域が似通っており、卒業後はシリコンバレー等現地の企業に勤務するケースが多かった。米国でこうした台湾人留学生同士の緊密な人的ネットワークが形成され、シリコンバレーと台湾の新竹サイエンスパーク間のハイテク人材や技術知識の流動を促進したのである (呉思華 1999)。工業技術研究院は隣接した国立交通大学や国立清華大学と協力関係を構築し、米国から持ち込まれた技術知識を民間企業ですぐに利用できるような製造技術に改良して民間のIC関連企業に移転した。

台湾IC産業のプロセスにおいて特徴的な現象は、佐藤 (2007) の研究成果が示すように、産業の立ち上げ時期に国家が産業政策として米国からIC関連技術を積極的に導入し、その際、在米華人技術者との人的ネットワークを仲介役として効果的に活用した点である。1970年代当時、「在米華人社会は決して一枚岩ではなく、いくつものグループに分散し、グループ間では必ずしも交流

表7-1 2000年における世界主要国の米国留学情況

留学生出身国	留学生出身国の人口総数	米国在住留学生数ランキング	米国在住留学生が出身国の総人口に占める比率	米国在住留学生が出身国の総人口に占める比率のランキング
中国	1,242,612	1位	0.0052	10位
インド	1,027,015	2位	0.0053	9位
日本	126,926	3位	0.0366	4位
韓国	46,136	4位	0.099	2位
台湾	22,301	5位	0.128	1位
カナダ	30,007	6位	0.0842	3位
インドネシア	206,265	7位	0.0056	8位
タイ	60,617	8位	0.0184	5位
トルコ	67,845	9位	0.0161	6位
メキシコ	97,483	10位	0.0109	7位

出典：教育部ウェブサイト：Statistics Bureau, Director-General for Policy Planning (Statistical Standards) & Research and Training Institute.

がなかった」（佐藤 2007：85頁）という。しかし、当時行政院経済部長でテクノクラートの孫運璿はこれらの分散したグループの複数とコネクションを持っていた。孫は工業技術研究院を設立し、台湾に多くの在米華人技術者を帰国させたことで知られている（佐藤 2007：78-88頁）。

1970年代から1980年代にかけて台湾人学生が目指す留学先は米国が中心だった。こうした傾向は2000年初頭の時点でもほとんど変わっていない。米国に留学する台湾人学生の総数は2000年の時点で2万2,301人に達している。米国に留学する学生の総人口に占める比率も日本や韓国等他のアジア諸国をはるかに上回っている（表7-1を参照）。毎年約3,000人から6,000人の学生が米国に留学しているが、その一方で日本に留学する学生数は毎年平均157人程度にすぎなかった。この傾向は90年代に入ってもほとんど変化がなく、逆に米国に留学する学生は飛躍的に増加している。米国政府から学生ビザを発給された台湾人学生の数は1988年の6,382人から2004年には1万4,054人に増加した。しかし、日本政府から学生ビザを発給された台湾人学生の数は1988年から2004年にかけて毎年平均1,500人前後にとどまっている（教育部国際文教処ウェブサイト、2006年）。留学を通じた米国と台湾間の人材流動と人的ネットワークは長期的

に拡大しており、両国間の知識交流に果たした役割は大きいと言わざるを得ない。

　新竹サイエンスパークとシリコンバレーの技術交流がスムーズに進んだ背景には、台湾政府の努力に加えて、米国のハイテク産業の開かれたネットワーク構造が台湾とシリコンバレー間の人材流動を促したという事情がある。米国政府は1965年以降、積極的に外国人移民を受け入れるようになり、台湾人を中心とした技術移民がカリフォルニア地区に流入するようになった（Saxenian 1999）。筆者がシリコンバレーでインタビューした米国大手 IDM（垂直統合型）IC 企業 A 社の台湾人幹部によると、米国の大手ハイテク企業では外国人ホワイトカラーが要職に就いているケースが少なくない[5]。米国地元企業にせよ、台湾系にせよ、シリコンバレーでは幹部クラスや技術者の国籍は米国、台湾、中国、日本、韓国、インド、欧州等さまざまで、多国籍な職場環境を通じて、多様な技術知識を共有できる。また、米国ハイテク産業の企業間提携関係の構築は契約ベースだが、日本では契約に加えて長期的な信用関係が重要視される[6]。台湾のフラッシュメモリー製造大手、C 社の場合、日本の閉鎖的なネットワーク構造を切り崩して日本の総合電機メーカーや IC 事業を傘下に抱える企業グループと提携関係を構築するためにシリコンバレーの人脈を利用したり、個人的な友好関係の維持に時間をかけた。同社の経営陣の1人がシリコンバレーの米系大手半導体企業に勤務していた際、日本の大手鉄鋼メーカー傘下の半導体事業部幹部と取引関係があり、この日本人幹部と取引が終了した後も個人的な付き合いを続け、日本人幹部が退職した時点で彼の豊富な人脈を通じて日本の総合電機メーカーと提携するチャンスをつかんだという[7]。筆者がインタビューしたシリコンバレーの米系企業、台湾系企業、また新竹サイエンスパークの台湾ハイテク企業関係者らによると、信用関係を基礎とした情報流通の閉鎖的な日本のネットワーク構造に入り込むため、正式な契約関係を構築する前に日本の総合電機メーカーの幹部や退職した人材を仲介者として日本企業と提携するケースは枚挙に暇がない[8]。こうした事情を反映して、日本の総合電機メーカーや IC 関連企業と台湾企業との生産や技術面の提携関係は、その大半

が台湾のIC産業がテイクオフに成功し軌道に乗った1994年頃から活発化し、日本経済のバブル崩壊によるコスト削減の波も追い風となり、日本の富士通等のIDMがICの製造工程を台湾のファウンドリーに委託するようになった。台湾のファウンドリー事業を中心とするIC産業の拠点が立ち上がるにつれて、日本のウエハ原材料や製造装置メーカーとの提携も大きく拡大していった。

3．日本企業と台湾TFT-LCD産業間の知識流動

　TFT-LCD産業は、IC産業に次いで台湾国内における生産額が最も大きい花形産業である。生産体制を立ち上げるまでに要した時間は10年程度とIC産業よりも短い。しかし、IC産業と異なり、技術導入や開発の段階で、政府の産業政策が果たした役割は限られていた。前章で見たように、IC産業の立ち上げ時期において、台湾政府のテクノクラートは在米華人技術者の人的ネットワークを通じて米RCAからCMOS技術を導入するなど、民間企業をリードする形で主導的な役割を果たしていた。一方、TFT-LCD産業の場合、1970年代、台湾電視公司の周天祥・総経理が設立した敬業電子が在米華人技術者の李逸士の仲介で米ヒューズ・エアクラフトからTN-LCD製造技術を導入したことからスタートする。特筆すべきことは、王（2003）の研究に見るように、産業育成のための優遇措置や、工業技術研究院による技術支援、海外からの技術者導入等、台湾政府が国内の液晶パネル産業に積極的に働きかけていくのはいずれも1990年以降のことである。

　1978年末、米ヒューズ・エアクラフトで液晶ディスプレイ計器の開発を行っていた李逸士は、台湾に帰国すると中相科技を設立した。敬業電子と中相科技の経営は長続きしなかったが、李が技術を持ち帰ったことから1980年代初頭、台湾国内で液晶パネル企業が徐々に設立されるようになる。1983年から1986年にかけて西泰電子はTN-LCDの量産化技術を開発したが、液晶理論の基礎や機械設備の不備で歩留まりは安定せず、1986年、不景気の最中に倒産した（王2003：27頁）。

王の分析によれば、1970年代から1980年代にかけて台湾の液晶パネル産業で生まれた技術の発展は、以下のような特徴を持っていた。まず、技術の移転や拡散が個人やのベンチャー企業単位で行われたことである。それらの技術は日本の総合電機メーカーが開発していた量産化技術と異なり、実験段階の技術が大半を占めた。中には日本を上回る水準の技術開発が行われていたが、量産化に結びつかず、歩留まりも安定しないため市場競争力を持つに至らなかった。歩留まりの向上や量産化技術の開発には、日本の総合電機メーカーに代表されるような、巨大な企業組織内部で運営されている中央研究所で何年にも及ぶ体系的な研究計画の積み重ねを莫大な資金を投入して行う必要がある（王2003：27-28頁）。

　1990年代に入ると、台湾の液晶パネル産業の川下部門はそれまでのデジタルウォッチ、計算機、ファクシミリ、ゲーム機等の製品からノートパソコンに使われるディスプレイにシフトした。液晶パネルの製造技術もローエンドのTN-LCDからカラーで大型化を実現したSTN-LCDに移行し、付加価値の高い液晶パネルが脚光を浴びるようになった。この時期、STN-LCD市場に参入した企業が、碧悠電子、南亜、勝華科技、光聯科技等である。ノートパソコンの市場拡大が追い風となり、液晶パネル産業の潜在力が注目されるようになると、STN-LCDメーカーも資金調達が容易になり、1970年代から1980年代に国内業者を苦しめていた資金の不足や機械設備の不良といった問題を徐々に克服できるようになってきた。しかし、日本が量産化技術の移転に消極的で、台湾のメーカーは不安定な歩留まりと大型液晶パネルの量産体制に移行しにくいという問題を抱えていた。一方、ノートパソコン産業等液晶パネルの川下市場は大きく成長し、液晶パネル企業は資金を調達しやすい状況が続いた。量産化技術の開発に失敗して市場から撤退するメーカーは少なくなかったが、新規参入するメーカーも多く、技術者が引き続き能力を行かせる環境が存続したのである。こうした中で、液晶パネルの技術開発能力が蓄積・継承されていった（王2003：31-33頁）。

　前述のように台湾政府が液晶パネル産業の育成に本腰を入れるのは、1990年

代以降のことである。1991年、「民間企業新製品開発奨励弁法」、「ハイテク第三類株式上場弁法」が施行されている。前者は民間企業の新製品開発計画を支援、後者は液晶パネル企業が株式市場から資金をスムーズに調達できるように政府が支援を行うものである。後者は莫大な設備投資額を必要とする液晶パネル産業の育成に大きな貢献を果たした。工業局審査委員会の審査に合格した企業なら、創立3年未満で黒字転換を果たしていない状態でも上場が可能になったためだ。後に合併して友達光電となる達碁科技と聯友光電や中華映管、瀚宇彩晶、奇美電子、広輝電子等の代表的なTFT-LCDメーカーがこの政策の恩恵を受けて上場を果たした。このほか、1993年から1997にかけて工業技術研究院がフラットパネル・ディスプレイの発展計画を立ち上げたり、民間企業への技術移転、海外華人技術者の帰国奨励、外資の誘致による技術移転等を次々と実施し、TFT-LCD産業の育成を支援した（王2003：38-39頁）。

　IC産業とは異なり、政府が個人や民間企業の努力による産業育成を後追いする形で発展した台湾のTFT-LCD産業は1997年、アジア通貨危機という千載一遇のチャンスをつかんで、量産化技術の導入に成功した。当時、日本の総合電機メーカーは液晶パネル産業で韓国メーカーの激しい追い上げに直面していた。追い打ちをかけるようなアジア通貨危機の影響で、日本企業はついに台湾企業にTFT-LCDの量産化技術を移転せざるを得なくなった。また、液晶パネル産業で生産規模を急速に拡大していた韓国企業もアジア通貨危機の影響で勢いが失速、台湾企業がシェアを拡大する絶好のタイミングが訪れたのである（李煥仁・魏志賓2006：102頁）。1997年から2001年にかけて、三菱電機、日本IBM、松下、東芝等、日本の総合電機メーカーによる集中豪雨的な技術移転が行われた。1997年、中華映管が三菱電機傘下の液晶パネルメーカー、ADIと第3世代TFT-LCDの技術移転契約を締結、さらに1998年、日本IBMがエイサー（宏碁電脳）グループ傘下の達碁科技と第3、第5世代製造技術の移転契約を結ぶ。1999年、華邦と華新グループが合弁で設立した瀚宇彩晶が東芝から技術導入に成功、奇美電子は日本IBMの野洲工場を買収して量産化技術だけでなく日本人技術者の導入にも成功している。また、パソコンの受託製

造で以前からシャープと関係が密接だった広達電脳は、傘下のTFT-LCDメーカー、広輝電子がシャープから技術供与を受けた（姜建誠2001）。量産化技術の導入で一気に弾みがついた台湾の液晶パネル産業は1998年から2002年にかけて年間生産額が約1,052億元から約2,363億元に増加、2003年には韓国を追い抜いて世界第2位のフラットパネル製造大国に成長した（王2003：40頁）。

　前述のように、台湾のIC産業は米国シリコンバレーの関連企業から技術を導入するケースが圧倒的多数を占めていた。米国に留学した技術者等が米国企業の幹部として活躍したり起業したりしてシリコンバレーに定着、その後、台湾政府の支援で新竹サイエンスパークにIC産業が立ち上がった際、米国在住の技術者や企業家が台湾に帰国、最先端の技術を持ち帰った。一方、台湾TFT-LCD産業の主な技術導入先は日本の総合電機メーカーである。液晶パネル産業の発展プロセスにおいて、米国の技術開発は実験段階にとどまり、歩留まりを安定させた量産化技術は日本企業が開花させたためである。新竹サイエンスパークとシリコンバレーの技術知識の流動では、シリコンバレーで活躍する台湾人技術者や企業家の人的ネットワークや台湾政府の産業政策としての介入が重要な仲介役を果たしていた。しかし、台湾TFT-LCD産業と日本の総合電機メーカー間の技術知識の流動では、日本の理工系大学等で学んだ台湾人技術者の果たした役割は極めて限られていた。台湾の学生にとって日本は留学市場の主流ではなく、特にハイテク産業では米国留学帰国組が中心的な役割を果たしている。米国企業がホワイトカラー移民の雇用に積極的で、また、技術者の流動性が高く、起業のチャンスが多いことがその主な要因である。一方、日本はバブル経済が崩壊するまで大企業のほとんどが終身雇用制を採用、社員の流動率が低く、ITバブルが発生する時期まで起業が一般的ではなかった。こうした労働市場の構造の差を反映して、台湾の理工系の学生が日本に留学するケースは少数にとどまっている。外国人が日本交流協会の奨学金を取得して日本に留学し、電子工学や化学等の学部や大学院を卒業する台湾人学生もごく少数だが存在する。しかし、そのまま日本企業に就職して要職に就くケースは稀である。こうした傾向は台湾の日系企業でも顕著で、「オランダ系のフィリ

ップス等、台湾に進出した欧米系企業は台湾人幹部を積極的に採用しており、董事長や総経理クラスの要職に台湾人幹部を迎えている。しかし、台湾の日系企業は台湾支社の総経理等の要職は日本人幹部で占められており、台湾人社員が昇進できるチャンスは限られている」9) という。

　このように、台湾 TFT-LCD 企業が日本の総合電機メーカーから技術知識を導入する際、日本留学帰国組の台湾人技術者が果たした役割は極めて限られていた。そこで、台湾の TFT-LCD 関連企業は日本の総合電機メーカーを定年退職した技術者や幹部を積極的に雇用するという戦略を採用したのである。当初、民間企業が個別に行っていた日本人技術者の導入も、液晶パネル産業の潜在力が注目されるようになる1990年代以降、政府も積極的に支援の手をさしのべるようになった。例えば、行政院経済部等、台湾の政府機関も定期的に日本で退職した技術者や幹部を対象とした再就職説明会等を開いて、国内のTFT-LCD 関連企業が日本人技術者を雇用するチャンスを提供している10)。台湾の場合、政府が率先して海外の企業と国内の企業を結びつける人的ネットワークの制度的支援を行う場合が多い。台湾政府機関の幹部が自らの人脈を利用して海外の技術者やハイテク企業幹部と台湾の企業を仲介するケースも少なくない。筆者がインタビューした台湾の政府系研究機関の幹部 A 氏は、数少ない日本留学帰国組の一人で、台湾の大学を卒業した後、日本に留学し、工学部金属工学科の大学院で博士号を取得した。日本の企業で研修を受けたが、終身雇用制で昇進のスピードが遅く柔軟性の乏しい日本の職場に嫌気がさし、卒業後は台湾に帰国した。A 氏によれば、「日本のビジネス社会は人間関係が極めて重要。仲介者が間に入らない場合、相手と信用関係を構築することが難しい。相手が中国人または台湾人なら話は簡単で、名詞一枚交換すればすぐに新しい人間関係を構築できる」という。日本のビジネス社会に切り込むには仲介者が必要になるため、A 氏は日本の大学院時代の恩師や同窓生といった仲介者を通して日本のハイテク業界と良好な交流関係を築いてきた。A 氏が所属する政府系研究機関は A 氏の人脈で東北大学や東京工業大学から教授数名を顧問として迎えている。日本のビジネス社会のこのような閉鎖されたネット

表7-2 台湾 TFT-LCD 関連企業の知識導入仲介者

企業	企業の概要	知識導入の仲介者
G	国内業界第2位の TFT-LCD メーカー。	日本企業を退職した日本人顧問および日本人技術者
H	日本の大手液晶パネルメーカーを技術母胎として業績を伸ばしてきた TFT-LCD メーカー。2006年に国内業界第1位のS社に吸収合併された	日本支社に日本人経理を配置
I	老舗家電グループ傘下の TFT-LCD メーカー	日本留学経験のある台湾人社員
J	大手製紙会社傘下の TFT-LCD メーカー	日本総経理
K	1998年に設立された TFT-LCD メーカー。液晶テレビやモニターの自社ブランドも展開している	日本留学経験のある台湾人社員
L	世界第2位の偏光膜メーカー	日本人顧問
M	1978年創業の TFT-LCD メーカー。設立当初は半導体装置のモジュール部品製造が中心。1985年以降、LCD 製造装置開発に着手	日本人顧問
N	偏光膜製造メーカー。G社に製品提供	日本人顧問
O	2003年創業のカラーフィルターメーカー。K社とカラーフィルター事業に参入した日本の大手印刷会社が合弁で設立	日本人顧問
P	カラーフィルターや偏光膜関連の装置設置メーカー	日本人顧問
Q	1989年創業のバックライトモジュールメーカー	日本人副総経理
R	日本の大手商社を通じて技術や機械設置を導入。台湾初のカラーフィルターメーカーとして1997年に設立された	日本留学経験のある台湾人社員
X	1976年創業の TFT-LCD メーカー。シャープ、奇美等が主な顧客	技術提携先を定年退職した日本人顧問

出典:各社への聞き取りをもとに筆者作成。

ワーク構造を反映して、台湾の TFT-LCD 関連企業では、日本から技術知識を導入する仲介者として日本人顧問を雇用しているケースが多い(表7-2を参照)。通常、台湾や韓国の企業が日本人で年収1,000万円クラスの管理職や技術者、すでにリタイアした技術者等をヘッドハンティングや顧問として迎える場合、約3,000万円の年収を提示している[11]。

日本の技術は米国の技術のような標準化された部分が少なく、長期的に蓄積された経験を基礎とする暗黙知で形成されている部分が多く、マニュアルで学習するよりも直接日本人技術者の指導を受けたほうが習得しやすい。その意味

でも、日本人技術者の導入が台湾の TFT-LCD 産業の発展に果たした役割は大きい。2002年までの時点で、台湾の TFT-LCD 産業は日本の人材を積極的に導入している。例えば、H 社は日本の総合電機メーカー T 社から技術者を引き抜き、大阪の研究開発センターの総経理に抜擢、J 社も日本人技術者が総経理に就任、経営面の指導もしていた[12]。TFT-LCD メーカーだけでなく、パーツや装置産業に至るまで日本人顧問を積極的に雇用している。顧問の場合、日本の総合電機メーカーを定年退職したベテランの技術者や幹部ら、または現役の技術者で、毎月何回か台湾を出張で訪れるたびに台湾企業の幹部や技術者に業界最新の技術や市場の動向に関する情報を提供したり、技術開発のノウハウや経験などを伝授している。1978年創業の TFT-LCD 製造装置メーカー M 社の研究開発部門幹部によれば、日本の総合電機メーカー U 社と関係が深い日本人顧問を通じて U 社との技術協力関係を構築してきたという[13]。表7-2に見るように、台湾の代表的な TFT-LCD メーカーやパーツおよび装置メーカーが日本人技術者や顧問を活用して日本の暗黙知的な技術を導入する上でのトラブルを克服してきたと言える。極端なケースとしては、奇美電子の日本 IBM 野洲工場合併による日本人技術者の大規模な導入が挙げられる。国内の二大 TFT-LCD メーカーとして君臨する奇美電子は1998年、南部科学園区に設立された。ABS 樹脂の生産で知られる奇美グループの傘下企業であり、当時董事長を務めていた（現在は引退）許文龍氏が日本統治時代の教育を受けた影響か、台湾のハイテク企業としては珍しく終身雇用制を導入している。2001年、許氏は日本 IBM 傘下の液晶パネル製造事業部 IDT を合併、研究開発チームを吸収した。許氏は2004年、合併当時の情況について雑誌の取材で以下のように答えている。

　　一般的に技術導入とは、過去の技術を導入したにすぎない。しかし、IDT の合併は、将来発展するであろう未来の技術を買うということであり、日本のハイテク人材の頭脳を手に入れることを意味する。日本人は仕事に真摯に取り組み、自らの仕事にこだわりを持っている。日本人は事前に周

到な準備をした上で慎重に行動する傾向があり、時に「亀毛(閩南語で、細部にこだわるあまり、なかなか決断ができない状態や完璧主義を意味する)」で行動力に欠けると揶揄されるほどだ。台湾人は日本人とは全く逆で、変化に強く、柔軟性があるが、長期的な技術力の蓄積が甘いという問題がある。しかし、だからこそ日本人と台湾人はお互いに欠点を補い合える関係にあると言える。奇美電子はIDTの日本人研究開発チームを迎え入れたことで、日本人の技術に対するこだわりと、台湾人の行動力を融合させることが可能だ。変化に富んだ液晶パネル市場の競争を勝ち抜くにはこのような高い技術力と柔軟性が武器になる。(今周刊 2004．2．23)

　許氏はこのように日本人の仕事に対する取り組み方や生活習慣、文化を熟知しており、日本の量産技術と工業技術研究院から導入した実験段階の技術、台湾ローカル技術者の技術力を融合させる形で台南に大規模なTFT-LCD生産基地を完成させた。

　また、許氏が日本IBM傘下のIDTを合併先に選択した背景には別の意味での優位性も考慮していた。IDT日本人幹部[14]によれば、日本企業に比べると米国企業は経営状況に陰りが見えるとすぐに他社に売却する傾向があり、その意味でも合併に向けて協議がしやすかったという。IDTは外資系企業という背景から日本の一般的な電子メーカーと異なり日本人技術者が米国式の労務管理に慣れており、しかも英語を操れるため、台湾人技術者とのコミュニケーションも比較的容易である。上述の幹部も指摘するように、許氏は日本の文化や企業間の長期的な信用を重要視する経営スタイル、すなわち閉鎖的な産業ネットワーク構造を熟知していたからこそ、あえて合併や売却に抵抗がない米国企業の日本支社を合併先に選び、日本人技術者の頭脳とノウハウをタイムリーに手に入れたのである。

　長期的な企業間の信用関係を軸とする日本の閉鎖的な産業ネットワークの特性をうまく活用して日本企業との技術提携をスムーズに進めてきた企業としては前述のH社が挙げられる。H社は世界的なコンピュータの受託製造で知ら

れる台湾のV社と日本の液晶パネルメーカーの草分け的存在であるW社の合弁で1999年7月に設立された。H社では製造業務を日本のW社の技術幹部が担当したほか、前述のように日本人のエリート技術者（工学博士）を日本から引き抜き、大阪の研究開発センターの運営を任せた。台湾のV社の董事長は香港出身で国立台湾大学電機系を卒業後、金宝電子に入社、電子計算機に用いるモノクロ液晶パネルをW社から調達したことからW社との付き合いが始まった。V社董事長とW社上層部との個人的な付き合いはV社の董事長が1988年にV社を設立してからも続き、20数年以上と長期的な信頼関係が維持されている。H社を合弁で設立する際、日本のW社はH社がW社の台湾における競合メーカーに成長する危険性を懸念していた。しかし、V社董事長はあくまでH社とW社が相互補完の関係にある点を強調した。H社が生産する液晶パネルは主にV社が製造するノートパソコンやモニター向けに供給され、W社で供給量が逼迫した場合に台湾から供給量をサポートするといったように[15]。このような日本側の状況に配慮した上でV社が提示した提携条件はW社にとっても好都合で、W社は多数の日本人技術者を日本から派遣しただけでなく、前述のH社大阪研究開発センター総経理のエリート日本人技術者もW社がH社のために人選を行った。H社大阪研究開発センター総経理は台湾に液晶パネル技術を最初に移転した日本の総合電機メーカーの液晶パネル事業部で幹部として活躍した後、同社を中途退社し、台湾で台湾人のパートナーとTFT-LCD関連のベンチャーを設立した。その後、日本のW社がH社大阪研究開発センターの総経理就任の誘いをかけてきたという。米シリコンバレーが世界中から優秀なIC設計の人材を集めて設計の工程に資金を投入、製造工程を台湾のファウンドリーに委託している状況を手本に、大阪の研究開発センターでは日本の技術者を集めてバックライトモジュールの設計工程に資源を集中させている。

　奇美電子やH社の事例にも見るように、台湾人留学生や技術者が技術の導入と普及に重要な役割を果たした米シリコンバレーと台湾半導体産業との関係と異なり、台湾の液晶パネル産業が日本から技術を導入するプロセスでは、日本の閉鎖的なネットワーク構造を反映して日本人技術者や日本の総合電機メー

第7章　台湾ハイテク産業のグローバル人的ネットワーク　177

カーを退職したベテラン技術者を顧問としてヘッドハンティングしたり、奇美電子のように日本メーカーを直接合併することで日本人技術者を大量に導入し、技術学習をスムーズに進めてきたと言えるだろう。

おわりに

　上述の分析が示すように、単一民族、終身雇用、長期的な信頼関係を重要視する社会的結びつき等、日本の閉鎖的なネットワーク構造や、移民文化、技術者の流動率の高さ、起業文化等を基礎とするシリコンバレーの開かれたネットワーク構造が、台湾ハイテク産業の技術知識導入に大きな影響を与えていることが明らかになった。台湾から米国に留学した理工系の大学院生やハイテク技術者は移民を積極的に受け入れるシリコンバレーでキャリアを積み、彼らを媒介として台湾のIC産業はシリコンバレーの先進的な技術知識を効率的に導入することが可能になった。一方、日本は終身雇用制が主流で、技術者の流動率が低く、外国人社員が昇進して経営の中枢に介入するチャンスが少ない。起業も米国や台湾に比べると一般的ではなく、理工系の学生は日本を留学先として選ばず、米国を選択するケースが大多数を占めている。こうした事情を反映して、日本に留学して台湾に戻った台湾人技術者が台湾企業が日本から技術知識を導入する場合に果たした役割は限られていた。

　そこで、台湾のTFT-LCD関連企業は積極的に日本の大手エレクトロニクスメーカーを定年退職した人材や技術者を顧問として雇用し、技術の導入に活用したのである。

　台湾のハイテク企業は、シリコンバレーからIC関連の技術知識を導入する場合も、日本からTFT-LCD関連の技術を導入する場合も、人的ネットワークを活用している。シリコンバレーから技術知識を導入する場合は台湾人技術者や経営者を媒介として、日本企業から技術知識を導入する場合は、日本人技術者を直接雇用し彼らを媒介として導入している。ここで特筆すべきことは、これらの人的ネットワークに加えて、海外から技術を導入する場合に台湾政府

が常に制度的な支援を惜しみなく行ってきたことである。シリコンバレーからIC関連の技術を導入する際には、新竹サイエンスパーク等、特定の産業分野に特化した企業が集まる産業クラスターを建設し、米国から導入された技術がスピーディにサイエンスパーク内に流通し、関連企業がタイムリーに技術知識を吸収できるように配慮した。また、工業技術研究院は米国から技術知識を導入するとそれらの基礎技術を商品化または量産化技術に改良し、サイエンスパーク内の民間企業に移転している。日本からTFT-LCD関連技術を導入する際も、日本企業を定年退職した人材や技術者を顧問として台湾企業に迎えるための説明会を経済部が主催するなど、台湾政府は技術導入に欠かせない人的ネットワークの構築にも支援を行っている。今後の研究課題としては、台湾企業や政府が技術導入で人的ネットワークを活用してきたプロセスをハイテク産業だけでなく旧来型産業を含めて再検討することである。技術者や企業経営者、政府の支援による人的ネットワークの構築が後発工業国が先発工業国の技術水準にキャッチアップする場合の台湾独自の戦略的モデルとして定義づけられるかが分析の焦点になるだろう。

注

1） 本報告の記述は、主に田畠真弓「網絡結構與跨國高科技知識的擴散──台灣積體電路與面板的比較分析」（『東呉社會學報』第20期、2006年）および田畠真弓『台灣高科技產業的跨國技術學習創新網絡機制──積體電路與液晶顯示器產業的比較』（台灣大學社會學研究所博士論文、2007年）、田畠真弓「ネットワーク構造と知識導入メカニズム──台湾IC産業とTFT-LCD産業の比較を中心に」（日本台湾学会『日本台湾学会第10周年記念学術大会プログラム』ディスカッションペーパー、2008年）の内容に補足的なデータを取り込んで加筆・修正したものである。

2） 台湾IC産業およびTFT-LCD産業に関する新聞記事のデータベースは、その後、筆者が台湾大学社会学研究所で博士号を取得後、台湾花蓮県の国立東華大学社会及公共行政学系（学部）に奉職、その際に取得した行政院国家科学委員会研究計画助成金で、2012年までのアップデート作業を進めている。

3） 台湾は多民族国家だが、果たして開かれた社会ネットワーク構造なのだろうか。本報告の先行研究に見るように、ハイテク産業のネットワーク構造については、「開かれた」とする見方が優勢である。一方、台湾の民族間交流等幅広い社会ネッ

トワーク構造をテーマとした研究は、陳東升と陳瑞容の共著論文が参考になる（陳東升・陳瑞容 2001）。
4） 当時、台湾政府が CMOS 技術を選択した具体的な経緯については、台湾の技術者という個人の行動を軸に台湾半導体産業発展のプロセスを分析した佐藤（2007：53-88）の著作に詳しく書かれている。
5） A 社へのインタビュー（2003年1月23日）。
6） 米カリフォルニアに拠点を置く DRAM、フラッシュメモリー製造大手 B 社へのインタビュー（2003年2月3日）。
7） C 社へのインタビュー（2003年2月3日）。
8） 台湾の IC パッケージ・テスティング業者 D 社（1999年6月）、米国の IC アーキテクチャ開発大手、E 社（2003年1月21日）および米国のファブレス半導体メーカー、F 社（2003年1月22日）へのインタビュー。
9） 台湾の政府系研究機関東京事務所へのインタビュー（2004年1月26日）。
10） 台湾の政府系研究機関東京事務所へのインタビュー（2004年7月5日）。
11） 外資系証券会社 S 社東京支社台湾ハイテク産業専門アナリスト（2004年1月25日）へのインタビュー。
12） 台湾の大手製紙会社傘下の TFT-LCD メーカー幹部（2003年12月1日）へのインタビュー。
13） 台湾の老舗 TFT-LCD 装置メーカー M 社 LCD 研究開発事業部幹部（2004年6月30日）へのインタビュー。
14） 奇美 IDT 日本人幹部（2004年1月27日）へのインタビュー
15） H 社日本人技術幹部（2004年1月23日）へのインタビュー。

参考文献
〈英語文献〉
Arita, Tomokazu and MacCann, Philips (2002), "The Spatial and Hierarchical Organization of Japanese and US Multinational Semiconductor Firms." *Journal of International Management* 8: 121-139.
Burt, Ronald S. (1993), *Structural Holes: The Social Structure of Competition*. Cambridge: Harvard University Press.
Burt, Ronald S. (2001), "Structural Holes versus Network Closure as Social Capital." in *Social Capital: Theory and Research,* edited by Nan Lin, Karen Cook and Ronald S. Burt, pp. 31-56. New York: Walter de Gruyter, Inc.

Chiffoleau, Y. (2005), "Learning about Innovation through Networks: The Development of Environment-Friendly Viticulture." *Technovation* 25: 1193-1204.

Cohen, Stephan S. and Fields Gary (2000), "Social Capital and Capital Gains: An Examination of Social Capital in Silicon Valley." in *Understanding Silicon Valley: The Anatomy of an Entrepreneurial Region*, edited by Martin Kenny, pp. 190-217. California: Stanford University Press.

Cohen, Wesley M. and Levinthal, Daniel A. (1990), "Absorptive Capability: A New Perspective on Learning and Innovation." *Administrative Science Quarterly* 35 (1): 128-152.

Coleman, J. S. (1988), "Social Capital in the Creation of Human Capital." *American Journal of Sociology* 94: 95-120.

Dahl, Michael S. and Pedersen Christian, (2005), "Social Networks in the R & D Process: the Case of the Wireless Communication Industry around Aalborg, Denmark." *Journal of Engineering and Technology Management* 22: 75-92.

Fukuyama, F. (1995), *Trust: The Social Virtues and the Creation of Prosperity*. New York: The Free Press.

Granovetter, Mark (1973), "The Strength of Weak Ties." *The American Journal of Sociology* 78 (6): 1360-1380.

Hsu, Jinn-Yuh and Saxenian, AnnaLee (2000), "The Limits of *Guanxi* Capitalism: Transnational Collaboration between Taiwan and the USA." *Environment and Planning A* 32: 1991-2005.

Jou, Sue-Ching and Chen, Dung-Sheng (2001), "Keeping the High-tech Region Open and Dynamics: the Organizational Networks of Taiwan's Integrated Circuit Industry." *GeoJournal* 53: 81-87.

Mathews, John A. (1995), *High-Technology Industrialization in East Asia: The Case of the Semiconductor Industry in Taiwan and Korea, Taipei*: Chung-Hua Institution for Economic Research.

Orru, M., Hamilton, G. G., and Suzuki, M. (1989), "Patterns of Inter-firm Control in Japanese Business.", *Organization Studies* 10 (4): 549-574.

Saxenian, AnnaLee (1997), "Transnational Entrepreneurs and Regional Industrialization: The Silicon Valley-Hsinchu Connection." *Cities and Design* No. 2/3: 25-39.

Saxenian, AnnaLee (1999), *Silicon Valley's New Immigrant Entrepreneurs*. San Francisco, CA: Public Policy Institute of California.

Saxenian, AnnaLee (2002), "Transnational Communities and the Evolution of Global

Production Networks: the Cases of Taiwan, China and India." *Industry and Innovation* 9 (3): 183-204.
Saxenian, AnnaLee and Hsu, Jinn-Yuh. (2001). "The Silicon Valley-Hsinchu Connection: Technical Communities and Industrial Upgrading." *Industrial and Corporate Change* 10, 4: 893-920.
Shiu, Wan-Hung and Yang Chyan (2003), "The IC Fables Industry in Taiwan: Current Status and Future Challenge." *Technology in Society* 25: 385-402.
Tzeng, Rueling (曾瑞鈴) (2004), "Utilizing Multiethnic Resources in Multinational Corporations: Taiwan-based Firms in Silicon Valley." *Taiwanese Journal of Sociology* 32: 103-147.

〈日本語文献〉
佐藤幸人『台湾ハイテク産業の生成と発展』岩波書店、2007年

〈中国語文献〉
陳東升・陳端容「台灣跨社會群體結構性社會資本的比較分析」(劉兆佳編『社會轉型與文化變貌：華人社會的比較』香港中文大学亜太研究所、2001年) 459-511頁
陳東升「積體電路產業組織網絡的形成及其形成的制度基礎」(張維安編『台灣的企業——組織結構與國際競爭力』聯經、2001年) 1-55頁
陳東升『積體網路——台灣高科技產業的社會學分析』群學、2008年
黃素芬「晶圓代工」(『交銀產業調查與技術季刊』2001年1月)
姜建誠「北台灣　南奇美-台灣LCD產業的雙霸天」(『今周刊』2001年10月) 92-95頁
教育部國際文教處網站（教育部国際文教処ウェブサイト）Ihttp://www.edu.tw/EDU_WEB/EDU_MGT/BICER/EDU7954001/c91-1.htm?TYPE=1&UNITID=150&CATEGORYID=140&FILEID=65741
李煥仁・魏志賓「我国TFT-LCD產業發展情境與策略分析」(『科技發展政策報導』台灣經濟研究院、2006年2月) 100-118頁
盧志遠「台灣半導體產業技術奇蹟之見證由自主研發專案至產業落實生根」(『科學月刊全文資料庫』1997年) http://lib.swsh.tpc.edu.tw/science/content/1997/00110335/0005.htm
王淑珍『台灣邁向液晶王國之秘』中國生產力中心 (2003)
吳思華「台灣積體電路產業的動態網絡」(張苙雲主編『網絡台灣：企業的人情關係與經濟理性』遠流出版、1999年) 127頁
張俊彥、游伯龍「人力資源是資訊產業的推手」(張俊彥・游伯龍主編『活力：台灣如

何創造半導體與個人電腦產業奇蹟』時報文化、2001年）350-392頁

第8章　台湾における理系人材
――不足の現状、政策、および台中相互の人材獲得の動き――[1]

中原　裕美子

はじめに

　台湾においては、2000年代に入った頃から、理系人材[2]が不足していると言われている（楊2003；阮・耿・陳2006；羅2007）。高等教育機関が育成する理系人材は年々増加しているはずなのに、産業界では不足していると言われるのである。

　そしてこの「不足」を受けて、近年、台湾企業の中には、中国に開発拠点を設け、そこで多数の中国人技術者を雇用する動きが出始めている。その一方で、中国企業が台湾人の獲得に動き始めており、中国企業で就労する台湾人も増加しているようである。

　この台湾における理系人材の状況について、台湾では、以下のような先行研究がある。理系人材の現状については、楊（2003）、阮・耿・陳（2006）、羅（2007）、王（2008）、先進国から台湾への帰国者の減少やそれに代わる海外の人材の導入などについては、郭（2007）、大卒者の失業問題については、杜（2011）、産業高度化の中の台湾の人材の概況については、銭（2011）、台湾の海外人材獲得については、呂（2008）、林（2008）、台湾をめぐる国際的な人材移動のルートの変化については、陳・林（2006）、中国からの人材導入については、陳（2005）、洪（2006）、左（2007）などがある。しかし、台湾の理系人材の現状とその育成政策の詳細や、近年起こり始めた台湾企業・中国企業が相

互の人材を獲得しようとする動きについて、総合的に明らかにした研究はない。

そこで本章では、先行研究の空白を埋め、現在の台湾における理系人材の不足の状況とその要因、政府の人材政策、および台湾企業・中国企業の相互の人材獲得の動きの詳細を明らかにすることで、現在の台湾における理系人材の現状を掴むことを試みる。

1．理系人材の不足状況とその要因

本節では、台湾の理系人材の不足状況とその要因を見ていく。

(1) 理系人材の不足状況

まず、台湾の理系人材の不足状況について述べる。

台湾政府による2015年までの理系人材の需給状況の予測によれば、学部卒では工業設計の分野で、修士修了以上では電気情報・工業工程・工業設計・基礎科学の分野で、1,000人単位の人材不足が予測されるという（行政院經濟建設委員會2006：8-11頁）。また、同じく台湾政府による労働者の需給状況の報告書によれば、2010年8月現在で不足している労働者数は19万3,442人、不足率は全産業平均で2.81％であるが、製造業では3.43％と全産業平均より高い。このうち、スペシャリストを意味する「專業人員」は14.6％を占めており、また、「專業人員」の不足のうち大卒以上の比率は70.9％と高い。さらに、三大科学工業園区（新竹・中部・南部）の不足労働者数9,154人のうち、管理者および「專業技術人員」の不足は7,875人と86.0％を占め、さらにその学歴別の内訳を見ると、大卒以上の比率は77.6％と高かった（行政院主計處 2010：1-4頁）。

このように理系人材の不足が言われるが、台湾においては、理系人材の育成は進んでいないのだろうか。

これを確かめるために、まず、台湾の大学における理系学生の在学生数を見てみる。理系の学部在学生は1998年の18万684人から2010年には45万1,887人に、

図 8-1　台湾における理系研究人員数および労働人口千人あたりの理系研究人員数の推移

凡例：■ 理系研究人員数（左目盛り）　◆ 労働人口千人あたり理系研究人員数（右目盛り）

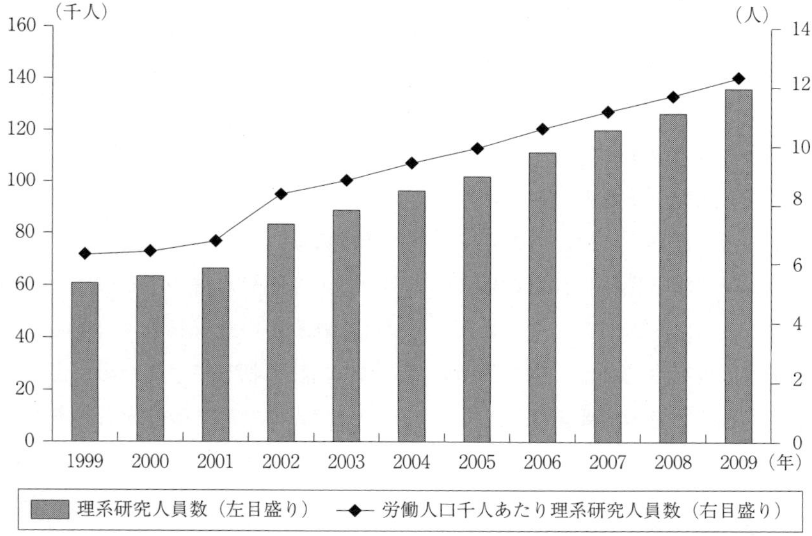

出典：理系研究人員数：研究人員の総数より、社会科学・人文科学の研究人員数を引いた数。行政院國家科學委員會 http://web1.nsc.gov.tw/mp.aspx より計算。
　労働人口1,000人あたり理系研究人員数：行政院主計處　時間數列統計表 http://www.dgbas.gov.tw/ct.asp?xItem=17144&ctNode=3246の労働人口数と上述の理系研究人員数より計算。
注：ここで言う理系研究人員とは、研究開発に従事する者を OECD の定義に従って researcher、technician、other support staff と分けた中の researcher のうちの理系の人員を指している（定義については、OECD 2002：p. 92 参照）。

修士課程在学生は2万5,373人から8万5,086人に、博士課程在学生は7,732人から2万3,261人に、それぞれ大幅に増加している[3]。つまり、学部・修士課程・博士課程のいずれにおいても順調に増加しているのである。

次に、図8-1に、台湾における理系研究人員数および労働人口1,000人あたりの理系研究人員数の推移を追ってみる。これも順調に増加していることが看取できる。

以上のように、理系人材が不足していると言われるにもかかわらず、実際に高等教育機関が輩出する理系人材数および理系研究人員数は、順調に増加しているのである。

(2) 理系人材の不足の要因

それでは、理系人材の絶対数は増加しているのに、不足と言われる状態が続いているのはなぜだろうか。それは、理系人材の労働市場における、需要と供給の間のミスマッチに起因するのではないかと思われる。次に、考えられるさまざまなミスマッチを順に見ていく。

第1に考えられるのは、分野のミスマッチである。阮・耿・陳（2006）によれば、労働市場に供給された新卒者の専門分野と産業界が需要する専門分野の間には、ミスマッチが存在するように見受けられるという（46頁）。

例えば、現在台湾企業の生産部門の多くは中国に移転しているため、台湾内では、生産技術者の需要量は減少している一方で、研究開発の技術者の需要量は増加してきている。しかし前者の供給量の減少と後者の供給量の増加が、こうした変化に追いついていない状況だという[4]。10年前の需要に合わせて設計された大学教育が、現在の産業界の需要に合っていないと見られるのである[5]。

第2に、レベルのミスマッチであり、これは大きく2つに分けられる。1つは企業が求める人材のレベルに、大学卒業生の学力レベルが達していないことによるミスマッチで、高等専門学校から昇格した大学の教育の質の問題が大きいと考えられる。もう1つは、企業が修士修了者を求めるケースが増加してきたことによるミスマッチある。

まず前者についてである。台湾では、1996年から2006年の間に、高等教育の拡充を目的として、日本の高等専門学校にあたる専科[6]から大学への昇格が大規模に行われた[7]。1995年時点では、専科が74校、大学が24校であったものが、2010年には専科が15校に減少し、大学が112校に大幅に増加した。これに伴い、大学の学部卒業生の数も、1995年の7万748人から2009年には22万7,174人と約3倍に増加した[8]。

しかし、この措置で昇格した大学の教育の質や、卒業生の質については、各方面から疑問が呈されている[9]。そして実際に、大学が供給する理系人材の量は多くても質が伴わないという問題が、各方面で見られるようになった（阮・

耿・陳 2006：46頁)。

　蔡（2007）は、工業技術研究院技術顧問である許瓊文の言葉を紹介している[10]。すなわち、次々に新しい大学が誕生しても、企業は、歴史があり、卒業生が成果を上げている有名大学の学生を採用して訓練コストを下げたいと考えているという。例えば、半導体ファウンドリ最大手の台積電の求める水準に達しているのは少数の有名大学の学生のみであり、上述の措置で昇格した大学の学生は達していないという（94頁）。

　また、経済部の人材育成担当の常務次長によれば、この措置で昇格した大学の学生は、数学や外国語という基礎的な能力が不足していることが多いため、企業が求めるレベルに達していないと見受けられるという[11]。

　このミスマッチのせいか、学歴別失業率を見ると、大卒以上の学歴者の失業率は、2011年1～10月の平均で5.20％と、労働者全体の失業率4.42％よりかなり高くなっている[12]。

　次に、後者の、企業が修士修了者を求めるケースが増加してきたことについてである[13]。経済部が2004年にハイテク企業の管理職への訪問調査を元にまとめたデータによれば、修士修了者が4,000～5,000人不足しているとのことであった[14]。また昨今の研究開発には修士以上の学歴が求められることが多いため、今後は修士修了以上の人材が大量に必要になると予測されている（行政院經濟建設委員會人力規劃處 2008）[15]。また、筆者の2004年、2007年の複数の台湾企業へのインタビューでも、「学部新卒者は採れるが、修士修了者や、ある程度経験を積んだ者など、より欲しい人材は獲得が困難である」との発言が聞かれていた[16]。

　このように、専門学校から昇格した大学の教育の質が企業の欲するレベルに達していないことや、修士修了以上の人材が求められる傾向が出てきたという、レベルのミスマッチとも言える現象が起きているようである。

　第3に、経験のミスマッチである。これは、企業が新卒者ではなく経験者を求めるというミスマッチである。前述の筆者の台湾企業へのインタビューでの、ある程度経験を積んだ層は獲得が困難であるとの発言も、これを裏付ける。ま

た、陳（2003）は、友達光電の人力資源処処長の「新卒者が戦力になるには一定期間を待たなければならない。しかし近年研究開発型に転換しつつある台湾の企業では、研究開発の経験や他企業での就労経験のある人材を欲する傾向にある」との発言を紹介している（94頁）。このように、経験のミスマッチとも言える現象が存在すると思われる[17]。

以上に挙げたような3つのミスマッチにより、台湾では、理系人材の絶対数は増加しているにもかかわらず不足と言われる状態が続いていると考えられる。

2．理系人材不足解決のための政策

次に、台湾における理系人材不足の解決に向けた政策を見ていく。

現在の政府の理系人材不足解決の基本方針は、長期的には国内で育成することで充足を図るが、短期的には不足分を国外から招致することで補う、というものである[18]。

(1) 台湾内での育成政策

以下では、政府の長期的な理系人材の育成方針について述べていく。それは、第1に産学が連携しての人材育成の強化、第2に修士レベルの人材の増強であるという（行政院經濟建設委員會人力規劃處2008）。これらの政府の育成方針を順に見ていったあと、大学側の取り組みを見る。

まず、政府の育成方針の第1、産学が連携しての人材育成の強化である。

2008年から、政府諸機関による「整合型產學合作推動辦公室」という会議が開かれ、産学連携についての方策が検討されている。

産学間の人材交流については、2007年に制定された法律[19]により、特殊な専門分野に造詣が深い産業界の人材を大学での教育に従事させることが促進されるようになった（行政院經濟建設委員會人力規劃處2008）。

また、具体的な施策は、各科学工業園区で行われているものも多い。新竹・中部・南部の各科学工業園区管理局が共同で執行している「企業實習專案」は、

企業と大学が共同でプログラムを作り、学生を企業におけるインターンシップに派遣することで、企業の需要にマッチした理系人材の育成を図るものである。このプログラムでは、2005年度以来、1,837人の学生を養成した。新竹科学工業園区管理局がこのプログラムに関係した企業・大学・学生に対してアンケートを行ったところ、いずれからも高い評価を得たという（新竹科學工業園區管理局 2008）。

さらに、新竹科学工業園区では、半導体・液晶・通信・バイオ・コンピュータ周辺産業など13の産学連携の共同研究に補助金を支出している（新竹科學工業園區管理局 2008）[20]。また、企業にどのような技術の訓練が必要かを尋ねたのち、管理局で短期の訓練プログラムを作り、交通大学・清華大学[21]・工業技術研究院に訓練を依頼している[22]。

以上のように、産学が連携しての人材育成の強化は、数多くの政策により実施されているようである。

次に、政府の育成政策の第2の柱である、修士レベルの人材の増強について見ていく。前節で述べたように、修士修了以上のレベルの人材の需要が高まっている中、台湾政府は、修士修了者の増加のための政策を次々に打ち出している。

例えば政府は、2004年末以来、「拡大碩士級產業研發人力供給方案」という取り組みを推進している。これは、企業の需要に沿って、企業と大学が連携して教育プログラムを作り、それに必要な資金の援助を政府に申請できるものである。このプログラムの費用は1人あたり約30万台湾元になるが、政府が最高10万台湾元まで負担する。このプログラムには、2007年末までに630以上の企業が参加し、3,200人の人材を育成した。このプログラムの成果は良好なため、年々規模を拡大しているという（行政院經濟建設委員會人力規劃處 2008；經濟部工業局 2008）。

また、「產業碩士專班」というプログラムも実施されている。これは、政府が企画し、企業の協賛を受けて、半導体・映像・通信・デジタルコンテンツなどの技術を持つ修士の学生を育成するものである。2004年に開始して以来、

550の企業の協賛により、36の大学において170以上のプログラムが設けられ、2007年までに約2,300名の学生を訓練したという（行政院科技顧問組 2006）。例えば宏碁電脳は、交通大学にこのプログラムを設けている（『e 天下』2004.11：152頁）。

　企業が以上のような修士課程のプログラムに参画しているのは、理系人材、とりわけ修士課程修了者が不足している状況の中、自ら人材育成を図らなければならないとの認識を持つようになったためと考えられる[23]。

　最後に、大学における取り組みについてである。

　政府は、大学への補助金配分の指標に学生の就職決定率を用い、大学評価の指標に産学連携と人材育成の取り組みの程度を用いることで、大学に対し、産業界のニーズに合った教育へ改変するよう促している（行政院經濟建設委員會人力規劃處 2008）。これを受けて、大学も教育を変えようとしている。例えば、新竹の清華大学の副学長は、近年学際的な研究開発が多くなってきているため、そういった教育を心がけており、1994年からは、学生が、機械・電子・材料・管理など20項目にわたる授業を受講することで学際的な知識を得られるようにしているという（『e 天下』2005. 9：69頁）。また、台北市近郊の桃園県に位置する開南大学の情報学部では、選択科目として聯華電子へのインターンシップ制度を設けており、9単位を与えている。そしてこれが聯華電子への就職につながることもあるという[24]。このように、産学連携および人材育成の取り組みが、大学補助金や大学評価の基準にされることで、大学側も、産業界の需要に合わせた人材育成のための努力をするようになっている。

(2) 他国からの理系人材導入政策

　次に、他国からの理系人材導入政策について見ていく。

　台湾政府は、不足している理系人材の補填のために、2003年から、在外台湾人を含む海外の理系人材の招致を積極的に進めている。その方法としては、海外人材雇用のためのウェブサイト運営や、海外への求人訪問団の派遣などがある。

前者の海外人材雇用のためのウェブサイト運営とは、政府がインターネット上にHiRecruitというサイト[25]を設け、海外の人材の採用を希望する台湾企業と、台湾での就労を希望する海外在住の求職者の登録を促し、両者のマッチングを図るものである。

　後者の求人訪問団の派遣とは、政府が年に1度、アメリカ・カナダ・日本・インドなどへの求人ツアーを組織して参加企業を募り、訪問先国において、台湾での就労を希望する求職者との顔合わせを行うものである。この訪問団は、2003年の開始以来2010年までの計8回で、計3,672人の海外人材の招致に成功したという[26]。

　これらの取り組みには、不足している理系人材の数の補填という意味ばかりでなく、海外の進んだ技術の獲得という意味合いもあると推測される。

　また、先進的な基礎研究を行う国家実験研究院では、政府の資金で海外の人材を2～3年のスパンで招致し研究に従事させている。これは、理系人材の数の補填というよりは、台湾で希少な技術の獲得を目的とした措置であるという[27]。

　先進国で高度技術を学び、その学んだ技術をその国の企業で実践した後、技術のみならず経営スタイルや経営ノウハウまで母国に持ち帰り、母国の産業発展に寄与する動きは、「頭脳還流」(brain circulation)（National Science Foundation 1998：p. 3；Saxenian 1999：p. 3）と呼ばれるが、台湾でも、1980～90年代に、この動きが情報産業の発展に大きく貢献したと言われる。台湾政府は1980年代に情報産業を主要戦略産業に指定し、その振興のために、アメリカ留学後に世界最大の情報産業のクラスターであるシリコンバレーで就労していた台湾人を主たるターゲットに、帰国奨励政策を採った。それに応じた帰国者が、工業技術研究院での開発の先頭に立ち、そこで開発した技術を持って起業し、台湾の情報産業を牽引するというパターンがしばしば見られた（『天下雑誌』1994. 9. 1：40-49頁；行政院青年輔導委員會1984）。

　しかし現在は、台湾から留学のため出国する学生数自体は増加しているものの、これが、台湾の学部生・大学院生数に占める比率は逆に低下している[28]。

また、海外から台湾に帰国して就業した者の数も、1990年代半ばをピークに減少した（教育部統計處1999：54頁）[29]。つまり、かつて台湾の産業発展に大きな役割を果たした帰国者のプレゼンスは、現在の台湾においては低下している。そこで政府は、在外台湾人の帰国奨励政策から、すべての海外人材をターゲットにした招致政策にシフトしたのである[30]。

3．台湾・中国間の人材獲得競争

　台湾の理系人材が不足している状況のもとで、台湾企業の中には、中国の人材を獲得することでこの不足を補塡しようとする動きも出てきている。その一方で、中国企業が台湾の人材を獲得しようとする動きも見られる。これらの動きは、2008年の台中間の直行便就航や、2009年の中国から台湾への直接投資解禁で、ますます加速している。本節ではこれらの動きを見ていく。

(1) 台湾企業による、中国の人材獲得の動き

　まず、台湾企業が中国の人材を獲得しようとする動きについてである。この動きは、大きく2つに分けられる。

　第1に、中国に研究開発拠点を設立し、中国の人材を活用しようとする動きである。OECDによれば、中国の2008年の常勤換算の研究開発従事者数は173万6,155人、研究者数は159万2,420人と、世界第1位である（OECD 2010：p. 30）[31]。この豊富な人材に着目した世界各国の企業が中国に開発拠点を設置する動きが、2000年代から見られるようになった（Walsh 2003, 2007；EIU 2005；Sun *et al.* 2007）。台湾企業も同様の動きを見せている。

　表8-1は、台湾企業各社が中国に設置している開発拠点に関する筆者のインタビュー結果をまとめたものである。これによると、中国の開発拠点の設置目的としては、すべての企業が、「技術者確保」を挙げている。また、表中にはないが、これら企業は、中国の賃金が上昇している現在、中国で開発拠点を運営するコストが、台湾より著しく低いということはない、と回答していた。

表8-1　台湾企業各社が中国に設置している開発拠点の詳細

項　目	C　社	D　社	E　社
業態	パソコン、GPSなど（ノートパソコンで台湾第3位）	パソコン、PDA、液晶機器など（ノートパソコンで台湾第1位）	情報機器のプラスチック筐体など
中国の開発拠点の設置目的	技術者確保（コスト削減ではない）	技術者確保、コスト削減	技術者確保、コスト削減
中国の開発拠点の規模	上海425人、成都53人	ノートパソコン部門だけで約1,000人	約1,000人
中国の開発拠点中の台湾人の人数または比率	5％未満（技術者ではなく管理者として）	約30人	10人
中国の開発拠点が企業の全開発活動に占める比率	18～20％（仕事量で見て）	25％（人数で見て）	98％（仕事量で見て）
中国の開発拠点の役割	生産拠点に隣接した上海では、拡張モデル（CPUを替えるだけなどのモデル）およびサステイニングモデルの管理　成都では、新技術の開発	ローエンドモデルの新製品開発、ハイエンドモデルの試験（ただし台湾人技術者が関与）	ほぼすべての製品開発

出典：C社（2009年8月25日）、D社（2010年3月1日）、E社（2010年2月28日）への筆者によるインタビュー。

　つまり、コスト削減よりも技術者確保を目的として中国に開発拠点を置いている企業が多いようである。また、いずれの企業も、中国の開発拠点における台湾人の比率はかなり低い。そして、中国の開発拠点がその企業の全開発活動中に占める比率はまちまちだが、中には98％と極めて高い企業もある。

　複数国に分散して行う研究開発の成果については、否定的な先行研究が複数ある[32]。それにもかかわらず、台湾企業が中国に開発拠点を設置するのは、台湾で不足している理系人材の数の補填という大きな目的のためである。

　第2に、これはまだ始まったばかりの動きであるが、台湾に留学している中国人学生に対する、将来の雇用を見据えたアプローチである。台湾政府は2011年に中国からの留学生を解禁した[33]。台湾企業は、この中国からの留学生にも熱い視線を送り、奨学金を出すことで、卒業後の自社への入社を促している。例えば鴻海精密は、清華大学の理工学部への中国人留学生13人に奨学金を出しているという。また、聯発科技と李長栄化工は、台湾大学への15人の中国人留学生に対して、1人あたり年間30万台湾元の奨学金を出している。全社で約

6,500人の社員のうち中国で約2,000人を雇用している聯発科技がこの奨学金を出すことにしたのは、台湾での生活を経験した中国人は将来管理人材になり得るという期待に基づいてのことであるという（『天下雑誌』2011.10.19：60-61頁）。

(2) 中国企業による、台湾の人材獲得の動き

一方で、中国企業も、台湾の人材獲得を図っている[34]。

2000年代の半ばから、一部の中国企業に、高い賃金を提示して台湾の人材をリクルートする動きが出ている。中国の市場の大きさや成長の可能性に魅力を感じ、これらの動きに呼応して渡中する台湾人も見られるようになってきた[35]。台湾政府は、こういった台湾から中国への人材流出が、台湾の競争力に悪影響を及ぼすと懸念していた[36]。

こうした中で、2009年6月に中国から台湾への直接投資が一部解禁されたが（ジェトロ2010：83頁）[37]、これにより、台湾の人材の中国企業への流れとして、これまでとは異なる新しい動きが出てきた。すなわち、中国に行かず、台湾に進出してきた中国企業で就労するという動きである。この中国企業の台湾進出により、台湾人の中国企業での就労意欲はいっそう高まったという。また台湾に直接投資している中国企業は、これまで台湾企業で働いていた者に対して前職の1.5倍の賃金を提示するなど、台湾企業より賃金が高い傾向を見せていることもあり[38]、中国企業に転職する台湾人は増加しつつある（『天下雑誌』2011．4．6：137-138頁；2011.10．5：58-59頁）。

例えば、中国の金属加工機械メーカーの永力達は、以前は中国で台湾人を雇用しようとしていたが、台湾人の多くは中国での就労を躊躇するため、なかなか人材を得られなかった。そこで、台湾で現地の同業企業と合弁会社を設立したところ、台湾人を雇用しやすくなったという（『天下雑誌』2011．4．6：132-133頁）。

自国に潤沢な人材を擁する中国企業がこのように台湾の人材を雇用しようとするのは、台湾人が、研究開発や商品のグローバルスタンダードを熟知してい

ることに加えて、勤労態度も好ましいからであるという(『天下雑誌』2011.4.6:137-138頁)[39]。つまり、中国企業は、台湾の人材の技術や能力を用いて成長を図っていると見受けられ、中国企業による台湾の人材獲得は、人材の数の補填ではなく、台湾の人材の持つ技術や能力を目的とするものだと考えられる。

　さらに、2011年3月には、製造業、サービス業、公共建設の分野の計42項目において、中国から台湾への投資が新たに解禁された。これにより、液晶パネルや半導体製造装置などの分野でも、中国企業による持ち株比率が50％未満の新規合弁会社の設立が可能となったほか、既存企業への出資も10％を超えない範囲で解禁となった(ジェトロ2011:6頁)。このさらなる開放により、今後、中国企業の台湾進出はさらに進み、それに伴って中国企業が台湾の人材を雇用する動きもいっそう進むと考えられる。

　以上のような中国企業の動きは、台湾企業にとって大きな脅威である。そこで、台湾企業はさまざまな対策を講じている。例えば台積電は、賃金水準をアメリカの半導体企業と同等にしたり、メンター制度を導入するなどの対策を取っているという(『天下雑誌』2011.10.5:61頁)。

おわりに

　以上、本章では、台湾において理系人材が不足していることを指摘し、その要因を見たのちに、台湾における理系人材育成政策と海外からの人材導入政策、さらに台湾企業・中国企業相互の人材獲得の動きについて論じ、台湾の理系人材の現状に迫ってきた。本節ではこれらを総括する。

　まず、理系人材の不足の要因としては、第1に、労働市場に供給されている新卒者の専門分野と産業界の需要する専門分野の間とのミスマッチがあった。第2に、労働市場に供給されている人材が企業の求める人材のレベルに達していないことによるミスマッチがあった。それは1つには高等専門学校から昇格した大学の教育の質および卒業生の質に起因するものであり、また1つには、

企業において修士修了レベルの人材の需要が高まっているにもかかわらずその供給が追いついていないことに起因するものであった。第3に、企業が新卒ではなく経験者を求めるというミスマッチがあった。

また、現在の台湾政府の理系人材政策の基本方針は、長期的には国内で育成することで充足を図るが、短期的には不足分を海外から招致することで補う、というものであった。前者の台湾内での育成政策としては、産学が連携しての人材育成の強化、修士修了レベルの人材の増強などが進められていた。後者の海外からの招致としては、第1に、ウェブサイトや求人訪問団によるものがあった。これは不足している理系人材の数の補填という目的と、海外の進んだ技術獲得という目的とを併せ持つものと考えられた。また第2に、台湾では希少な先端技術を得るための高度な人材の招致がなされていた。こちらの目的は、人材の数の補填というよりは、むしろ海外の進んだ技術の獲得にあった。

さらに、台湾と中国の企業の間では、相互に人材獲得を図る動きが始まっていた。台湾企業が中国の人材を欲するのは、台湾で不足している理系人材の数の補填のためであり、他方で中国企業が台湾の人材を欲するのは、台湾人の持つ先端技術や能力を求めてであると考えられた。

しかし、本章で見てきたように、台湾政府が海外人材を招致する政策を講じ、また台湾企業も人材の流出防止に努めるなどしていても、実は台湾の人材は全体で見ると流出超となっている、と言われている。

2011年8月に、中央研究院[40]院長、台湾大学の学長、台達電子の董事長など、台湾を代表する知識人・財界人ら18人が連名で、台湾からの人材流出を憂慮する「人才宣言」を中央研究院から発表した[41]。この宣言は、過去10年間に台湾に合法的に居留したホワイトカラーの外国人は約2万人にすぎない一方で、海外に出て行く台湾人は毎年2〜3万人にものぼっており、その大部分がホワイトカラーであることを述べた上で、台湾は人材の純輸出国になっていると警鐘を鳴らしたものである。その上で同宣言は、台湾政府に人材流出防止や人材確保の施策を求めている。もとよりこの宣言で言うところの「ホワイトカラー」は必ずしも理系人材だけに限定されてはいないものの、理系人材もかなりの程

度含まれていると考えられる。そうであれば、台湾政府が育成政策や海外からの導入政策を講じ、台湾企業も流出防止を図っていても、実際には理系人材が不足している状況は解決しないばかりか、今後さらに深刻になる可能性も否定できない。

　台湾の理系人材の状況はどのようになっていくのか。今後も注視していく必要があると考えられる。

注
1) 本稿においては、台湾の固有名詞や政府機関名は、本文中では該当する日本の漢字での表記とし、鍵括弧内、出所、および参考文献リストでは台湾の繁体字を用いる。
2) 本稿においては、「理系人材」を、理系の高等教育を受けた人材、という意味で用いる。
3) 学部学生：教育部統計處　重要教育統計資訊 http://www.edu.tw/files/site_content/B0013/overview04.xls（2009年2月6日および2011年12月30日アクセス）。
　修士課程学生：同 http://www.edu.tw/files/site_content/B0013/overview05.xls（2009年2月6日および2011年12月30日アクセス）。
　博士課程学生：同 http://www.edu.tw/files/site_content/B0013/overview05-1.xls（2009年2月6日および2011年12月30日アクセス）。
4) 経済部の人材育成担当の常務次長へのインタビュー（2008年3月17日）、および中華経済研究院国際研究所所長へのインタビュー（2008年3月18日）による。なお、経済部とは、日本の経済産業省に相当する政府機関で、常務次長とは副大臣に相当する役職である。
5) 行政院経済建設委員会人力規画処処長へのインタビュー（2008年3月18日）による。なお、行政院経済建設委員会人力規画処とは、人材政策を担当する政府機関である。
6) 専科とは、中学卒業後に進学するのが一般的な、5年制の教育機関である。
7) この昇格は、「專科學校法」の改正によるものである（行政院經濟建設委員會人力規劃處 2008）。
8) 教育部統計處　主要統計表 http://www.edu.tw/statistics/content.aspx?site_content_sn=8869（2011年12月22日アクセス）。

9） 行政院経済建設委員会人力規画処処長へのインタビュー（2008年3月18日）による。
10） 工業技術研究院とは、製品開発に直結する実用的な技術を開発するために、政府が設立した研究機関である。
11） 筆者によるインタビュー（2008年3月17日）による。
12） 行政院主計處　時間數列統計表 http://www.dgbas.gov.tw/ct.asp?xItem=17144&ctNode=3246（2011年12月22日アクセス）。
13） 経済部常務次長へのインタビュー（2008年3月17日）による。
14） 修士以上の学歴の人材の不足を反映してか、1111人力銀行による2007年の新規入職者への賃金調査では、修士の学歴を持つ者の平均賃金は4万1,984台湾元と、学部卒の者の2万9,698台湾元より1万2,286台湾元（41.4％）も高くなっていた（『中國時報』2008．2．5）。
15） インタビュー時の配布資料には、ページが付されていなかった（以下同じ）。
16） 台湾のノートパソコン大手メーカーA社副社長へのインタビュー（2004年2月16日、2007年8月29日）、台湾の光磁気ディスクドライブ等のデバイスのメーカーC社の営業担当者へのインタビュー（2004年2月17日）による。
17） 前述した、複数の台湾企業へのインタビューにおける、ある程度経験を積んだ者は獲得が困難であるとの発言もこれを裏付ける。
18） 経済部常務次長へのインタビュー（2008年3月17日）による。
19） この法律とは、「大學聘任專業技術人員担任教學辦法」である（行政院經濟建設委員會人力規劃處 2008）。
20） この補助金の2007年度の総額は、4,840万台湾元にのぼっているという。
21） 交通大学および清華大学は中国にもあるが、台湾にもある。
22） この訓練プログラムの期間は、技術の種類により、2～3日から7週間までさまざまであるという（新竹科学工業園区管理局副局長、公関室副研究員へのインタビュー（2008年3月17日）による）。
23） 中華経済研究院国際研究所研究員へのインタビュー（2008年3月18日）による。
24） 開南大学学長へのインタビュー（2008年3月17日）による。
25） URL は http://hirecruit.nat.gov.tw/english/index.asp である（2011年12月30日アクセス）。
26） 經濟部投資業務處 http://www.dois.moea.gov.tw/main.asp（2011年12月30日アクセス）。なお、以上の、他国からの海外人材の誘致についての詳細は、中原（2010）を参照されたい。
27） この国家実験研究院への海外人材の招致については、本稿では紙幅の都合上詳

述できないため、中原（2009）を参照されたい。
28) 出国留学生数および学部生・大学院生数は、教育部統計處　重要教育統計資訊 http://www.edu.tw/statistics/content.aspx?site_content_sn=8956（2011年12月30日アクセス）。
29) この帰国者数は、1999年を最後に集計されていない。このこと自体が、台湾における海外からの帰国者のプレゼンスの低下を意味していると考えられる。
30) 中華経済研究院国際研究所研究員へのインタビュー（2008年3月18日）による。
31) 「研究開発従事者」の原語は"R & D personnel"、「研究者」の原語は"researcher"である（OECD 2010：p. 30）。なお、これらの数字には、理系のみならず、文系の数字も含まれている。
32) Doz *et al.*（2006）、Leiponen and Helfat（2006）、Singh（2008）など。詳しくは中原（2011）を参照されたい。
33) 初年度である2011年度の受け入れ大学は90大学で、学生総数は933人であった（『天下雑誌』2011.10.19：60-61頁）。
34) この中国企業の動きの背景には、高度な人材を海外から招致して国の競争力を高めようという中国政府のポリシーがある。例えば中国政府は、2008年から千人計画という政策を実施し、海外で博士号を獲得した人材1,000人の招致を目指している（千人計画 http://www.1000plan.org/：2011年12月30日アクセス）。
35) 中華経済研究院国際研究所所長へのインタビュー（2008年3月18日）による。また、中国企業だけでなく、在中国の外資系企業で働く台湾人も出てきている。こうした、台湾人が中国に行き就労する動きは、台湾では「人才西進」と呼ばれている（『經濟日報』2008.9.5）。
36) 行政院経済建設委員会人力規画処処長へのインタビュー（2008年3月18日）による。
37) その投資件数と金額は、2009年度は23件で3億7,486万ドル、2010年度は79件で9億4,345万ドル、2011年1～8月は72件で3億1,457万ドルである（行政院大陸委員會 2011：32頁）。
38) 前職の5倍近い給与を提示する中国企業すらあるという。というのは、「薪資平移」というポリシー（前職の台湾元での給与の数字をそのまま、単位のみを人民元にした額を提示するもの。例えば前職の給与が5万台湾元なら5万人民元）を採る中国企業もあるからである（『天下雑誌』2011.10.5：58-59頁）。1人民元は約4.78台湾元であるため（2011年12月22日現在）、給与は前職の5倍近くになることになる。
39) 先述の永力達の総経理は、これを「借力台湾」という言葉で表現している（『天

下雑誌』2011．4．6：132-133頁)。
40) 中央研究院とは、台湾政府総統府に直属する学術研究機関である。
41) 中央研究院電子報 http://newsletter.sinica.edu.tw/news/read_news.php?nid=5977（2011年12月30日アクセス）。

参考文献
〈英語文献〉

Doz, Yves, Keeley Wilson, Steven Vedhoen, Thomas Goldbrunner, and Georg Altman (2006) *Innovation: Is Global the Way Forward?* A joint study by Booz Allen Hamilton and INSEAD.

EIU (Economist Intelligence Unit) (2004) *Scattering the Seeds of Innovation: the Globalization of Research and Development*, London: The Economist Intelligence Unit.

Leiponen, Aija and Constance E. Helfat (2006) "When Does Distributed Innovation Activity Make Sense? Location, Decentralization, and Innovation Success," *Discussion Papers*, 1063, The Research Institute of the Finnish Economy.

National Science Foundation (1998) "International Mobility of Scientists and Engineers to the United States – Brain Drain or Brain Circulation?" *Issue Brief*, NSF 98-316, June 22, Revised November 10.

OECD (2002) *Frascati Manual: Proposed Standard Practice for Surveys on Research and Experimental Development*, Paris.

―――― (2010) *Main Science and Technology Indicators*, 2010 (1), Paris.

Saxenian, AnnaLee (1999) *Silicon Valley's New Immigrant Entrepreneurs*, San Francisco: Public Policy Institute of California.

Singh, Jasjit (2008) "Distributed R & D, cross-regional knowledge integration and quality of innovative output," *Research Policy*, 37: 77-96.

Sun, Yifei, Maximilian von Zedtwitz and Denis F. Simon (2007) "Globalization of R & D and China: An Introduction," *Asia Pacific Business Review*, 13 (3): 311-319.

Walsh, Kathleen A. (2003) *Foreign High-Tech R & D in China: Risks, Rewards, and Implications for U. S.-China Relations*, Washington: The Henry L. Stimson Center.

―――― (2007) "China R & D: A High-Tech Field of Dreams," *Asia Pacific Business Review*, 13 (3): 321-335.

〈日本語文献〉

ジェトロ（2010）『ジェトロ世界貿易投資報告　2010年版』（第2部　国・地域別編Ⅲ　アジア・大洋州　台湾）http://www.jetro.go.jp/world/gtir/2010/pdf/2010-tw.pdf（2011年12月30日アクセス）

─────（2011）『ジェトロ世界貿易投資報告　2011年版』（第2部　国・地域別編Ⅲ　アジア・大洋州　台湾）http: //www.jetro.go.jp/world/gtir/2011/pdf/2011-tw.pdf（2011年12月30日アクセス）

中原裕美子（2009）「地域協力による科学技術人材不足補填の試み──台湾の事例──」『北東アジア研究交流ネットワーク年報』第3号、36-41頁

─────（2010）「台湾ICT人材の国際移動の新段階」夏目啓二編『アジアICT企業の競争力』ミネルヴァ書房、180-195頁

─────（2011）「後発工業国企業による後発工業国における研究開発──中国における台湾企業とインド企業を事例に──」『産業経営研究所報』第43号、89-107頁

〈中国語文献〉

蔡靚萱（2007）「高科技缺工問題大解密─科技人力政策在搞什麼飛機？」『財訊』第302期、94-96頁

陳銘煌（2003）「新竹科學工業園區之開發模式與營運績效」『臺灣經濟金融月刊』第39卷第8期、42-51頁

陳信宏（2005）「兩岸的產業競合已經超越製造生產層次」『經濟前瞻』第100期、100-105頁

陳信宏・林秀英（2006）「國際人才流動趨勢與台灣的發展隱憂」經濟部投資業務處全球台商服務網 http://twbusiness.nat.gov.tw/asp/superior9.asp（2010年8月30日アクセス）

杜英儀（2011）「高等教育擴張與大學青年的失業問題」『經濟前瞻』第137期、40-44頁

『e天下』「高科技人才荒「奈利時代」如何能力盤點？」第47期、2004年1月、152-155頁、「臺北、新竹、臺中、臺南　科技園區造臺灣4大金都」第57期、2005年9月、54-85頁

洪志明（2006）「兩岸高科技人才交流現況　科技產業的臺灣心大陸情」『電子技術』第248号、18-20頁

教育部統計處（1999）『中華民國教育統計　民國八十八年度版』台北

經濟部工業局（2008）『經濟部常務次長へのインタビュー（2008年3月17日）時の配布資料』

郭勉雲（2007）「臺灣延攬海外科技人才的策略歷程與未來展望」『臺灣經濟研究月刊』第30卷第2期、64-71頁
羅華美（2007）「我國產業人才培育之現況與問題面面觀」『臺灣經濟研究月刊』第30卷第2期、15-24頁
呂曜志（2008）「全球人口移動趨勢對我國海外人才戰略之啟示」『臺灣經濟研究月刊』第31卷第3期、92-100頁
『天下雜誌』「新移民潮：菁英」第160期、1994年9月1日、34-49頁、「花大錢、給舞台搶世界人才」第481期、2011年9月21日、100-124頁、「2011標竿企業声望調査　深情育才　留才新典範」第482期、2011年10月5日、58-66頁、「陸生來台　企業錢搶人才」第483期、2011年10月19日、60-62頁
錢思敏（2011）「未來產業發展優化之人才挑戰」『臺灣經濟研究月刊』第34卷第10期、68-75頁
王素彎（2008）「台湾科技人力現況」『經濟前瞻』第116期、39-44頁
新竹科學工業園區管理局（2008）『新竹科學工業園區管理局副局長へのインタビュー時（2008年3月17日）の配布資料』
行政院大陸委員會（2011）『兩岸經濟統計月報』第225期、台北
行政院經濟建設委員會（2006）『我國　94-104年　科技人力供需分析』行政院經濟建設委員會九十四年度自行研究
行政院經濟建設委員會人力規劃處（2008）『行政院經濟建設委員會人力規劃處へのインタビュー（2008年3月18日）時の配布資料』
行政院科技顧問組（2006）『台灣產業科技人才供需總體檢　2007-2009』http://www.stag.gov.tw/content/alication/stag/meeting_data/download.php?cnt_id=625（2011年12月30日アクセス）
行政院青年輔導委員會『回國學人及留學生服務狀況之研究分析　青年人力研究報告之三十六』台北
行政院主計處（2010）『99年事業人及僱用狀況調查結果綜合分析』台北
阮炳嵐・耿紹勛・陳昱志（2006）「從兩岸人才交流觀點探討我國科技人力資源培育問題」『國立虎尾科技大學學報』第25卷第1期、43-53頁
楊家彥（2003）「專題報導――臺灣科技人力資源發展的主要課題與對策」『經濟情勢產業動態透析季刊』第20期、59-70頁
『中國時報』（2008年2月5日付）
『經濟日報』（2008年9月5日付）
左正東（2007）「開放中國大陸科技和商務人才來臺的政策變遷分析」『遠景基金會季刊』第8卷第2期、171-206頁

第9章　日・韓・台エレクトロニクス企業の研究開発活動
——イノベーション課題とその現代的特徴——

關　智一

はじめに

　イノベーションとは、新たな生産関数の導入を意味する。よって、イノベーションの目的は、生産効率を高め生産能力を増大させることにある。しかし、イノベーション活動におけるインプットとアウトプットの関係は、常に正の相関を描き出すわけではない。すなわち、研究開発投資（＝インプット）の増大化が、必ずしもその成果としての企業利益（＝アウトプット）の増大化へとつながらないケースは、確かに存在している。

　近年こうした傾向は、エレクトロニクス産業（本章では電子・電気機器およびテクノロジーハードウェア・機器産業に限定）において顕著である。なぜならば、同産業における競争激化とそれに伴う市場拡大は、さらなるグローバルな企業間競争を呼び起こし、上記のようなイノベーション活動における"課題"を、よりいっそう際立たせているからである。

　本章では、こうしたエレクトロニクス産業のイノベーション課題とその現代的特徴について、日本・韓国・台湾の主要企業6社をケースに検討を行う。それぞれのイノベーション活動への比較考察を通じ、奇しくも明らかにされた点とは、まさに同上のイノベーション課題そのものに直面する日本企業の姿であり、逆にそうした日本企業とは異なる韓国・台湾企業の姿であった。そして、こうした複数の異なる企業モデルが混在している点、さらにはそうした課題認

識の前提となるイノベーション観そのものが疑問視される点のなかにこそ、エレクトロニクス産業の現代的特徴を見出すことができる、と考えられる。

1. エレクトロニクス産業の現況——R & D Scoreboard をデータベースとして——

本章では、エレクトロニクス産業を考察対象として取り上げる。

エレクトロニクス産業の定義はさまざまであるが、本章では電子・電気機器（Electronic & electrical equipment）産業およびテクノロジーハードウェア・機器（Technology hardware & equipment）産業の総称と位置付け、中でも日本・韓国・台湾の主要エレクトロニクス企業を具体的なケースとして取り上げる。そして、研究開発（Research and Development：R & D）に関連する経営分析から得られる知見を基に、各社のイノベーション課題への比較考察を通じてエレクトロニクス産業の現代的特徴を描き出すこと、それこそが本章の考察テーマに他ならない。

ではそうした考察のベースとなるデータであるが、本章では英国のビジネス・イノベーション・職業技能省（Department for Business Innovation & Skills：BIS）が提供している *THE TOP 1,000 UK AND 1,000 GLOBAL COMPANIES BY R & D INVESTMENT*（以下 The R & D Scoreboard）の「Global Company Data」を使用する。同 Data では全世界の企業を対象に毎年、研究開発投資（R & D Investment）額の上位1,000社をピックアップし、そのランキングを公表している。

まずは電子・電気機器産業およびテクノロジーハードウェア・機器産業に関する情報を整理することとしたい。両産業グループ（Industry group）は、ICB コードによる産業表記（Industrydescription）によると、それぞれさらに細分化されることとなる（表9-1参照）。例えば、The 2010 R & D Scoreboard：Global Company Data の産業グループにて、電子・電気機器を構成する産業表記の内訳とその各比率は、電子機器（Electronic equipment）60.4%、

第9章　日・韓・台エレクトロニクス企業の研究開発活動　205

表9-1　本章におけるエレクトロニクス産業の定義

総　称	産業グループ	産業表記	ICBコード
エレクトロニクス産業	電子・電気機器	電子機器	2737
		電気部品・機器	2733
	テクノロジーハードウェア・機器	電気通信機器	9578
		半導体	9576
		コンピュータハードウェア	9572
		電子事務機器	9574

出典：Department for Business Innovation & Skills, *The 2010 R & D Scoreboard* から作成。

電気部品・機器（Electrical components & equipment）39.6％、であった。同じく産業グループにてテクノロジーハードウェア・機器を構成する産業表記の内訳とその各比率は、電気通信機器（Telecommunications equipment）36.1％、半導体（Semiconductors）34.1％、コンピュータハードウェア（Computer hardware）21.9％、電子事務機器（Electronic office equipment）7.9％、であった。

次に電子・電気機器産業グループを構成する企業国籍別の研究開発投資額の割合について見ると（＝「エレクトロニクス産業を構成する企業国籍別の研究開発投資額の割合」）、日本企業が34.4％と最も多く、続いて韓国企業の22.1％、ドイツ企業の16.7％、米国企業の7.3％、台湾企業の6.8％、の順であった。同じくテクノロジーハードウェア・機器産業グループを構成する企業国籍別の研究開発投資では、米国企業が47.2％と最も多く、続いて日本企業の18.4％、フィンランド企業の7.5％、台湾企業の4.5％、オランダ企業の4.3％、の順であった（図9-1参照）。

すなわち、全体のうち日本・韓国・台湾企業の占める割合は、電子・電気機器産業グループにおいて優に過半数を超えており、テクノロジーハードウェア・機器産業グループにおいてもそれには及ばないまでも、十分なプレゼンスを有していることがわかる。

ここから、後出する個別企業の分析では、電子・電気機器産業グループより日本企業の代表としてシャープ（Sharp：2009年の研究開発投資3位、日本企

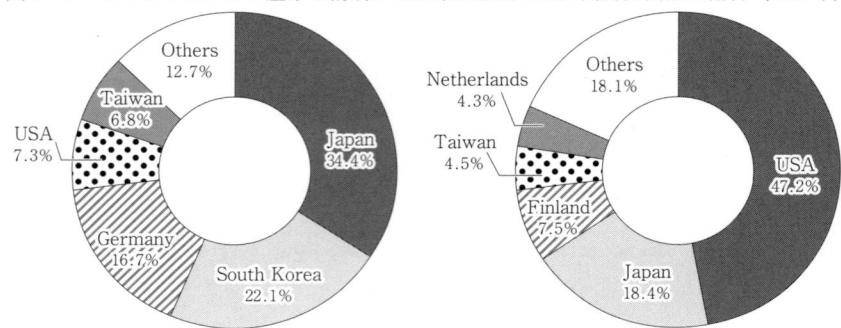

図9-1　エレクトロニクス産業を構成する企業国籍別の研究開発投資額の割合（2009年）

左図：
- Japan 34.4%
- South Korea 22.1%
- Germany 16.7%
- Others 12.7%
- USA 7.3%
- Taiwan 6.8%

右図：
- USA 47.2%
- Japan 18.4%
- Others 18.1%
- Finland 7.5%
- Taiwan 4.5%
- Netherlands 4.3%

出典：Department for Business Innovation & Skills, *The 2010 R & D Scoreboard* から作成。
注：左図が電子・電気機器産業グループ79社、右図がテクノロジーハードウェア・機器グループ152社。

業としては1位）、韓国企業の代表として三星電子（Samsung Electronics；2009年の研究開発投資1位、韓国企業としても1位）、台湾企業の代表として鴻海精密工業（Hon Hai Precision Industry；2009年の研究開発投資9位、台湾企業としては1位）、をそれぞれ取り上げる。

同じくテクノロジーハードウェア・機器産業グループからも、日本企業の代表として日立製作所（Hitachi；2009年の研究開発投資4位、日本企業としては1位）、韓国企業の代表としてハイニックス半導体（Hynix Semiconductor；2009年の研究開発投資36位、韓国企業としては1位）、台湾企業の代表として台湾積体電路製造（Taiwan Semiconductor Manufacturing Company：TSMC；2009年の研究開発投資37位、台湾企業としては2位）、をそれぞれ取り上げる。

ちなみに、テクノロジーハードウェア・機器産業グループにおける2009年の研究開発投資において、台湾企業として第1位にランクインしていたのは聯発科技（MediaTek）であったが、本章では2005〜08年の過去4年間に第1位であったTSMCを選定するに至った。これは本章での考察が、少なくとも過去5年以上の財務データへの経営分析を基にしていることに起因している。よって、電子・電気機器産業グループにおける日本企業の場合も、2005〜06年の第

1位であった富士フイルム（FUJIFILM）ではなく、2007〜09年の過去3年間に第1位であったシャープを選定している。

2．エレクトロニクス企業の研究開発活動——日・韓・台企業6社をケースとして——

(1) 研究開発投資と営業利益率

　近年のエレクトロニクス産業におけるグローバルな企業間競争は、同産業の市場の急拡大とともにその勢いを増すばかりである。

　そうした状況は、選定したエレクトロニクス企業6社の研究開発投資額の推移（＝「エレクトロニクス企業6社の研究開発投資と売上高営業利益率の推移」）からも見て取れる（図9-2参照）。若干の相違はあるものの、研究開発投資が総じて増大化傾向にあることは明らかである。しかし、近年のエレクトロニクス産業の競争環境の激化を論じるには、単にインプットの増大化傾向のみを指摘するのでは不十分であり、ここにアウトプットの視点を組み込む必要がある。

　例えば、2008〜09年における電子・電気機器産業グループ3社に顕著であるが、その研究開発投資額の推移とともに売上高営業利益率の推移を眺めてみると、前述したように3社ともに研究開発投資額では増大化傾向にあるにもかかわらず、売上高営業利益率では三星の急上昇、鴻海の上昇、そしてシャープの急低下と、アウトプットにおける三者三様の現況が浮き彫りになる。つまり、インプットの増大化傾向を同じにしながらも、アウトプットに大きな差異を生み出しているという点にこそ、現在のエレクトロニクス産業における競争激化の主要因——2つの可能性——が隠されていると考えられる。

　それは、研究開発投資額がそのまま利益率を押し上げる可能性とともに、研究開発投資額にかかわらず利益率を押し上げる可能性の両方を、近年のエレクトロニクス産業が併せ持つからであると言えよう。そしてこの2つの可能性の

図9-2　エレクトロニクス企業6社の研究開発投資と売上高営業利益率の推移（2004〜2009年）

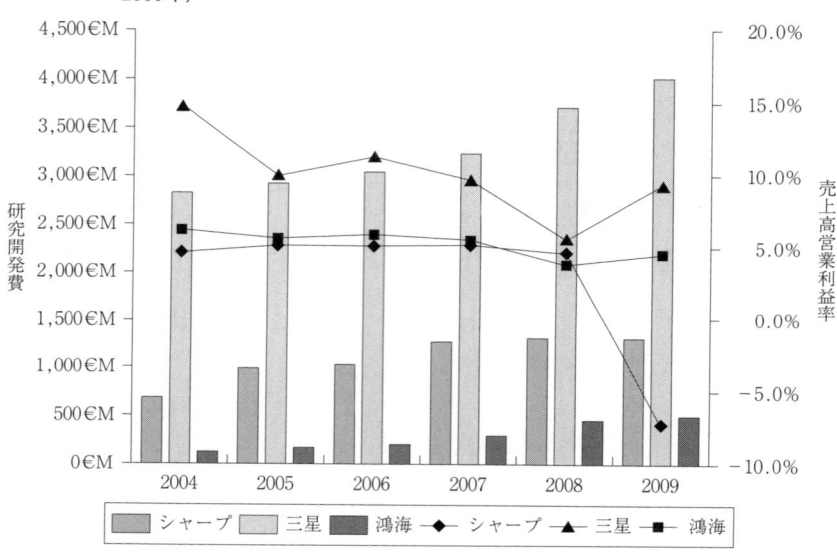

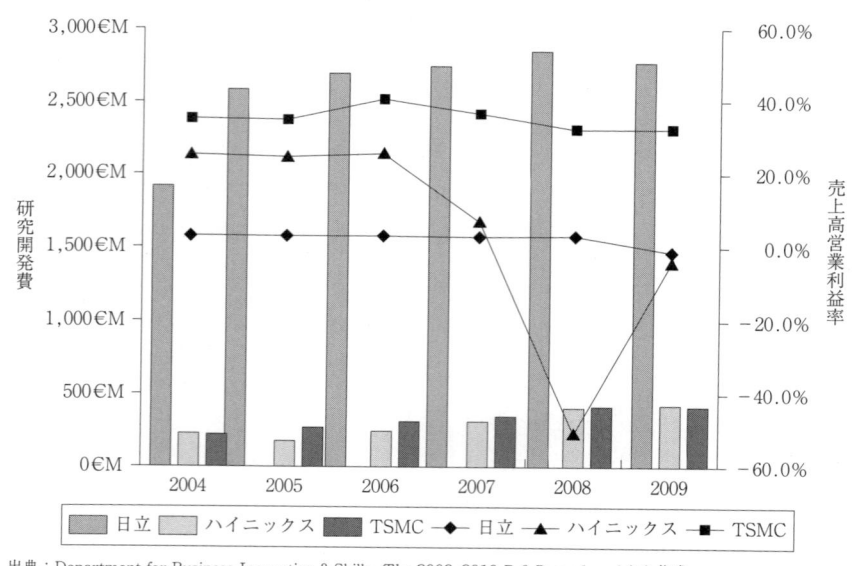

出典：Department for Business Innovation & Skills, *The 2003-2010 R & D coreboard* から作成。
注：上図は電子・電気機器産業グループ3社、下図はテクノロジーハードウェア・機器産業グループ3社。

いずれかを求めて、世界中の企業が市場参入を目指す点にこそ、近年のエレクトロニクス産業におけるグローバルな企業間競争の激化の主要因である、と考えられるのである。

(2) 研究開発集約度と研究開発効率

一般に、規模の異なる企業をケースとしてその経営の巧拙を比較する際、経営分析指標を援用することが効果的である。本章の考察目的に照らし合わせれば、やはり研究開発活動が企業収益に与える効果を表す、研究開発集約度や研究開発効率といった経営分析指標を活用するのが適切である。まずは、そうした指標やそれらを活用した分析について、紹介したい。

研究開発集約度とは、売上高研究開発費率の別名であるが、これを横軸に、縦軸には売上高営業利益率をそれぞれ据え、散布図としてまとめたものが「エレクトロニクス企業6社の研究開発集約度と売上高営業利益率の推移」である（図9-3参照）。これにより、売上高の規模に比して、どの程度の研究開発費を投じ、どの程度の営業利益を生み出し得たか、を複眼的に把握することができる。また2005年を基準に、2007年、2009年のポジションとその変化の推移を見ることで、近年の傾向を把握することも可能となる。

　　研究開発集約度の定義
　　　→　売上高に対する研究開発投資の割合
　　研究開発集約度の算出式
　　　→　研究開発費／売上高

次に研究開発効率とは、基本的には営業利益を研究開発費で除したものであるが、その算出式は論者ごとに異なりを見せており、その意味では定義そのものも曖昧なままにある。

例えば、代表的な先行研究として、村上（1999）が挙げられるが、そこでの研究開発効率の算出式は、「5年間の累積営業利益／その前5年間の累積研究

図9-3 エレクトロニクス企業6社の研究開発集約度と売上高営業利益率の推移（2005・2007・2009年）

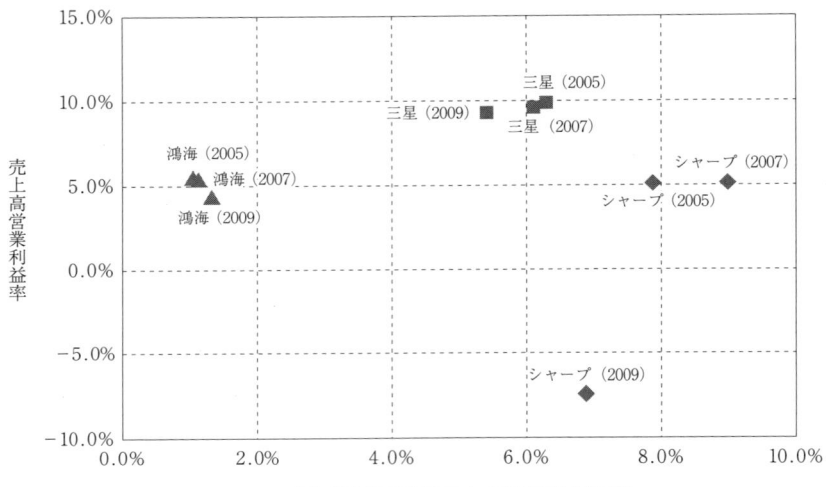

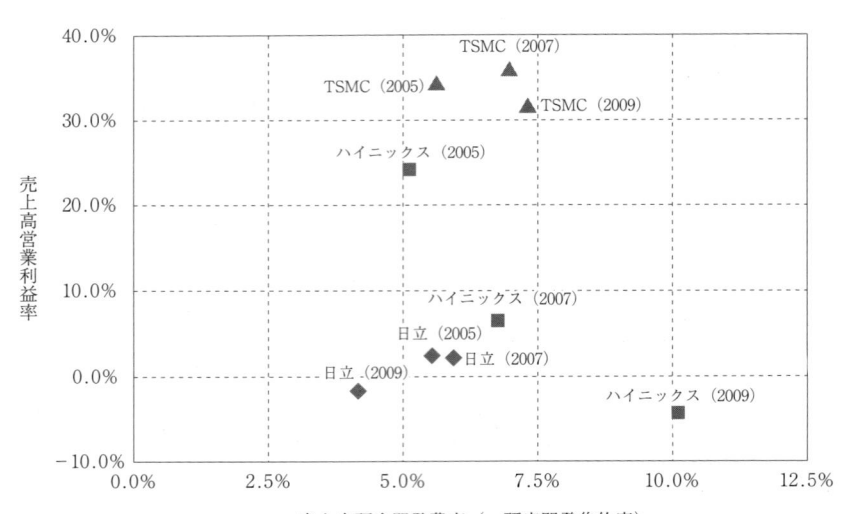

出典：Department for Business Innovation & Skills, *The 2003-2010 R & D Scoreboard* から作成。
注：1）括弧内の数値は各年を指す。
　　2）売上高研究開発費率＝研究開発費／売上高＝研究開発集約度。
　　3）上図は電子・電気機器産業グループ3社、下図はテクノロジーハードウェア・機器産業グループ3社。

開発費」、である。しかし、経済産業省が委託して行われたUFJ総合研究所（2005）の調査（=「研究開発促進税制の経済波及効果に係る調査」）によると、「企業の事業における平均像として、研究開発期間の平均が2.9年（1990～99年のデータ）、市場投入までの期間の平均が1.2年（2000年以降のデータ）、収益計上期間の平均が4.1年（1990～99年のデータ）となっている」[1]として、後述するように、みずほ総合研究所（2010）では村上（1999）とは異なる研究開発効率の算出式（後述）を採用している。

本章では、みずほ総合研究所（2010）の定義および算出式に倣い、「研究開発に対する企業の事業成果」を「定量的に」表すべく、「3年間の研究開発活動が、1年のラグの後、次の4年間の企業収益に影響を与えると想定」している[2]。つまり、2002～2004年の累積研究開発費をもって、2006～09年の累積営業利益を除することで算出された数値を、本章における2009年の研究開発効率として位置付けている。そして、横軸に前者の累積研究開発費、縦軸に後者の累積営業利益をそれぞれ据え、散布図としてまとめたものが「エレクトロニクス企業6社の営業利益と研究開発費、研究開発効率」である（図9-4）。

　研究開発効率の定義
　　→ 研究開発投資に対する営業利益の割合
　研究開発効率の算出式
　　→ 過去4年間の累積営業利益／8年前から6年前までの累積研究開発費

では次に、それぞれの散布図から見出し得る、エレクトロニクス企業6社の比較考察を行うこととしたい。まずは研究開発集約度と売上高営業利益率の推移について、電子・電気機器産業グループ3社では、総じて研究開発集約度と売上高営業利益率の低下傾向および連動傾向が指摘できる。しかし一方では、三星と鴻海が一定のポジションを崩していないのに対し、他方ではシャープのポジションに大きな変動が見られ、売上高営業利益率の大幅な低下が際立っている。

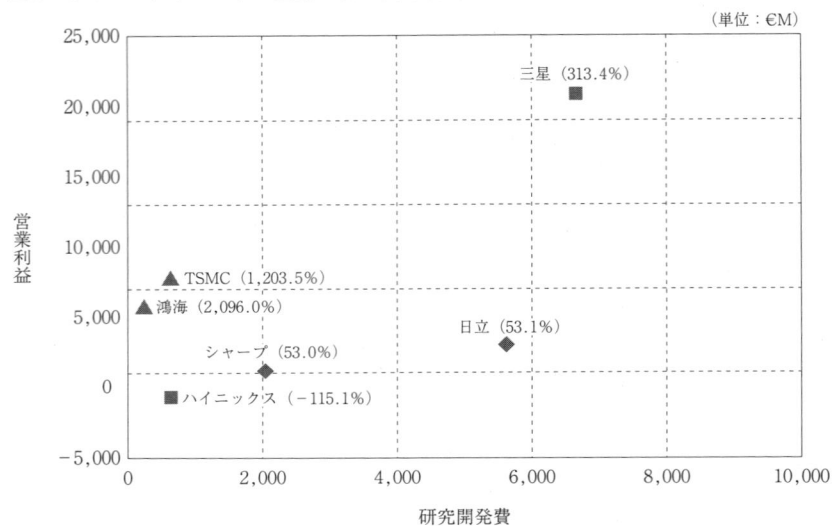

図9-4　エレクトロニクス企業6社の営業利益と研究開発費、研究開発効率（2009年）

（単位：€M）

縦軸：営業利益、横軸：研究開発費

データ点：
- 三星（313.4%）：研究開発費 約6,500、営業利益 約21,000
- TSMC（1,203.5%）：研究開発費 約500、営業利益 約6,500
- 鴻海（2,096.0%）：研究開発費 約300、営業利益 約5,500
- 日立（53.1%）：研究開発費 約5,500、営業利益 約3,000
- シャープ（53.0%）：研究開発費 約2,000、営業利益 約1,000
- ハイニックス（-115.1%）：研究開発費 約2,000、営業利益 約0

出典：Department for Business Innovation & Skills, *The 2003-2010 R & D Scoreboard* から作成。
注：1）括弧内の数値は2009年の研究開発効率を指す。
　　2）研究開発効率（2009）＝過去4年間の累積営業利益（2006〜09）／8年前から6年前までの累積研究開発費（2002〜04）。
　　3）横軸は研究開発費（2002〜04の累計値）、縦軸は営業利益（2006〜09の累計値）。

　こうした背景には、かつてシャープの独壇場であった液晶テレビ事業が「2008年3月期にピークアウト」[3]し、事業構造そのものの転換を迫られたことがあるとされる。シャープは液晶テレビ事業において、海外では三星やソニー（SONY）の後塵を拝しつつも、国内ではかろうじてトップシェアを誇っていたが、次第に国内でも激しい価格下落に見舞われると、その収益性は一気に悪化することとなった。それに比して、三星は前出の液晶テレビ事業の好調を受け、研究開発投資とともに大型設備投資を推し進め、そうしたインプットに見合うだけのアウトプットを、高い売上高営業利益率として具現化している。

　テクノロジーハードウェア・機器産業グループ3社では、今度は韓・台企業の動きが特徴的である。韓国のハイニックスは研究開発集約度こそ上昇傾向にあるものの、売上高営業利益率の低下傾向は著しく、DRAM専業メーカーで

あるが故に DRAM 価格の急落が大きく影響を与えている。近年、DRAM の販売価格は製造コストを割り込んでおり、まさしく作れば作るほど赤字が増える状況にあるとされる。ハイニックスはそうした悪循環に嵌り、その結果として2011年11月に同じ韓国のSK テレコム（SK Telecom）の傘下に組み込まれることとなった。

　それに対して、台湾の TSMC は研究開発集約度の上昇とともに、30パーセントを超える高い売上高営業利益率を維持し続けている。TSMC は、半導体の受託生産に特化した、いわゆるファウンドリー・メーカーである。ファウンドリー業界では、首位を走る TSMC、それを追う GLOBAL FOUNDRIES、そして2005年から同事業へと新規参入を果たした三星の、まさしく「三つ巴」の状況にある。電子機器の製造受託サービス（Electronics Manufacturing Service：EMS）で著名な鴻海と、TSMC のビジネスモデルそのものは近接しているものの、高い研究開発集約度において一線を画している。

　日立について見ると、前出のシャープとほぼ同様に、研究開発集約度と売上高営業利益率の低下傾向とその連動が確認できる。日立は2009年にプラズマテレビ用パネル生産から撤退を決めるなど、「弱い分野に見切り」[4]をつけ、事業の整理縮小に着手し始めている。しかし、こうした取り組みの成果は、まだ具現化してはいないようである。

　最後に、研究開発効率を利用した散布図から、改めてエレクトロニクス企業6社について比較考察を行うこととしたい。研究開発効率を用いるメリットとは、やはり現実の企業活動の実態に即した、長期的視点による研究開発活動への分析を可能とする点にある。すなわち、8年前から6年前までの累積研究開発費が、過去4年間の累積営業利益に影響を与えるとする研究開発効率による分析には、これまでの単年度の研究開発集約度による短期的視点からの分析の限界を克服する意図が込められている。

　では「エレクトロニクス企業6社の営業利益と研究開発費、研究開発効率」を基に、各社の「研究開発効率」について見ると、その値にはやはり大きな差が確認できる。例えば、台湾勢2社はともに受託製造というビジネスモデルか

ら、他社と比較して研究開発投資は低水準にあるが、逆にそのレバレッジが働き効率値は極端に高い結果となっている。また韓国勢2社では、業績悪化から買収という結果を招いたハイニックスは除くと、やはり三星の投資額は群を抜いており、そしてそうした研究開発活動への順当な見返りとしての効率値の高さが確認できる。残された日本勢2社を見ると、やはり研究開発投資に比しての営業利益の低さが目立ち、その効率値からは2社ともに2000年代のイノベーション活動全般が不調であったことを再認識せざるを得ない。

　各種経営分析の指標を基に、日・韓・台企業6社の研究開発活動比較から明らかにされた諸点について整理し、次節では本章における考察の最終的な見解を提示することとしたい。

3．エレクトロニクス産業におけるイノベーション課題とその現代的特徴

　これまでインプットの絶対量（額）で勝ってきた日本企業が、次第に効率性において一部の韓国企業や台湾企業の後塵を拝する結果となった背景には、どのようなメカニズムが働いていたと考えられるであろうか。

　例えば、「理論上達成可能と想定される企業経営の最大効率と現実との差」[5]の意である「X非効率性」（X-inefficiency）の概念を援用すると、本章での分析に限定しつつも、まさしく日本企業とは「理論上達成可能と想定される企業経営の最大効率」に「現実」が追い付いていない状態にある、と考えられる。一方、韓国企業は「理論上達成可能と想定される企業経営の最大効率」と「現実」が合致し、他方、台湾企業は「理論上達成可能と想定される企業経営の最大効率」よりも「現実」が優っている状態にある、と考えられる。

　すなわち、日本企業は研究開発投資の増大化によって企業収益の増大化を実現できていないのに対し、逆に韓国企業はそのプロセスを実現できている、ということである。そして、台湾企業はそうしたプロセスとは別次元で、結果として企業収益の増大化が実現されている、と考えられるのである。現代のエレ

クトロニクス産業の第1の特徴とは、まさしくこうした複数の異なる企業モデルが業界内に混在化している点である、と言える。

では日本企業は今後、韓国と台湾のどちらの企業モデルを志向すべきであろうか。これまでの伝統的なイノベーション観に照らし合わせれば、インプットの増大化をアウトプットの増大化へと直結させることが志向され、その流れからすれば韓国企業モデルが選択されるであろう。そして、それぞれのイノベーション課題とは、次のようになるであろう。すなわち、イノベーション活動を"転換"すべき日本企業と台湾企業に対し、現状のまま"持続"すべき韓国企業、である。ところが、話はそう単純ではない。これまでの議論の前提となる伝統的なイノベーション観そのものが、次第に疑問視され始めているのである。現代のエレクトロニクス産業の第2の特徴とは、研究開発投資の増大化が企業利益の増大化をもたらすという、インプットとアウトプットの正相関への懐疑論にほかならない。

　　企業を生まれ変わらせる責任を担っているとほとんどの人が考えている研究開発も、多くの場合は期待外れだ。マッキンゼー企業業績データベースに登録された企業を調査すると、Ｒ＆Ｄの経費（資金調達水準かリソースの増加）と株主が受け取る総利益の間に一般的な相関関係はない。もちろんこの結果は、産業によって大きく違い、製薬産業の場合、Ｒ＆Ｄと株主が受け取る総利益の間にはかなり強い相関関係がある。これこそが、これまで信じられてきた関係だ。…（中略）…コンピュータハードウェア、ソフトウェア、そして半導体…（中略）…に関して言えば、例の相関関係はなんと負の作用を持っているのだ！企業がＲ＆Ｄに経費を費やせば費やすほど、株主が受け取る利益は下がってしまうのである。なぜなら、これらの産業に新製品や革新をもたらすのは、主として他の企業からライセンス供与された技術（この手の産業では、特許のクロスライセンスが広く行われている）や企業買収であり、社内のＲ＆Ｄではないからだ[6]。

つまり、こうした新たなイノベーション観に基づくならば、先のイノベーション課題に関する議論は大きく変容することになる。すなわち、イノベーション活動を"転換"すべきは日本企業と韓国企業となり、逆に台湾企業は現状のまま"持続"すべき、となる。そして、いずれにせよイノベーション活動の"転換"を余儀なくされる日本企業にとって、参考とすべき企業モデルとは今度は台湾企業となる。

　例えば、東芝では最近になってパソコン事業出身の社長が就任したことにより、資材調達部門からの役員が生まれるなど、必ずしも自社設計に固執しないとする意思決定も次第に容易になりつつあるとされる[7]。まずは、組織改革によるトップマネジメントの発想の"転換"が急務ということだろうか、東芝の"転換"は、日本企業の今後進むべき方向性の1つの指針となる可能性を秘めている。しかし、韓国企業モデルと台湾企業モデルのどちらを選択すべきであるかは、ひとえに日本企業がどのようなイノベーション観を採用するかにかかっている。

　奇しくも、本章を執筆している最中の2012年3月27日、シャープは鴻海との資本業務提携に合意したことを発表した。これにより、鴻海側は発行済み株式の9.88％を取得し、事実上の筆頭株主となった。シャープの奥田社長は、「研究開発から生産、販売まですべて自前で手掛ける単独の垂直統合モデルには限界があった」[8]ことを潔く認め、まさしく同社のイノベーション活動の"転換"をも含めた、ビジネスモデルの刷新を大胆に進めることを明言している。同氏もまた国際資材本部の出身であり、単にシャープが強みとする「オンリーワンの商品を開発する力」だけでは「新しいビジネスや市場への対応力・スピード」にとって「不足」であることを強調している点で、前出の東芝における組織改革と相通じるものがある[9]。

　その意味では、今後ますます日本企業による台湾企業モデルへの接近が増えつつあるように思われる。しかし、株式時価総額（2012年3月27日時点）で見ると、鴻海（389億ドル）とシャープ（66億ドル）を合わせても、首位の三星（1,857億ドル）との差は大きく開いたままであり[10]、果たして日・台連合によ

る韓国勢への巻き返しが成功裡に終わるかどうか、すなわち日本企業による台湾企業モデル選択の是非については、予断を許さない状況にある。今後の動向を注意深く見守る必要がある。

最後に、そうしたイノベーション観にかかわらず、日・韓・台企業それぞれが抱え込む根本的なイノベーション課題が存在していることを忘れてはならないであろう。例えば、日本企業は一時的な業績回復の見返りに貴重な技術の流出や熟練労働者の安易な放出などを繰り返し[11]、韓国企業は極端な寡占構造を前提にした国内中小下請けへの価格支配を是認し続け[12]、台湾企業にいたっては劣悪な労働環境下での従業員の自殺騒動を多発させているなど[13]、いずれも企業経営体そのものの"存亡"に係る根本的な課題を抱え込んだままにある。

その意味では、こうした課題が改善されないまま現代的特徴を次々と追加していく点もまた、現代のエレクトロニクス産業の第3の特徴として位置付けられ得ると言えよう。

注
1) みずほ総合研究所（2010）15頁。
2) 同上、15頁。
3) 『日経ビジネス』2011年9月26日号、30頁。
4) 同上、39頁。
5) 砂川（2007）50頁。X非効率性について作者のライベンシュタイン自身は、次のように解説している。

    あるインプットが企業に配分されたとしよう。それらのインプットは当該企業内のさまざまな範囲で有効に使用される。それらが有効に使用されればされるほど、そのアウトプットも大きくなる。あるインプットが有効に使用されないとき、実際のアウトプットとそのインプットによってもたらされる最大のアウトプットとの差は、X非効率性の度合いを示す尺度となる（Leibenstein 1978：p. 17）。

6) フォスター＆カプラン（2002）291-292頁。この点に関しては、榊原・辻本（2003）6-8頁、を参考とした。
7) 『日経エレクトロニクス』2011年1月10日号、82頁。
8) 『日本経済新聞』2012年3月28日付。

9)　『日経産業新聞』2012年3月28日付。
10)　『日本経済新聞』2012年3月28日付。
11)　大西（2011）282頁。
12)　『週刊東洋経済』2011年10月1日号、89頁。
13)　同上、73頁。

参考文献
〈英語文献〉
Foster, Richard and Kaplan, Sarah（2001）, *Creative Destruction: from built-to-last to built-to-perform*, London: Prentice Hall（柏木亮二訳『創造的破壊――断絶の時代を乗り越える』翔泳社、2002年）
Leibenstein, Harvey（1978）, *General X-Efficiency Theory and Economic Development*, New York: Oxford University Press.
Department for Business Innovation & Skills, *The 2003-2010 R & D Scoreboard*, (URL http://webarchive.nationalarchives.gov.uk/20101208170217/http://www.innovation.gov.uk/rd_scoreboard/default.asp?p=31).

〈日本語文献〉
大西勝明（2011）『日本情報産業分析――日・韓・中の新しい可能性の追求』唯学書房
榊原清則・辻本将晴（2003）「日本企業の研究開発の効率性はなぜ低下したのか」『ESRI Discussion Paper Series No. 47』内閣府経済社会総合研究所
砂川和範（2007）「〈市場の見える手〉の触媒メカニズム――衰退産業にみる逆境を梃子にした成長戦略の論理」『産業経営研究』（日本大学経済学部）第29号
みずほ総合研究所（2010）「日本企業の競争力低下要因を探る――研究開発の視点からみた問題と課題」『みずほリポート』みずほ総合研究所
UFJ総合研究所（2005）『研究開発促進税制の経済波及効果に係る調査』（平成16年度産業技術調査報告書）UFJ総合研究所
『日経ビジネス』2011年9月26日号
『日経エレクトロニクス』2011年1月10日号
『週刊東洋経済』2011年10月1日号
『日本経済新聞』2012年3月28日付
『日経産業新聞』2012年3月28日付

第IV部　ファミリービジネス

第10章　台湾大企業における親族中核グループ問題

李　宋　栄

はじめに

　アジアの企業グループに関する研究は、学術界において絶えず人気のあるテーマである（Hamilton and Biggart 1988；Luo and Chung 2005）。中でも、台湾と韓国の大企業グループの多くは親族支配が続いており、これら親族間のネットワークも分家や姻戚によって強固に絡み合っているため、社会学者たちによって注目され、そのネットワークの特色や影響が研究の対象とされてきた（李宗栄 2011；Han 2008；Numazaki 1992, 2000）。台湾の場合、多くの大企業グループ間に形成された複雑な姻戚ネットワークに関して、無作為にある一族の系譜をたどって調べていくと、大企業グループ間の姻戚関係が延々と広がり、その境界の線引きが非常に難しいことがわかり、その影響の及ぶ範囲を理解することであろう。図10-1は台湾のメディアや作家たちにより頻繁に取り上げられる閨閥図で、その中には有名ないわゆる「旧五大家族」「新五大家族」「外四大家族」も含まれている（陳柔縉 1999：p. 15）。「旧五大家族」とは日本統治時代の五大一族、基隆の顔家・板橋の林家・霧峰の林家・鹿港の辜家・高雄の陳家を指す。「新五大家族」とは、元副総統の連戦一族・国泰の蔡家（後に霖園と富邦の2グループに分家）・新光の呉家・台南幇統一グループの呉家・永豊余の何家を指す。「外四大家族」とは、蒋介石親子・元副総統の陳誠と厳家淦の各一族、および元国防部長兪大維の母方の曽国藩に連なる一族を指す。

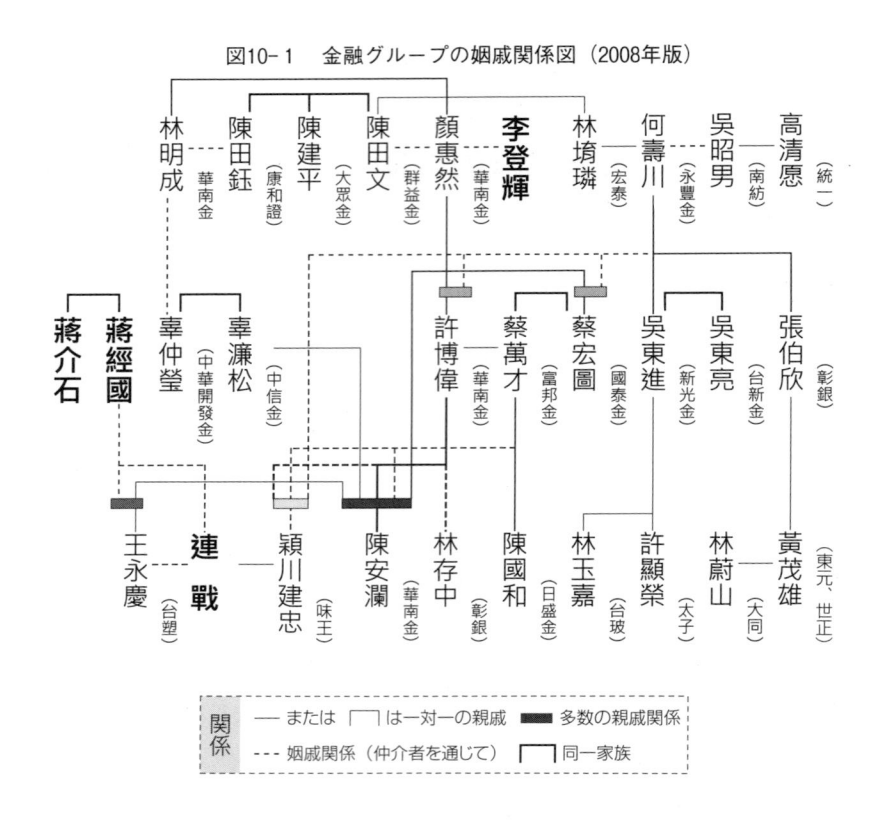

図10-1　金融グループの姻戚関係図（2008年版）

林明成 ― 陳田鉅（華南金） ― 陳建平（康和證） ― 陳田文（大眾金） ― 顏惠然（群益金） ― 李登輝（華南金） ― 林堉璘（宏泰） ― 何壽川（永豐金） ― 吳昭男（南紡） ― 高清愿（統一）

蔣介石 ― 蔣經國 ― 辜仲瑩（中華開發金） ― 辜濓松（中信金） ― 許博偉（華南金） ― 蔡萬才（富邦金） ― 蔡宏圖（國泰金） ― 吳東進（新光金） ― 吳東亮（台新金） ― 張伯欣（彰銀）

王永慶（台塑） ― 連戰 ― 穎川建忠（味王） ― 陳安瀾（華南金） ― 林存中（彰銀） ― 陳國和（日盛金） ― 林玉嘉（台玻） ― 許顯榮（太子） ― 林蔚山（大同） ― 黃茂雄（東元、世正）

関係　――または□は一対一の親戚　■多数の親戚関係
　　　---姻戚関係（仲介者を通じて）　□同一家族

歴史小説作家陳柔縉はこの14の一族が台湾の50年来の真の「核心的統治階級」であると称し、また歴代4人の総統と縁戚関係にある家族はわずか20で、いずれも名家であると指摘している（陳柔縉1999：p. 13）。

　興味深いのは、歴史小説作家たちが台湾を支配する統治階級が存在すると声を上げているにもかかわらず、このような指摘が研究者によって体系的に検証されてこなかった点である。社会階級の観点からすると、企業間の親族関係の程度と数の多寡は、階級論において階級グループ形成の有無を判断する際の重要な指標である。また、企業の入り組んだ親族関係と市場情報を通じて、如何に社会における「階級性」を厳密に評価するかというのは、疑いもなく大きな挑戦である。最近の研究では、台湾の市場には軽視できない、つながりの緊密

な親族関係にあるグループが存在するという指摘が見られる（李宗栄 2010）。そこではまた、異なる親族間の横のつながりの中に、台湾で最も重要な家族の金融持株会社やその他の有名企業が含まれていることも指摘されている。この他、500あまりの企業グループを対象とした大規模な統計分析研究でも、台湾の企業グループの外部における親族ネットワークの多寡は、各産業の特性と企業グループ内の一族支配、および企業に組み込まれた政商関係とともに、発展の背景として関係していることも明らかにされている（李宗栄 2011）。また、大企業グループや、技術や情報を独占・寡占して政府による管理の傾向があるグループでは、派生する親族ネットワークの数が比較的多いことも指摘されている。この研究成果は、階級論と制度論の観点の正しさを証明すると同時に、ポスト・インダストリアリズム論に対する反駁ともなっている。

　普通、作家たちは「上層階層」や「統治階級」という言葉で、台湾社会におけるエリート一族間で形成される連帯組織の存在を漠然と表現しているが、このグループが実際に影響を及ぼす程度や範囲に関しては、学術界でも研究が始められたばかりである。企業エリートたちの間に親族関係が存在すれば、広義の意味では、漢民族におけるいわゆる「一家人」（同族・仲間）の条件を備えていることになる。華人の家族主義が社会に与える影響の範囲には特に強い弾力性があるため、親族関係のグループを合わせて考察してしまうと、これら関係の総和はさらに大きな副次集団の出現を促すことになるのではないだろうか。その場合、これら副次集団の分布状況や構造的特色は何であろうか。分裂・分散した相当規模の副次集団、あるいは集中する傾向を有するものとなるのであろうか。そしてどのような企業グループがこのような連携をまとめるグループに属しているのであろうか。階級論の立場からすると、この問題に対する回答こそ、統治集団が強度に連帯している社会上の関係を利用して経済を掌握・統制する程度の輪郭を描くことになるのである。中でも特に有名なのがZeitlinらの、チリの企業家と地主の間に形成された親族グループの「中核」（central core）に関する研究である。このような階級社会における市場環境の中では、経済エリート家族間で結ばれる親族ネットワークの仕組みは、非常に特殊な要

素が見られる。「最大親族グループ」を分析の対象とすることで、企業家一家が親族関係を通じて広げられる最大のつながりの範囲および構成員の属性の特色を導き出すことができる。

本研究は前述の台湾企業グループにおける親族関係を対象とした先行研究をふまえ、それと同時に階級論における資本家の親族ネットワーク中核の分析概念を用い、さらに階級論の分析概念を台湾の現在の資本主義社会に適応させようとするものである。本研究では、台湾大企業間における親族中核グループと階級論者たちの発明した構造に驚くべき類似点が見られる点が明らかになる。また統計分析においても階級論者たちの論点を裏打ちすることになる。そして台湾の、強国の規範に合わせるという特殊な政治経済構造も、企業における親族中核グループの形成に明白な影響を与えている。さらに本研究では親族中核グループの問題意識を提示し、関連する仮説を演繹して、サンプルや分析方法を紹介する。そして最後に、統計分析の結果を報告して今後の方向性についての考えを述べたい。

1. 親族ネットワークと企業エリートの中核グループ問題

ネットワークの構成とすれば、3人の間に2つの連携手段があれば1つの副次集団は成立可能となる。この3人からなるグループがまさに社会を構成する最も基本的な要素であり、社会行動の基本単位である (Simmel 1950)。家族文化の影響を強く受けた市場環境の中で、大手企業間の親族ネットワーク関係は、伸長・拡張する内的動力を有し、親族関係をつながりの基礎とする副次集団を形成するのであろうか。そしてその場合、副次集団のつながりの規模や構造的特色はどうであるのか。またその構成の決定に影響を及ぼす要素とは何なのか。この問題に答えるには3つの理論が役に立つ。まず、権力と影響の理論から見ると、ネットワーク副次集団の形成は通常、ある種の凝集する力を意味している。社会ネットワーク分析学者のFriedkinは、かつて構造的凝集力 (structural cohesion) の視点からこの概念を検討し、グループ・メンバーの

行為が一致する傾向は彼らのつながりの程度が深まるにつれて強まると指摘した。これは主にコミュニケーションによって発生する社会行動の同質効果（social homogeneity）のためである。そして例えメンバー間に直接的つながりがない場合でも、仲介者の伝達によってこのような行動一致のプレッシャーは変わることなく表れてくる（Friedkin 1984：p. 236）。このような理論の立場から、以前は多くの社会ネットワーク分析はグループ・ネットワークの確認を重視してきたが、このような手法は社会エリートの形成および権力の影響範囲を研究するにおいてしばしば重要なものであった（Alba and Moore 1978；Moore 1979）。

それ以外に、親族は血縁によって結ばれた特殊な強い紐帯関係を持つため、そのグループの凝集の度合いは一般の組織や友情によって結ばれたグループよりもはるかに強く、そのグループの規模への検討をさらに深める必要がある。かつて転換期の経済市場を研究した組織学者は、家族間の連帯は弁識度が高いため、成員間における共通認識形成が容易であり、またグループの線引きもしやすく、内外で大いに異なる凝集力を表すと推量した（Khanna & Rivkin 2006：p. 337）。

特に華人の家族と親族における規範力は非常に強いため、人類学者は親族関係によって形成されたネットワークにも非常に強い理論的期待を持っていた。例えば華人の親族を研究した人類学者はかつて、中国人の親族は世代や年齢、性別によって関係が形成されるという原則があり、ある種の序列秩序（pecking-order）が顕著であると指摘した（Baker 1979：p. 15）。そしてこのような秩序の中で家族の構成員たちは幾重にも重なり合う親族関係によって定義された社会的地位によって強固に規範化され、その社会的地位に応じて相応しい社会的行動に従い表現するのである。ある社会学者もこの観点を用いて、中国人社会には「真の意味で家族を支配するものはいないが、すべてのものがこのネットワークに規範化されている。（中略）親族関係が近ければそれだけ家族内の序列によって求められる義務に従わなければならなくなる」と指摘している（Hamilton 1996）。もし企業のメンバーも上述の人類学者が指摘したように、家族内の規範に従って行動における共通認識を凝集しなければならない場合、

この「家族」内外の境界線がどこにあるかを理解することは非常に重要となる。

まさにこのような親族ネットワークの結集性のため、階級研究者たちは親族ネットワークの及ぶ範囲を用いて資本主義における統治階級が支配する度合いを確認し始めた。中でも親族ネットワークの小さい範囲と支配の度合いは、この研究の中で重要なアプローチであった。その中で特に有名なものが、アメリカとチリの資本家階級に関する研究である（Zeitlin 1989；Zeitlin and Ratcliff 1988）。そこでは主に1980年代に非常に流行したポスト・インダストリアリズム理論とマネージ・キャピタリズムの論点を反駁し、現在の資本主義の発展はこれらの理論が予期したものと異なり、市場で家族などの封建的要素が次第に衰えて専門のマネージャーが家族から主導権を奪い、資本主義社会が実力主義のオープンな社会へとなっていく点を明らかにした。またアメリカ企業内における階級構造を考察する一方で、チリにおける地主と資本家に関する研究を通じて、工業化に関する楽観的な推論が依然として事実と異なる点を強調している。階級は現在の資本主義市場においても相変わらず軽視できない存在であり、親族関係はこの階級を構成する核心部分である。チリにおける地主と資本家に関する権威ある研究では、1960年代チリの地主と資本家がどのように親族関係を通じて強固な階級を形成していったかを調査する中で、「親控集団」（kinecon group）の概念を用いている。親族関係にあるものが会社の役員や大株主である場合、表面的には独立しているように見えても、これらの人々の直接間接的所有株の総和によって、チリ経済で最も主要な利益集団が形成されるのである（Zeitlin and Ratcliff 1988：p. 55）。そこでは、もしこれらの親族間の連帯に関する情報がなければ、表面的に独立した企業の背後にある社会的連帯関係を全く理解できず、チリ経済の市場支配に対し正反対の結論を導き出すところであったと認めている。

自らの属する経済領域の違いを問わず、チリの地主と資本家はまさに婚姻と親族のネットワークを通じて利害の一致した、階級における地位を独占した特殊な集団を形成し、さらにチリの統治階級における中心となった。そして彼らは統治する地主と資本家の家族間の社会的互恵のための義務と尽力を強調し、

婚姻のネットワークを広げてさらに強化していったのである（Zeitlin and Ratcliff 1988：p. 182）。このチリにおける分析によって、チリの大地主と資本家の間の親族関係は幾重にも重なり合っていることが明らかになり、大地主と資本家の間の親族関係を対象にすることで、その背後にあるさらに多くの地主と資本家の、その他の親族関係についても理解することができるようになった。つまり、ただ大地主や資本家の一家族の親族関連の数量を考察するだけでは、地主や資本家家族間の親族ネットワークによって形成された、家族や個人を横断するグループの構造的特色を理解することはできず、最大規模の親族グループを対象とすることで、すべての縁戚にあたる企業主や地主の間の親族関係の全体的構造的特徴を明らかにできるのである。

2．親族ネットワークの中核グループ形成の影響と要素——理論と仮説——

　上述の研究成果は我々に台湾における親族ネットワークの中核グループ考察に、参考になる概念を提供してくれる。本研究ではこの概念を原型にして大規模な統計分析を行い、台湾大企業間の親族ネットワークの中核グループがどの程度この階級分析の核心概念に合致するのかを検証し、同時に台湾企業社会の階級性の考察の一助としたい。この概念の台湾企業への適応性をより検証するため、概念の細部の理解を深め、併せて関連する研究仮説を展開する。
　Zeitlin らの研究によれば、チリ経済を支配する中心部には以下の特色が見られる（Zeitlin and Ratcliff 1988：pp. 164-182）。第１に、中心となるネットワークの構造には大きいものが常に大きくあり続けるという分配上の特色がある。つまり、親族ネットワークのつながりによって構成員の多い副次集団が形成され、その他の副次集団の構成員は非常に少数となる。チリの研究では383の企業エリート（マネージャー・銀行家・地主）の内の４割近く（137人・全体の36％）が、血縁や婚姻で結ばれた最大のグループに所属していて、その次に規模の大きいグループの構成員はわずかに18人（約５％）、その他のより小さ

いグループの構成員は2人から4人の間であった（Zeitlin and Ratcliff 1988：p. 163、表4-4、4-5）。第2に、この中心にいる家族の構成員たちは財産的に恵まれているだけでなく（所有する株式の市場価格を基準）、土地を最も多く所有する人たちである。言い換えれば、その他の副次集団の構成員と比較して、彼らこそがチリで最も多くの財産と土地資産を所有しているのである（Zeitlin and Ratcliff 1988：p. 173）。これは構造上、チリで最も富裕な家族が作り上げた親族ネットワークの及ぶ範囲も最大ということである。そしてまさにこの特徴ゆえに、最大の親族ネットワークに属する人たちがチリにおける資産階級の上位に位置する「中核」と称されているのである。資料では、最大の親族グループに属するものは属さないものに比べ、土地や銀行および産業の経営などを所有する可能性が高くなることが明らかにされている。これにより、チリの統治階級が決して産業別に分かれ、互いの利益が相反する集団ではなく、強固な社会的つながりによって形成されたものであると考えられた。Zeitlinらは、この家族間を横断する姻戚グループこそまさにチリ経済の「管制高地」（commanding heights）を構成している、と結論した（Zeitlin and Ratcliff 1988：p. 162）。

　階級論者は、階級社会の市場環境によって大企業はより容易に親族ネットワークの形成を通じて経済を支配する集団となると主張する。この主張は特に、大企業は主として親族関係の拡大に積極的になる傾向があるという、階級論に依拠した研究結果を反映している。Zeitlinらが主張する階級社会理論において、企業主間の社会関係と親族ネットワークは、その他の階層に比べはるかに多く発生し、彼らは通常、比較的豊かな家族関係のつながりを有している（Zeitlin and Ratcliff 1988：p. 173）。階級論の理論的前提は、異なる社会階層間で形成される社会関係や親族ネットワークには差異が存在するということである。もし家族と財産の結びつきが階級システムを維持する理由だとすれば、Zeitlinら階級論者の考えに従い、我々は企業が大手であればあるほど親族ネットワークが形成される傾向は強くなり、そしてまさに「中核」の命題が暗示するとおり、その広範囲に及ぶ傾向のため、大企業主が属する親族ネットワークの位置も中心に位置することになる。

この企業の規模による作用以外に、階級論ではよく歴史と血統が企業の親族ネットワーク形成に与える影響の作用が強調される（李宗栄 2011）。階級論において歴史とは、名家の延々と続く血統の深さと階級文化の伝統を意味している。C. Wright Mills の古典的代表作『パワー・エリート』の中で、アメリカにおける階級構造の変化に言及した際、血統の担う作用と市場の変動による変化について検討している。そこでは、名家の系譜には社会的名声の効果があり、長い歴史を有する貴族的地位にある名家は、その他の家族から常に姻戚関係を結びたいと望まれ、その地位による効果も階級形成と変動の重要なエネルギーとなっている。

　階級論の観点は、我々がいくつかの台湾企業グループの親族中核グループ形成に関する仮説を考えるのに役立つ。まず我々は台湾の企業グループ間の親族ネットワークの構成を、チリにおける地主と資本家の特色に類似するものと仮定し、分布の歪み分布構成を設定する（仮説1）。そしてこの仮説の対立命題にあたるものは、台湾企業グループ間の親族ネットワークにおける副次団体の規模がランダムでばらばらな分布の構造であることを示す。次に、階級論者が強調するように、グループの規模が大きい企業ほど親族ネットワークの中核グループに属す可能性があることを提示する（仮説2）。さらに、昔からの台湾の企業グループであればあるほど、その家族の地位も顕著で、親族中核グループに属する可能性が高くなる（仮説3・4）。

　この他、先行研究でも強調されているように、台湾に特殊な政治的経済的事情が台湾における大企業間の親族関係の形成に影響を与えている（李宗栄 2011）。この指摘も制度論と合致しており、経済が転換期にある状況下において、制度的規範的不備のため経済活動において連帯性を強め、共同で行われる傾向がある（Peng and Zhou 2005；Kock and Guillen 2001）。このような市場状況下においては、家族の連帯や政商との関係が企業によって経済活動の推進に役立っており、転換期ないし発展途上国における経済生活の顕著な特色となっている。歴史的に台湾の政経恩顧主義（clientelism）は声望の卓越した大手民間企業を中心とするグループを作り出した。これらの企業は、数は少ないが、お

しなべて国の支援を受けて成長していった（朱雲漢 1989）。これらの地位が特殊なため、市場での相互認識が容易であり、また簡単に広範囲で強固なグループを形成していった。政治がかなり権威的で市場の見通しが予測し難い状況下において、企業が存続するために、連携が特権的身分を強固にする手段となり、集団化を形成する正当性を与え、政治的影響力で競争における独占的優勢を強化させた（李宗栄 2009：112）。1980年代の経済学者たちが台湾企業の権力構造を考察するに際しても、同様な指摘が見られた。「我々が台湾の資本階級エリートたちが家族間の資本統合や縁戚関係を通じて利害の一致する集団を形成し、資源を掌握して特定の企業や家族に有利になるよう投資あるいは遊説やその他の政治活動を行い、それによって政治の中枢の決定に影響を与え、経済上の独占利益を得て速やかに私財蓄積の目的を達成する」（林忠正 1989：169頁）。この角度から見ると、制度論のロジックでも企業間における大規模な親族ネットワーク団体の成立を予測でき得る。

　これらの議論は我々に以下のような仮説を設定させる。政商関係が良好な企業グループであればあるほど親族中核グループに属する（仮説5）。経営において政府による規制・管理の強い企業グループほど親族中核グループに属する（仮説6）。寡占的独占的企業グループほど親族中核グループに属する（仮説7）。台北は台湾政商関係の中心地であるため、地縁的要素も強く、本稿でも台北に本拠地を置く企業グループほど親族中核グループに属する（仮説8）。

3．サンプル・資料・分析方法

　本稿は2008年に中華徴信所が刊行した『台湾地区大型集団企業研究』と『台湾地区中型集団企業研究』（いずれも2006年のデータ）に依拠する。これまでこれに類する研究は100の代表的グループに限られていたが、2008年より対象の範囲が広がり、大手を対象としたもの（300グループ）と、中小を対象としたもの（213グループ）をそれぞれ出版している。本稿は両書を合せて513グループを対象としている。これ以外にも親族ネットワークの関係からオリジナ

ルの中華徴信所の名簿には含まれていなかった49グループに関しても併せて対象とした。ただし基本データが不完全で、確認が困難で遺漏の多いグループは除外したため有効サンプルは552となった。

(1) 従属変数

　本研究では主として従属変数を、グループが企業グループの親族中核グループに属するか否かとし、あれば1、なければ0とする。親族中核グループの概念は前述のZeitlinが提示した「中核」概念における「最大親族グループ」の分析概念を援用する。定義上、これはチリの経済領域に横断的に存在する、異なる家族が親族を通じて広げられる最大の範囲である。そこでは「肉親や縁戚によって形成された親族の連帯は、階級をともにする構成員のつながりの中でも最も正確で無謬である」と指摘されている（Zeitlin and Ratcliff 1988：p. 182）。実際、最大親族グループの分析法は、社会ネットワーク分析の中でネットワーク副次集団の「主要成分」（major component）の概念と一致している。グループ間がもし親族によって互いにつながり、ネットワークが途絶えなければ、最大規模の集団に属するものと見なされる。俗語を用いて表現すれば、これは家族企業グループが互いを「一家人」と称し合える範囲を考察するものなのである。ただ本研究がZeitlinらと定義において若干の異同があるとすれば、台湾の企業グループの多くが複数の家族によって支配されているため、本稿では分析を簡略化するためグループを分析の基準にした点である。そしてこのため、複数の家族が共同で支配する場合は一家族を最大規模の親族グループに属するとし、このグループを親族中核グループにおけるメンバーと見なす。

　本研究における親族中核グループは企業外部の親族とのネットワークによって成り立っており、これはこれまでの研究成果における分類方法を援用している（李宗栄 2010）。グループの親族ネットワークを父方の分家・姻戚関係・パートナー関係の3つに分類する。家族型企業グループ内外の姻戚記録と親族関係に関する情報は、基本的に企業公開年報と企業家の伝記・書籍・報道記事・追悼文、および経済界の親族と縁戚に関する新聞報道を典拠としている。

本研究ではまず2006年に上場した企業の公開年報で明らかにされた役員と大株主に関する親族情報を調査し、併せて異なるグループ間の親族のつながりについても付け加えていく。次に、台湾政財界の名家30数家の家譜と家族間の縁戚関係を紹介した作家陳柔縉の著作『総統的親戚』に依拠して、有名大企業と政治エリート一家の間の親族ネットワークに関するアウトラインを押さえる。その他にも司馬嘯青著『台湾五大家族』『台湾新五大家族』や、関係する企業家の伝記などの書籍もすべて参照し、親族情報に加える。この他、本研究では台湾の2大紙『聯合報』と『中国時報』に掲載の記事、および経済誌掲載の企業の親族関係や婚姻に関する情報といった各種の報道なども、前述の500を超すグループの中心人物と家族の名簿と比較しつつ、親族や閨閥に関連するキーワード検索などを通じて整理していく。

親族情報の調査に関し、本研究では現在の企業の実状により照らし合わせている。まずグループの家族性について確認を行う。その際の基準は、グループの主要企業内に最低でも同一家族から2人の役員を輩出しているかにある。多くの縁戚ないし親族の情報で言及されている当事者と企業の関係は非常に浅いもので、代表者が1人だけ、あるいは役員が1人だけで他の家族のメンバーがいない場合、本研究では家族性が弱く、家族支配の状況を当てはめることができないとして除外する。この他、台湾企業の分家と閨閥の歴史は古く、戦前まで遡る場合もあり、広がりは複雑である。また企業間の株主と経営権も変化し続けているため、まず本人・親族・子孫のグループ内における株主と経営権の現状を確認する。もし家族ならびにその一員がすでにグループ内の大株主あるいは役員でない場合は含めず除外する。また時に家族の資産が移転されたために、代表するグループにも変動があった場合、あるいは元のグループが買収された場合、株主や役員の情報から現在の状況に関し確認を行う。グループは買収されても家族が株式を所有している場合、その親族関係は新たなグループとしてカウントする。この他、グループの家族に関する情報が集まらぬ場合もあり、一度の調査では誤りが生じる可能性があるため、本稿では2001年から2006年の間の6年間を対象として調査を行った。前述の家族性を判断する場合も少

第10章　台湾大企業における親族中核グループ問題　233

なくとも２人の役員が６年間に同じグループの役員会に出席した場合、それは家族の親族として見なした。

　台湾企業主間の分家と閨閥の歴史は古い。またグループ内の家族や親族が多く、あるいは幾世代も経たことで企業にも変動が見られる。そこで婚姻あるいはその他の親族との婚姻に関する情報について、本研究ではグループ内の現在の主要人物間の関係に依拠して通し番号を付ける。さらに、台湾の企業グループ間の縁戚関係が及ぶ範囲が非常に広いため、本研究で集めた資料には、企業グループに属さない家族、グループ外の単独企業、有名な政治家や社会エリートなども含まれる。彼らは企業グループの親族関係の中では中間人に属し、グループとつながらない可能性もある。本研究では最終的にはこのような家族を分析の対象としないが、中間人グループによって形成された親族関係のルートを通じてサンプル・リストを整理し、併せて通し番号によってグループの間の序列や中間人の家族に関する情報などを明らかにする。

（2）独立変数

　本稿のグループに関するデータは前述の中華徴信所が2008年に刊行したものに依拠し、その他の不足する資料に関しては、「台湾経済新報」所蔵の資料のうち企業グループ・モジュールおよび経済部商業司の会社登記資料などで補足した。本稿のデータのほとんどはグループを計測単位とするが、膨張観察値を考慮する可能性のある変数がある、あるいは変数に難易度が生ずる場合、グループ中核企業のデータで代替している。中華徴信所の資料では、グループ中核企業は通常グループ内最大の規模あるいは成立が最も早く、グループ全体を支配するのが常であるから、グループの司令塔と見なすことができる。これらの資料を基に、本研究は以下の主要独立変数を設定する。関連する企業組織と産業の特性を要素とし、主に規模と年齢と産業の特性を考慮する。定義は以下のとおりである。集団規模は、2006年の総資産で、１億台湾ドルを単位とする。集団年齢は、グループ中核企業の創立から2006年までの年数である。政府による管理・規制のある企業グループとハイテク関連のグループでは、親族ネット

ワークの連携傾向にも差異が見られるので、産業別に変数を設け、IT・金融・その他に分類する。これは類別変数であるが、回帰分析に際してはITと金融の2つの仮定変数とし、その他の産業と対照させた。類別として、IT産業にはハイテク産業の特性があるのに対し、金融業の場合は台湾特有の政治・経済の歴史的発展があるため、本研究では政府の管理・規制を受ける産業と見なしている。

　企業の政治的経済的背景の要因を考慮して、本研究では内需依存度や寡占・独占の経験の有無、公的機関との正式な結びつきの有無、比較的良い政商と関係を結ぶ地縁的機会の有無などを考慮した。グループの輸出の割合は、主にグループの内需依存度を考慮している。計算するのは中核企業の輸出比率で、「経済新報」のデータを用いる。グループの独占・寡占程度については、1992年に公平交易委員会が出版した『公平交易統計年報』で挙げられた独占・寡占事業（市場占有率が5分の1以上）のリストを参照し、そこでグループ内の会社が独占・寡占とされている場合は1、なければ0とした。公平交易委員会が1992年以降リストの公表を停止したため、このリストは本研究が利用する最新の分析資料である。制度連携に関しては、企業と政府部門との間の組織的連携を対象として研究成果を踏襲した（李宗栄2009）。グループ内の中核会社が2001年から2006年の間において、役員に国営・公営事業の役員経験者がいる場合は1、いない場合は0とした。企業の政商との地縁関係については、グループ本部が台北市にある場合は1、その他の場合は0とした。

　家族の地位に関しては、中華徴信所のリストの中で家族の一覧表が挙げられている場合は1、いない場合は0とした。中華徴信所の編集者によると、グループの中心人物とその他の家族が皆グループ内の最高責任者である場合、家族の一覧表を収録した。しかし、台湾の一般の企業一家の系譜が識別できるかどうかは市場関係者とメディアなど一般大衆の関心の度合いによって決められており、企業家の伝記や上述の陳柔縉などの著作のように、親族に関係する資料の整理と家族一覧表が公表されている。中でも有名な企業家の家族は市場関係者に容易に列挙されていて、「中信辜家」「新光呉家」の名称のようにグルー

プと家族がともに挙げられるパターンも見られる。このような市場の慣習を考察するため、本稿では親族表の列挙を、グループを支配する家族の明確な地位の指標とする。

(3) 制御変数

統計分析を行うに際し、本稿では関連する制御変数も考慮に入れる。企業グループの家族支配の程度について、本稿は台湾経済新報のデータ内の分類に依拠し、その中の一家族主導型と複数家族共同統治型の主要分類を採用して、この2つを制御変数とする。この他本稿ではこの2つの制御変数に属さないが、中核会社の役員会に1人以上の家族の一員が含まれている場合、折衷型制御の類型とし、家族性を有しながらも強固な支配にまで至らない、あるいは家族支配の範囲がはっきり識別できないグループと見なす。その他に上記の類型に属さないグループを非家族制御類型とする。また家族の人数は主に2006年のグループ中核企業役員会に名を連ねる家族の総数で計算している。そして中核人物の本籍はグループ企業紳士録所収の中核人物リストからその本籍と出身地を明らかにし、コードは本省と外省に区分した。回帰分析ではさらに外省のダミー変数を設け、本省を対照群とした。本籍と出身地の情報は主に、中華徴信所刊行の経営者紳士録と台湾地区政商紳士録、企業グループのホームページ、さらに企業グループの広報部へ電話で尋ねて得た情報に準拠している。そのため変数として遺漏がとても多く、上述の調査によっても70のグループの中核人物の本籍や出身地が不明のままである。最後に本稿では役員会の規模も制御変数とし、2006年のグループ中核会社の役員総数で計算している。

(4) 統計推定

本稿の主要な従属変数は企業グループが親族ネットワークの最大団体、すなわち親族中核グループに属しているかにある。変数が二元ダミーのため、二元ロジックで回帰分析を行う。類別変数分析の方法に関してはLongの研究を参照した（Long 1997）。回帰分析において、いくつかの変数のデータは完全では

表10-1　グループ間の親族

関係形態	A 家族内	B 婚姻関係 （4親等内）	C 婚姻関係 （8親等内）	D 婚姻関係 （24親等内）	E パートナー
回数	41	64	102	144	31
関連グループ数	73	84	102	109	48
サンプル比率（n=552）	14%	15.2%	18.5%	19.7%	8.7%
サブ・グループ数（メンバー数＞2）	32	24	17	17	8
最大構成グループの規模 （グループ・メンバー数を含む）	4	25	66	75	17

資料：筆者作成。

あり得ず、またかなりの数の遺漏（輸出比率、家族の人数や地位）があることを考え、本稿では伝統的な遺漏制御法を採用し、まず遺漏値を0に替え、さらに単独のダミー変数で遺漏観察値を制御した。しかし簡素化した報告のため、表ではいずれも省略してある。

4．台湾企業における親族中核グループの構造と特性

　まず前述の分類と資料比較の手順に従い、本研究は216の親族ネットワークを記録した。そこにはサンプル・リスト内の552グループの父系分家、パートナー制度および本研究で追跡可能な最も遠戚に当たる関係までの親族関係が含まれている。ではこの552のグループの中で親族ネットワークが連結しているのはどの程度であるか。表10-1ではグループ内の異なる親族関係の度数分配と占める割合の状況を分けて集計した。サンプルでは14%（N=73）のグループが父系家族型ネットワーク（表10-1の「関係形態」A）、8.7%がパートナー型の親族ネットワーク（表10-1の「関係形態」B）となっている。姻戚ネットワークは親等の計算の違いによっておよそ15.2%から19.7%の間（それぞれ「関係形態」B、C、Dに分類）に位置する。データからは、グループ間の親族ネットワークの構成は姻戚関係が最多を占め、父系家族の度数も軽視できず、パートナー関係が比較的少なくなっている。本稿が集めた資料では、ほとんど

ネットワークの形態回数分配

F 中核家族 A＋B	G 親密家族 A＋C	H 遠い親戚家族 A＋D	I 中核家族とパートナー A＋B＋E	J 親密家族とパートナー A＋C＋E	K 遠い親戚家族とパートナー A＋D＋E
105	140	181	131	169	210
133	146	150	158	168	171
24.0%	26.4%	27.1%	28.6%	30.4%	30.9%
40	33	32	39	33	32
33	77	85	51	99	104

の姻戚関係の親等はかなり近く、44％は4親等以内で、29％が8親等以上（最高で24親等）となっている。このような関係は通常、歴史のある家族か多くの政界財界に跨る家族によって形成されたものである。表からはさらに、我々の対象となっているのは比較的地位の高い姻戚関係であるが（「関係形態」B、C、Dの度数は64、102、144）、親等が緩やかになるにつれて、それに関係するグループ内の関係者はそれほど増加しないということもわかる（それぞれ、84、102、109）。これは遠い親戚もすでに比較的近い姻戚にあるグループ間で再発生していることを意味している。つまり例え親戚の親等としては離れていても、その関係者の領域はそれに伴って決して広がっていないということである。

本稿では今後の分析において、8親等以上で介在する家族も3を超える親族関係を「遠親」、超えない場合を「近親」と分類する。筆者は前述の異なるいくつかの類型を基にいくつかの度数の組み合わせを行い、その度数の分布状況を考察した。この姻戚分類の基準は、主に「家族」およびその合理的影響範囲にある定義と関係するもので、この定義はまた親等の計算に決定され、研究における家族親族の範囲に関する決定はまだ一定の基準がないようである。前述のZeitlinらの研究では4親等を企業エリート間の親族ネットワークの範囲の基準としてきた。ある研究では、台湾の大企業グループ間では4親等内の親戚が企業主の株主権を支配する行動に手を貸していると指摘する一方、中国人社会は3世代同居が理想とされており、とすれば2家族8親等内の親族を家族の

一員と見なすのは関係や影響が及ぶ合理的範囲であるとも指摘している（李栄宗 2011）。資料からは、家族を分家・「近親」・パートナー式親族関係に分けてそれを合計した場合（関係形態 J）、サンプルの30.4％のもの（N＝168）がその他のグループと親密な親族ネットワークに関係していることがわかる。

表10-1からはさらに異なる親族関係の組み合わせによるネットワーク副集団の度数分配および最大グループ（あるいは最大親族グループ）規模のデータ（関係類型 F から K）が明らかになる。ここでは、父系家族の分家と4親等内の姻戚関係だけを取ってみても、すでに33のグループが互いにつながり合って1つの親族ネットワークにおける副集団を形成しており、8親等にまで姻戚関係を広げると副集団の数は77に膨れ上がっている。そして姻戚や親等が緩やかになるにつれ、ネットワークの範囲も拡大し、最大で100前後のグループが含まれている（関係形態 J、K）。

また、4種類の関係からできた親族副グループの度数分布の幹葉図からは明確に、どの親等から分類しても企業グループ間の親族ネットワークの副集団には偏りのある分布状況を示しており、最大集団の人数はその他の副集団よりはるかに多いことがわかる。これにより、親族ネットワークが無作為に、ばらばらに分散していくという仮説は否定され、我々の仮説の正しさが証明された。8親等以内の姻戚および父系分家の親族類型を例にとると（類型 G）、最大集団の人数（77）はその他の副集団の人数（2〜4の間）をはるかに上回っている。親等が緩やかになるとこの偏った分布状況はいっそう顕著となっている。驚くべきことに、台湾の親族ネットワークにおける副集団の分布状況は、Zeitlinらが分析したチリのケースと驚異的な類似性を示しているのである。

前述の77の企業グループによって形成された最大の副集団のリストから、この副集団の中に台湾で最も重要な10あまりの金融持ち株会社家族と各産業の有名企業が含まれており、その中の27は台湾トップ100のグループの1つであり、また中華徴信所が挙げた台湾の16の最大民間金融グループの内、13がこのネットワークに入っている。この77のグループによって形成された「スーパー家族」

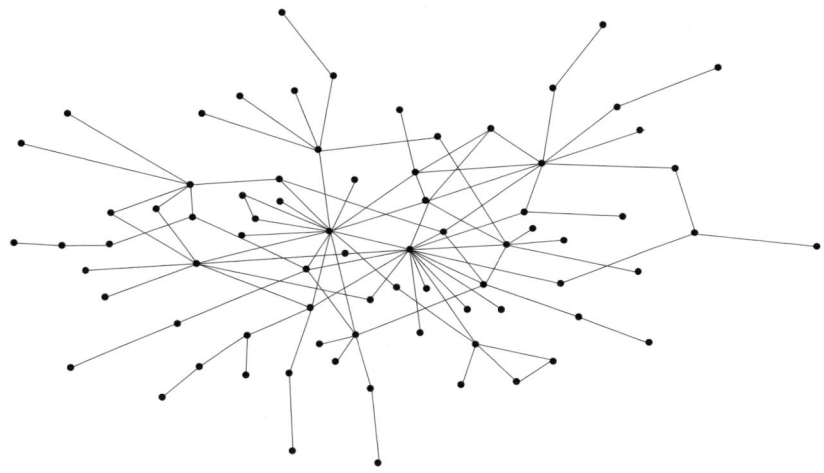

図10-2 台湾における企業グループの親族ネットワーク最大の構成団体の構造図（N＝77）

資料：筆者作成。
注：このネットワーク分析は表10-1「親密家族の関係形態」（関係形態G）を基準にしたサンプル。

の規模は台湾の経済をほぼ牛耳る実力を有していると言えるであろう。その職員は全部で58万人、1年の収益の総額は4兆2,000億台湾ドルに達している。これは政府の収入総額（2兆1,700億台湾ドル）の2倍、台湾のGNP（12兆2,000億台湾ドル）の3割に相当し、総資産額21兆7,000億台湾ドルは台湾の国家財産（6兆6,000億台湾ドル）の3.28倍にあたる（李宗栄 2010）。図10-2はこの親族ネットワークの構造を示している。もし8親等の姻戚関係とパートナー関係まで広げたら（関係類型J）、このスーパー家族の範囲は99グループにまで増え、構成員は数百万人、収益の総額は6兆1,000台湾ドルに達し、台湾の1年のGNPの半額、政府収入の2.8倍に相当、資産総額は国家財産の3.6倍となる。どのタイプの計算であっても、この親族ネットワークから形成されたスーパー集団の経済的実力はいずれも、すでに国家並みに達する。

5．台湾企業における親族中核グループの影響

　これまでの考察からは親族ネットワークの分布には規模の比較的大きなグループに集中する傾向があり、グループ間の親族関係にはネットワークが大きいものが常に強い傾向にあることが明らかである。婚姻を例にしても、大グループが婚姻の対象に選ぶには家柄・身分の釣り合いを重視し、ネットワーク内の身内を対象に選びがちである。「誰が親族中核グループの一員なのか」という問題に踏み込んで答えるため、本稿サンプルの企業グループにおける親族ネットワークの連携傾向を検討し、前述した4つの異なる親等と定義の範囲で生じた親族中核グループのメンバーの地位を従属変数とし、それぞれ2次元回帰分析を行い、表10-2にてその分析データの結果を示した。この分析データと前述の表10-1の親族ネットワークの回帰分析の結果は非常に類似している。すなわち、親族中核グループの地位は家族支配の形態と産業の特性およびグループの政治的経済的背景の影響を受ける。二変量回帰分析のデータによると、グループの規模が大きく歴史が長く、内需産業で電子業や金融業でなく、独占・寡占の経験があって政商との関係も良好、一家族ないし複数の家族に支配され、家族の地位も比較的高いほど、中核グループに属する可能性も高くなる。

　これら簡単な回帰分析の結果から、前述した階級論と制度論から派生した仮説が基本的に肯定されたが、本研究で設定した変数の間には潜在的相関関係ないし因果関係がある。台湾特有の発展という背景のため、本研究で考察したグループの規模や歴史は、政治的経済的背景などと関係が見られる。歴史が古くかつ内需が主のグループは、通常政商との良好な関係と独占・寡占の経験があり、この優勢によって金融業などの規模のある、あるいは政府からの管理・規制のある産業へと発展していく可能性がある。それに対して、1990年代に急成長したハイテク産業は歴史も浅く、輸出が主となるため、その発展に政治的経済的背景による制約をあまり受けてこなかった。解釈上の混乱を回避するため、産業の背後にある制度と歴史の要素をはっきりさせる必要がある。重回帰分析

を通じ、本研究ではさらに、異なる変数が影響する量および本稿で提起する各変数の解釈の効果を判断し、併せて変数間にある媒介・混乱の影響にも考慮する。

　まず、階級論でグループの規模（グループの総資産額によって判断）は親族中核グループの地位を決定する重要な要素であるのかという仮説である。表10-２の重回帰分析モデルでは、中核グループの類型ＦとＩに対してだけ成立した。多くのもとの二変量回帰分析では顕著であった変数がいずれも目立つことなく、これは多くの媒介と混乱の影響がよりいっそうはっきりされたことを意味している。定義について言うと、類型のＦとＩ、ＧとＪの差異は姻戚親等範囲の縮小にあったが（婚姻で４親等内のグループに限る）、これは本稿の区分の類型定義からすると、階級論が引き延ばす親族ネットワークのつながりが縦横に広がる傾向を意味し、さらに比較的強固な親族関係の類型にも適用している。言い換えれば、大きなグループになるほど、そこで形成される親族中核グループのつながりも密接になるということである。そしてこれは階級論の立場にも合致するものである。密接な親等と企業の規模が厖大であるという２つの条件が合致して初めて、この親密な統治グループの形成が階級論のいわゆる統治グループに対する予測と符合するのである。

　一方、表10-１から親族ネットワークの中核グループの異なる類型を検討した後に、親等の範囲拡大により含まれる姻戚関係の人員が自然増加することがわかる。これらの遠戚との婚姻は主に歴史ある名門間で積み重なった各世代の婚姻によって形成されるものである。これら名門一家は通常、長い歴史の盛衰の中にあり、多くの企業の版図はすでに失われて、経営の事業規模は決して大きくない。本稿で検討する比較的大きな姻戚圏にもこれらの人々が含まれており、姻戚や親等の比較的広い中核グループのグループ規模分布でより異質となるのは、無作為の分布状況に近づけて算定係数を明確にさせないからである。

　表10-２の重回帰分析のデータには明らかな影響を持つ変数の数が減少している。前述のグループの規模以外に、一致した影響を明らかに維持し続けるものとして他に家族支配類型、家系地位の顕著さ、グループが規制の歴史がある

表10-2　グループ企業親族中核グル

	中核グループF			中核グループG	
	双変量	全模型（1）	全模型（2）	双変量	全模型（1）
組織特性					
規模（資産、$NT億）	.00**	.00*	.00*	.00**	.00
	(.00)	(.00)	(.00)	(.00)	(.00)
グループの年数	.04**	.00	-.01	.05**	.01
	(.01)	(.02)	(.02)	(.00)	(.01)
産業a)					
IT産業	-1.46**	-.28	-.45	-1.79**	-.20
	(.49)	(.68)	(.74)	(.35)	(.48)
金融業	1.58**	-1.94	-2.18	2.18**	1.34***
	(.54)	(1.49)	(1.61)	(.43)	(.73)
政治や経済的背景					
国外販売比率	-.00	.00	.00	-.01**	.00
	(.00)	(.01)	(.00)	(.00)	(.00)
独占または寡占の経験	1.48**	.38	.50	1.44**	.41
	(.46)	(.63)	(.66)	(.36)	(.48)
制度の連携	.16*	.06	.06	.12*	.00
	(.06)	(.13)	(.13)	(.06)	(.13)
本社が台北市内	1.50**	1.31*	1.24*	1.03**	.75*
	(.45)	(.54)	(.58)	(.27)	(.35)
家族のコントロール形態b)					
単一の家族	.86*	2.49***	1.86	1.50**	2.80*
	(.37)	(1.47)	(1.46)	(.27)	(1.36)
家族による共同支配	1.09*	3.22*	2.95*	.75*	2.98*
	(.45)	(1.43)	(1.41)	(.35)	(1.35)
折衷型	-1.73**	1.35	1.04	-2.03**	1.10
	(.61)	(1.58)	(1.55)	(.45)	(1.43)
家族の構成者数	-.09	-.04	-.03	.04	.05
	(.07)	(.09)	(.10)	(.04)	(.05)
家族の地位	.70***	.35	.63	1.05**	.80*
	(.37)	(.56)	(.59)	(.25)	(.36)
中核人物が外省籍であるc)	.12	—	-.90	-.01	—
	(.30)		(.72)	(.34)	
取締役会の規模	.09*	.05	.02	.11**	.04
	(.04)	(.06)	(.07)	(.03)	(.04)
常数	—	-7.13**	-5.84**	—	-6.73**
		(1.72)	(1.75)		(1.48)
N	—	545	479	—	545
Log Likelihood	—	-87.14	-75.88	—	-146.06
Pseudo R-squared	—	.28	.27	—	.32

資料：筆者作成。
　＊：＜.1、＊＊：＜.05、＊＊＊：＜.01
　注：a）対照するグループがその他の産業；b）対照するグループが非家族による支配；c）対照するグループが

第10章　台湾大企業における親族中核グループ問題　243

ープの二元ロジック回帰分析

	中核グループI				中核グループJ		
全模型 (2)	双変量	全模型 (1)	全模型 (2)	双変量	全模型 (1)	全模型 (2)
.00	.00**	.00*	.00***	.00**	.00	.00
(.00)	(.00)	(.00)	(.00)	(.00)	(.00)	(.00)
.01	.04**	.00	.00	.05**	.02***	.01
(.02)	(.01)	(.01)	(.02)	(.01)	(.01)	(.02)
−.23	−1.32**	−.16	−.02	−1.84**	−.23	−.21
(.49)	(.37)	(.53)	(.57)	(.31)	(.44)	(.46)
1.46***	1.31**	−1.48	−1.30	2.20**	1.31***	1.51***
(.77)	(.50)	(1.09)	(1.13)	(.43)	(.74)	(.79)
−.00	−.01*	.00	.00	−.01*	−.00	−.00
(.01)	(.00)	(.01)	(.01)	(.00)	(.01)	(.01)
.49	1.75**	.57	.66	1.70**	.68	.82***
(.49)	(.38)	(.52)	(.54)	(.34)	(.46)	(.47)
.00	.12***	.06	.04	.10***	−.10	−.10
(.13)	(.06)	(.12)	(.12)	(.05)	(.14)	(.14)
.65***	1.58**	1.31**	1.21*	1.20**	1.02**	1.05**
(.37)	(.37)	(.44)	(.48)	(.24)	(.34)	(.37)
2.43***	1.04**	2.87*	2.51***	1.56**	3.25*	3.02*
(1.34)	(.31)	(1.30)	(1.35)	(.24)	(1.36)	(1.36)
2.72*	1.18**	3.53**	3.36*	.86**	3.37*	3.13*
(1.34)	(.38)	(1.28)	(1.32)	(.32)	(1.34)	(1.35)
.96	−1.95**	1.51	1.52	−2.06**	1.52	1.52
(1.41)	(.52)	(1.39)	(1.43)	(.38)	(1.41)	(1.41)
−.09	−.07	−.09	−.09	.04	.01	.01
(.08)	(.05)	(.07)	(.08)	(.03)	(.05)	(.06)
.87*	1.05**	.69	.95*	1.16**	.87*	.99**
(.37)	(.30)	(.43)	(.46)	(.23)	(.34)	(.36)
.04	.23	—	−.07	.12	—	.00
(.41)	(.39)		(.48)	(.30)		(.39)
.02	.09*	.04	.05	.13**	.08***	.09***
(.05)	(.03)	(.05)	(.06)	(.03)	(.05)	(.05)
−5.88**	—	−6.47**	−6.55**	—	−7.22**	−6.99**
(1.51)		(1.48)	(1.58)		(1.52)	(1.55)
479	—	545	479	—	545	479
−136.22	—	−120.57	−104.42	—	−159.43	−145.15
.29	—	.27	.25	—	.37	.36

本省系。

表10-3　4種の親族ネットワークの最大構成グループの本社が台北市に位置する比率

中核グループの関係形態	F 中核家族 (A＋B)	G 親密家族 (A＋C)	I 中核家族とパートナー (A＋B＋E)	J 親密家族とパートナー (A＋C＋E)
最大構成グループの規模	33	77	51	99
本社が台北市に位置する比率（%）	27 81.8	56 72.7	42 82.3	74 74.7

資料：筆者作成。

金融業に属するかどうか、などがある（特に類型GとJに対し）。家族支配類型の影響力は非常に強く、算定効果に対する勝算は影響力以上に極めて高い。類型Iのモデル算定を例にすれば、複数家族共同統治と単一家族支配のグループが中核グループの一員となる勝算の増加幅はそれぞれ33倍と16.6倍になっている。そして政治的経済的要因は、独占・寡占経験が類型Jで微弱な影響力である以外、政商関係と輸出の比率に明らかな効果は見られない。その他、政治的経済的背景の影響はほぼすべて地縁政治機会の要素に取って替わられ、グループ本部が台北市にあることは持続的で一致した効果を示しており、影響力は注目に値する。意外なのは、グループの所在地、特に政治経済の中心（台北市）がグループの親族ネットワーク数に重要な影響を与える要素であることである。台北市に所在することはその他の可能性のある影響要素を抑えた後にも依然として非常に強い効果を発揮している。グループの資産が100億台湾ドル増加すると、親族中核グループに属する比率は1.5%増えるのに対し、その他のグループと比較して台北市に本部が所在するグループが親族中核グループとなる比率は2.73倍（$\exp(1.317)-1=2.73$）以上増加する。表10-3で示した各中核グループ副集団の中で、本部が台北市にある比率は、データによればどのタイプの類型による親等の計算でも7、8割に達しており、親等の範囲は緊密であるほど台北市に所在する比率は高くなる。これは台湾の企業グループ間の親族ネットワークのサークルには台北市を中核とした強烈な地縁効果を有していることが明白である。先行研究では、上層階級の家族が幾世代に渡り名声と社会関係を維持するため、通常は安定した社会生活空間を好み、政治と社会

に与える影響の範囲を考慮したと指摘されている。特に姻戚関係には地理的近さと社会的に呼応する舞台が必要なのである（Cavan 1963）。これらはいずれも台北市に特殊な地縁効果が企業のネットワーク連携強化を促進させる効果となったことを証明している。

　この他に注目すべきは、本籍の要素が最初から最後まで明らかな作用を果たしていない点である。台湾の政商家族の親族関係に関し、陳はかつて台湾の本省人と外省人のエリートたちには、戦後の歴史経験の違いから、非常に深い隔絶が存在し、姻戚関係でも相互のつながりはなく、主要な統治グループは本省人のエリートに主導されてきたと指摘している（陳柔縉1999）。しかしこのような見方は本稿の分析では決して支持されてこなかった。その考え得る原因として、本稿で取り上げた親族中核グループの範囲が非常に広く、本省人と外省人のエリートを同時に含めた点が挙げられる。そしてこれは、台湾大手企業間の親族中核グループがすでに本籍による裂け目を横断した現象であることも意味している。総じて言えば、グループの規模と政治的経済的条件（政治的地縁、独占・寡占の経験を持つ、政府の管理・規制の歴史を有す金融業を扱う）が、企業グループが親族中核グループに属するかどうかの重要な要素となっているのである。本稿では階級論と制度論から推定された仮説が、ほとんど証明された。

おわりに

　本稿の目的は階級論の研究論文における親族中核グループに関する議論を通じて、台湾大企業の親族中核グループの形態と成因を検討することにあった。資料の検証を経て、基本的にZeitlinらの親族における中核概念を証明することができた。最大親族団体の分析において、台湾の企業グループ間の親族ネットワークの構造と、チリの上層階級には驚くべき類似性が見られ、いずれも「大きいものが常に大きい」という特色を示していた。資産規模が最大の企業グループは相互の婚姻を通じて親族ネットワークの副次集団を形成する傾向があ

り、またその人数も最大であった。この他、統計分析を通じ本稿では、台湾の大企業の親族中核グループは形成中の階級現象であり、市場の階層化の原動力と台湾に特殊な恩顧主義的経済発展の歴史と深く関係していることが明らかになった。

　台湾における親族ネットワークの中核グループの現象は、Zeitlin らのチリにおける研究と比較して驚くべき類似性が見られた。これは台湾が階級社会であることを意味するのであろうか。これは研究者が再検討し、考察を継続すべき厳粛な問題である。企業の姻戚と親族関係の形成は上層階級が閉鎖させて力を凝集させる手段の1つである。最近の台湾における多くの企業家族間の婚姻では、家柄・身分を同格にする現象が現れ、その範囲がますます小さくなる特徴が見え、しかもその範囲は既得中核グループの家族の周りを回っている。台湾の大企業主間の姻戚の傾向には構造上の特徴があるということは、それは既得権益の傾向の強い親族中核グループに属する大企業は、容易に一定の規模を有するその他の企業と姻戚を結ぶということである。これら中核グループにいる家族はいずれも政商関係も良好で、経営的にも独占・寡占状況にあり、また政府の政策上の優遇と保護を強く受ける旧家である。これは台湾では依然として上層階級のエネルギーが継続中であることの証明であり、恐らく台湾社会がますます閉鎖的な階級構造の固定化に向かう歴史的過程を目にすることになる。今後、いくつかの研究課題は、研究者が考察を深めていくに値するものである。もし親族の凝集力が階級論や人類学で主張されているようであるなら、これら小さい範囲の凝集力はどのように経営において発現されるのであろうか。また市場への影響はどのようであろうか。階級論が着目する階級の利益と政治の覇権との関係は、台湾大企業の親族中核グループにおいても立ち現れるのであろうか。その中核グループ内の人々は政治権力と集団行動を調整する上で異なる特徴を示すのであろうか。彼らはまた社会関係と文化生活において閉鎖的で排他的性格を形成し、構成員の求心力を維持して閉鎖的で独占的な社会的地位を強固にするのであろうか。親族中核グループをめぐるさまざまな経済・社会・文化的議題は、将来さらに多くの研究者によって継続して掘り起こされ、検討

されるべきである。

参考文献
〈英語文献〉
Alba, R. D. and Moore, G. (1978). "Elite Social Circles." *Sociological Methods and Research* 7: 167-88.
Baker, Hugh (1979). *Chinese Family and Kinship*. New York: Columbia University Press.
Cavan, Ruth (1963). *The American Family*. New York: Thomas Y. Crowell.
Friedkin, Noah. E. (1984). "Structural Cohesion and Equivalence Explanations of Social Homogeneity." *Sociological Methods & Research* 12: 235-261.
Hamilton, Gary G. and Nicole W. Biggart (1988). "Market, Culture, and Authority: A Comparative Analysis of Management and Organization in the Far East." *American Journal of Sociology* 94: S 52-S 94.
Hamilton, Gary G. (1996). "The Organizational Foundations of Western and Chinese Commerce: A Historical and Comparative Analysis." pp. 43-57 in *Asian Business Networks*, edited by Gary G. Hamilton. Berlin; New York: Walter de Gruyter.
Han, Shin-Kap (2008). "Breadth and Depth of Unity among Chaebol Families in Korea", *Korean Journal of Sociology* 42 (4): 1-25.
Khanna, Tarun and Jan W. Rivkin (2006). "Interorganizational Ties and Business Group Boundaries: Evidence from an Emerging Economy." *Organization Science* 17 (3): 333-352.
Kock, Carl J. and Mauro F. Guillén (2001). "Strategy and Structure in Developing Countries: Business Groups as an Evolutionary Response to Opportunities for Unrelated Diversification." *Industrial and Corporate Change* 10: 77-113.
Long, J. Scott (1997). *Regression Models for Categorical and Limited Dependent Variables*. CA: Sage.
Luo, Xiaowei, and Chi-Nien Chung (2005). "Keeping It All in the Family: The Role of Particularistic Relationships in Business Group." *Administrative Science Quarterly* 50: 404-39.
Mills, C. Wright (1956). *The Power Elite*. New York: Oxford University Press.
Moore, G. (1979). "The structure of a national elite network." *American Sociological Review* 44: 673-692.

Numazaki, Ichiro (1992). *Networks and Partnerships: The Social Organization of the Chinese Elite in Taiwan.* Unpublished doctoral dissertation, Michigan State University, MI.

Numazaki, Ichiro (2000). "Chinese business enterprise as inter-family partnership: A comparison with the Japanese Case." pp. 152-75 in *Chinese Business Networks*, edited by Chan Kwok Bun. Singapore: Prentice Hall Asia.

Peng, Mike W. and Jessie Qi Zhou (2005). "How Network Strategies and Institutional Transitions Evolve in Asia." *Asia Pacific Journal of Management* 22: 321-336.

Simmel, Georg (1950). *The Sociology of Georg Simmel.* New York: Free Press.

Wasserman, Stanley and Katherine Faust (1994). *Social Network Analysis: Methods and Applications.* New York: Cambridge University Press.

Zeitlin, Maurice (1989). *The Large Corporation and the Capitalist Class.* Cambridge: Polity Press.

Zeitlin, M. and R. E. Ratcliff (1988). *Landlords & Capitalists: The Dominant Class of Chile.* NJ: Princeton University Press.

〈中国語文献〉

中華徵信所（2008a）『台灣地區集團企業研究』（2008年版）台北、中華徵信所

中華徵信所（2008b）『台灣地區中型集團企業研究』（2008年版）台北、中華徵信所

司馬嘯青（1987）『台灣五大家族』台北、自立晚報

司馬嘯青（2005）『台灣新五大家族』台北、玉山社

朱雲漢（1989）「寡占經濟與威權政治體制」蕭新煌編『壟斷與剝削——權威主義的政治經濟分析』台北、台灣研究基金會、139-160頁

李宗榮（2009）「制度變遷與市場網絡——台灣大型企業間董監事跨坐網絡的歷史考察（1962-2003）」『台灣社會學』第17期、161-217頁

李宗榮（2010）「市場の中の血縁関係——台湾における企業グループ間の親族ネットワークの考察」渡辺利夫・朝元照雄編『台湾経済読本』勁草書房、95-130頁

李宗榮（2011）「台灣企業集團間親屬網絡的影響成因」『台灣社會學刊』第46期、115-166頁

林忠正（1989）「權威主義下弱勢團體的相互剝削的循環」蕭新煌編『壟斷與剝削——權威主義的政治經濟分析』台北、台灣研究基金會、161-196頁

陳柔縉（1999）『總統的親戚——台灣權貴家族』台北、時報文化出版公司

第11章　グローバリゼーション下の韓国財閥の経営戦略

郭　洋　春

はじめに

　三星電子とLG電子が2011年第3四半期の米国の携帯電話市場でシェア25.3％、20.0％でそれぞれ1位、2位となった。途上国の企業が1・2位を独占したのは、韓国企業が初めてである。特に、韓国 No. 1 企業である三星電子が世界的企業として成長した背景は、1993年にドイツ・フランクフルトで李健熙会長が宣言した「新経営戦略」にある。同年6月7日、競争が激化するグローバル時代において、未来のために自ら変化することの重要性を説き、量から質への経営改革を図った。それを象徴する言葉が、「家族以外はすべて変えよう」である。すなわち、未来のために自ら変わることを訴え、そのためにまず自分は今どこにいるか、どこに向かっているか現状を把握することを促したのである。さらに、なぜ変わらなければならないのか、どのように変わるべきかをグループ全体にしっかりと認識させるところから新経営戦略が始まり、今日の地位を築いたのである[1]。

　こうした三星電子に象徴される韓国の財閥企業の躍進の原動力はどこにあるのか。また、グローバル化社会の中で財閥企業はどのような経営戦略を考えているのか。特に、アジアの中で同じ NICs、NIEs として常に比較されてきた台湾企業とはどのような点が類似または異なっているのか。以上の点に留意しながら、グローバリゼーション下の韓国財閥の経営戦略を見ていくことにする。

1. 財閥の変遷過程

まず最初に、今日のような世界的企業となった財閥の変遷過程を、『韓国経済60年史』を参考にしながら、特に財閥企業にとって大きな転換点となった1988年以降、今日までに焦点を絞って見ていくことにする。

(1) パラダイム転換期(1988〜97年)

1980年代の激変した国内外情勢に対し、韓国の財閥企業は大々的な経営革新と事業構造の再構築を推進した。財閥企業は軽工業と重化学工業に続き、半導体、TFT、LCD、情報通信等先端産業への進出を本格化し、事業の多角化を目指した。その結果、それまで首位を走っていたDRAM分野で三星電子とLGが逆転した。また、1990年代初めまで日本企業の独り勝ちであったTFT、LCD分野で、10年も経たずして首位に躍り出た。

一方、金融・流通市場の開放と国際化に対しては、国内の企業は金融業と流通業に積極的に進出した。これによって財閥企業は既存の産業資本的性格に金融資本としての特性を加味するようになり、外部資金を証券市場や海外起債などを通して直接調達するようになった。また、流通業にも進出し、国内流通業の近代化を推進し、消費文化が先進化する一方、零細流通企業の倒産と流通部門のバブル化が急速に進んだ。

地球規模での競争時代が到来した時期から、国内企業はいわゆる「グローバル経営」を打ち出し、世界を舞台にした大規模な事業を展開したが、主な目的はM&Aを通じた海外生産拠点の確保であり、主要対象地域は北米とヨーロッパ地域であった。国内企業は、M&Aを通して不実化した生産業態を買収することにより、先端技術を導入し、先進国の輸入規制を回避する一方、これら地域における売り上げを伸ばすようになった。しかし、国内企業が海外投資に必要な財源を主に現地で調達することにより、外債が累積する結果を招くことにもなった。

1980年代後半から90年代後半に至る企業と起業家の特徴は、第1に政府と企業間の位相が根本的に変わったということだ。それまで政府が産業を興し企業を育成するという次元から企業に多様な政策的、制度的恩恵を与えてきた。しかし、1980年代後半以後、政府は経済力の集中を抑制するという趣旨のもと、「公正取引法」等に基づき、体系的に企業を規制し始め、政府の基本政策方向も官主導から市場中心へと移った。また、企業は1980年代後半に入り、政府との癒着関係から一歩抜け出し、独自の成長戦略を積極的に模索し、外部資金を調達する場合にも、政府や市中銀行の助けを借りるよりは第2金融圏や証券市場から直接調達する比重を増やした。これにより、政府と企業間の関係が過去の「垂直的関係から水平的関係へ」と転換したのである。

いわゆる「政経癒着の崩壊」である。しかし、結果的にこれが一部財閥企業の事業多角化を後押しすることとなり、経済力の偏重はさらに著しいものとなってしまい、今日韓国社会で問題となっている貧富の格差をもたらすことになった。

第2に、企業は独自の生存戦略を追求する過程において対内外の経営環境の変化に、よりいっそう敏感に反応するようになった。その結果、企業は1980年代後半に展開された国内外状況の変化を早期に感知し、自発的に大々的な経営革新を推進し、先端産業と金融・流通業に積極的に進出し、事業構造を再構築することとなった。特に、先端産業は高付加価値産業であったので、その分野への技術開発に対する投資も本格化することとなった。

第3に、企業が半導体、情報通信など先端産業へと多角化することで、韓国の産業構造がそれ以前の軽工業および重化学工業中心の産業構造から、先端産業中心のそれへと転換したことである。また、主要企業集団内の中心企業も貿易業態や軽工業態から電子業態や情報通信業態などへと変貌した。具体的には、三星グループは、三星物産から三星電子へと変更し、LGグループは㈱ラッキーからLG電子へ、SKグループは㈱鮮京からSKテレコムへと変わった。

要するに、「企業の主力産業の転換期」である。そして、三星、LG、現代、SKの4大財閥はその規模を飛躍的に拡大させていく。

第4に、財閥グループ内の系列企業が金融・流通業に積極的に進出することで、財閥企業の事業領域が製造業分野からサービス分野へと拡張したことである。その背景には、企業自らが大規模な設備投資および技術開発投資に必要な資金を直接調達する必要が生じたことと、「顧客満足経営と顧客密着経営」のために流通部門を強化する必要が増大したためである。しかし、この事業拡張策も、結果的に一部の財閥企業の事業多角化を後押しすることとなり、経済力の偏重を著しいものにした。特に、重厚長大型産業から軽薄短小型産業への転換は、財閥企業の主力産業の交代を意味し、それにより、経営戦略も転換したことを意味する。

　第5に、企業が海外進出を本格化し企業経営の国際化および世界化が急速に進んだ時期でもある。これにより国内製造業の空洞化現象を惹起させ、また外債が累増するなどの問題も惹起した。こうした企業の国際化こそ、韓国の財閥企業が世界企業へと変貌するきっかけになったと言うことができる。

　第6に、通貨危機とIMF体制の到来とともに政経癒着が幕を下ろした時期でもある。それまでの大企業は政府がつぶさないという神話が崩れ、財務構造が不実化すれば、政府との癒着関係も助けにならず、弛まぬ経営革新と技術開発だけが企業の成長と発展をもたらすという教訓を残した[2]。

　政経癒着関係の変化は、単に政府と財閥との密接な関係が崩れたということだけを意味するのではなく、その力学関係（政府＝主、財閥＝従）をも変化させることになったことを意味する。そのことにより、今まで政府の経済的支柱であった財閥が、時に政府に抵抗する様相さえ見せ始めた。その典型的例が、1992年、当時現代財閥の名誉会長であった鄭周永が、自らが率いる統一国民党を創設し、同年の大統領選挙に出馬したことである。結果は敗北したが、この出来事により鄭周永は選挙違反で逮捕されることになった。

(2) 危機克服および再跳躍期（1998～2008年）

　この時期は、韓国経済が通貨危機を上手に克服し、先進国の入口にまで跳躍した時期である。またこの時期に起業家精神が通貨危機の克服過程でさらに加

速し、発現した。

　通貨危機後の韓国政府の企業構造改革政策の中心は、財閥改革であった。この改革政策は、企業の支配構造および経営の透明性、財務構造の改善、産業構造の改革の3つの分野で重点的に推進した。

　第1の企業の支配構造および経営の透明性は、企業の大株主の責任を明確にし透明性を高めることが基本骨格であった。支配的オーナーの責任制強化（1998年）として大株主の責任が明示化された。社外理事制度の導入（1999年）、機関投資家の議決権制限廃止（1998年）および少額株主の権限強化（1998年）、そして企業の監視機能が強化された。

　第2の経営の透明性の向上のために、結合財務諸表の作成を義務化（1998年）することにより、グループ全体が一企業として把握できるようにし、グループの系列会社が資金不足を迂回したり、売上規模を拡大することを難しくした。あわせて監査選任委員会の設置（1998年）、予測情報公示制度の導入（1999年）および公示違反に対する処罰強化（2000年）等の財閥の系列会社間の経営・財務・取引上の連携の制限および断絶のための政策が施行された。これにより機関投資家と少額株主が主要な利害当事者になり、外国人投資家の影響力も大きくなった。

　財務構造の改善のために、グループの系列会社間の相互保証の原則的禁止および既存の保証額の数次にわたる解消措置が施行された。これにより1997年の上位30大財閥の全体の相互支払保証規模は、63兆ウォンに達したが、2000年には1兆3,000億ウォンへと減り、グループ内の系列会社の連鎖倒産の可能性が著しく低下した。それとともに、大企業の負債比率の削減（200％以下）措置が施行された。これにより1997年の516.4％にのぼった上位30大グループの平均負債比率が、1999年には189.6％までに下落した。

　産業構造分野では、企業の構造調整関連法の改正を通じた限界企業の退出および構造調整の促進を成し遂げた。

　韓国政府は、財閥間の重複投資事業を単一化し過剰投資を解消する一方、規模の経済を実現し競争力を引き出す目的で「ビックディール（事業交換）」を

誘導した。主に5つのグループを対象にして1998年7月韓国政府と財界は、繊維、半導体、鉄道車両、航空機、発電設備、船舶用エンジン、石油化学の7つの業種で財閥間のビックディールを試みた。推進されたビックディールのうち、韓国政府の思惑どおり事業交換が進行したものはなく、ほとんどは一方的吸収合併として行われた。ビックディールは市場の選択と必要ではなく政府主導の事業調整という点で多くの批判を受けたのである。

　6大以下の30大財閥については、ワークアウトプログラムを作り、銀行指導の資金支援を通して構造調整を推進した。1998年6月以後、104の企業がワークアウト企業として選定されたが、そのうち21の企業はワークアウト開始前に脱落、または親企業との合併などで除外され、83企業がワークアウト推進対象として選定された。

　一方、1998年には企業分割制度が導入された。この制度は、出資形式によってなされる普通の分社制度と異なり、会社の特定事業部門を独立的に分離し、資本と負債まで分ける形態である。この制度の意味するものは、主力事業ではない事業部門を独立させ成果を見守りながら、新たな主力事業として育成することができるという長所があることであり、その結果、その後の韓国企業の新たな経営戦略としての座を占めることになった。

　企業の迅速な事業撤収、費用削減など産業の構造調整を促進するために整理解雇制も実施した。この制度には解雇が自由にできない韓国の企業風土を変え、外国人投資を誘致するための目的もあった。

　盧武鉉政権でも企業の構造調整関連政策は維持された。2003年12月には、財閥の核心的問題を支配構造の「過度な」支配権であると認識し、財閥の所有支配構造の歪曲問題に焦点を当てた「市場改革3ヶ年ロードマップ」を発表した。ここでは財閥の事業多角化と系列拡大に焦点を合わせたり、後には「所有支配構造の歪曲」を問題の核心と見なした。以前は財閥の系列会社の他会社出資を系列拡大手段として見たが、ロードマップ以後は、系列会社の出資を企業規模の拡大ではなく、支配株主の支配力拡張・強化という観点から理解した。

　公正取引委員会は、「市場改革3ヶ年ロードマップ」から「系列会社間他段

階出資が架空資本の形成および支配力拡張の核心手段であり、出資総額制限はこれを抑制するための最小限の装置である」という認識を明らかにした[3]。

(3) 次世代成長動力政策

2003年2月、盧武鉉大統領就任式で5～10年先に備えた新産業育成に言及して以降、韓国政府は各部署別に独立の成長動力の発掘作業を推進し、当時9つの部署で134の技術を次世代の成長動力候補として発表した。2003年7月に「民間専門家会議」と「次世代成長産業発展戦略会議」等、さまざまな部署間の調整過程を経て2003年8月22日、10大成長動力産業を最終的に選定し、大統領に報告しこれを推進することにした。

当時、10大次世代成長動力産業を成功裏に発展させた場合、2012年まで102兆ウォンの追加付加価値の創出と、1,797億ドルの輸出増加および147万名の新規雇用を創出することができるとした。

次世代成長動力産業の育成のために当時の計画では、主要技術の確保のため大企業中心、R＆D中心の政策により中国との技術競争力格差の縮小、先進国との深刻な技術格差に直面する次世代の「食べる」産業を育成していこうという試みであった。このような政策は、成功いかんと関係なく当時の未来有望新技術産業を育成するために、多様な分野における研究開発を通して革新を試みようとする政策として、起業家的活動を鼓舞するのに大きな役割を果たしたと評価できる。

また、当時のこの政策は、企業の新たな事業領域、未来のための投資計画、未来に対する困難を反映し、通貨危機以後起業家精神を大きく発現させた企業の努力を反映した結果とも解釈できる。

一方で、次世代成長動力を担い、起業家精神を引き受けることができたのは財閥を中心とした大企業であり、これらの政策の結果として企業間格差の拡大を助長することにつながってしまったという負の側面も指摘できる（表11-1）。

以上の結果、企業の経営環境の急激な変化としては、高費用構造の定着、グローバル化による競争の激化にもかかわらず、通貨危機を克服する過程におい

表11-1　10大成長動力産業

成長動力	主要品目	2007年目標			主管部署
		輸出(億ドル)	雇用(万名)	付加価値(兆ウォン)	
デジタルTV／放送	放送システム、DTV、DMB等	155	19.8	7.13	情報通信部
ディスプレイ	LCD、LED、OLED等	186	13	9.5	産業資源部
知能型ロボット	家庭用・医療支援ロボット等	5	0.4	0.75	産業資源部
未来型自動車	知能型、親環境自動車	250	24	46	産業資源部
次世代半導体	次世代メモリー、SoC等	350	3	25	産業資源部
次世代移動通信	4G、テレマチックス	228	72.4	2.09	情報通信部
知能型ホームネットワーク	ホームネットワーキング、知能型情報家電	285	31	11.2	情報通信部
デジタルコンテンツ／SWソリューション	コンテンツ、内蔵型SW等	20	23.4	13.5	情報通信部
次世代電池	2次電池、燃料電池	54	4.6	4.7	産業資源部
バイオ新薬／臓器	バイオチップ、人工臓器、新薬	44.3	4.5	5.9	科学技術部

出典：「次世代成長動力報告資料」(2003.8.22.)、『韓国経済60年史　Ⅱ』韓国経済60年史編纂委員会、2010年9月、662頁。
注：情報通信部は2008年2月に廃止、産業資源部は知識経済部に、科学技術部は教育科学技術部に改編。

て企業の構造調整に成功し、産業構造が高度化し、貿易の増大、貿易黒字規模の拡大と外国人投資の増大による外貨準備高の増大等世界経済の中で、韓国経済の位相が大きく高まった[4]。

(4) 大企業の勢力図変化

大企業の成長において多様な形態の起業家精神の発現の程度によって、大きな版図の変化がもたらされた。通貨危機当時には、売上額順位で三星物産㈱、現代綜合商社㈱、三星電子㈱、㈱LG商社、韓国電力公社、現代自動車㈱、SK㈱、㈱ポスコ、㈱双龍が上位グループに属していたが、2007年には三星電子㈱、現代社自動車㈱、韓国電力公社、LG電子㈱、㈱ポスコ、GSカルテックス㈱、SKネットワークス㈱、起亜自動車㈱、現代重工業㈱へと、大きく順位が変わった。

通貨危機当時の総合商社中心から最近では電子、自動車、造船業等に従事する企業の売上規模が大きく変貌し、このような産業版図の変化に適応し、多様な形態の起業家精神の発揮によって究極的に企業の勢力図における大きな変化

第11章　グローバリゼーション下の韓国財閥の経営戦略　257

表11-2　20大企業の順位変化と売上額

1980年	売上額	1988年	売上額	1997年	売上額	2007年	売上額
SK㈱	1.97	三星物産㈱	6.81	三星物産㈱	29.73	三星電子㈱	63.18
現代建設㈱	1.08	現代綜合商社㈱	5.62	現代綜合商社㈱	25.04	現代自動車㈱	30.49
三星物産㈱	0.92	韓国電力公社	4.42	三星電子㈱	18.47	韓国電力公社	28.98
SKネットワークス㈱	0.65	㈱ポスコ	3.70	㈱LG商社	15.58	LG電子㈱	23.50
㈱大韓航空	0.56	現代自動車㈱	3.41	韓国電力公社	13.12	㈱ポスコ	22.21
大林産業㈱	0.51	三星電子㈱	3.03	現代自動車㈱	11.66	GSカルテックス㈱	21.47
東亜建設産業㈱	0.49	㈱LG商社	2.71	SK㈱	10.76	SKネットワークス㈱	17.69
㈱LSネットワークス	0.47	㈱ケイティ	2.60	㈱ポスコ	9.72	起亜自動車㈱	15.96
現代綜合商社㈱	0.41	SK㈱	2.37	㈱双龍	8.42	現代重工業㈱	15.53
㈱双龍	0.40	GSカルテックス㈱	2.11	㈱ケイティ	7.79	S-OIL㈱	15.22
現代重工業㈱	0.38	SKネットワークス㈱	1.74	GSカルテックス㈱	7.20	SKエネジー㈱	14.86
㈱LG商社	0.35	㈱大韓航空	1.54	㈱ポスチル	7.05	韓国ガス公社	14.26
CJ㈱	0.30	㈱双龍	1.46	起亜自動車㈱	6.38	LGディスプレイ㈱	14.16
㈱漢陽	0.29	起亜自動車㈱	1.42	SKネットワークス㈱	6.00	チェーン大宇オート・アンド・テクノロジー	12.51
双竜養会工業㈱	0.29	現代建設㈱	1.37	現代重工業㈱	5.89	㈱ケイティ	11.94
錦湖産業㈱	0.26	㈱LG	1.21	現代建設㈱	5.61	SKテレコム㈱	11.29
㈱三美	0.25	現代重工業㈱	0.94	S-OIL㈱	5.32	㈱LG化学	10.80
三星電子㈱	0.23	東亜建設産業㈱	0.84	㈱大韓航空	4.29	ロッテショッピング㈱	9.77
現代自動車㈱	0.22	大林産業㈱	0.78	㈱LG	4.11	三星物産㈱	9.73
大韓電線㈱	0.20	CJ㈱	0.69	三星重工業㈱	3.96	現代オイルバンク㈱	9.46

出典：表11-1と同じ、669頁。

表11-3 主要年度別

順位	1982年 品目名	輸出額	1987年 品目名	輸出額	1992年 品目名	輸出額
1	貨物船	23,508	セダン用乗用車	26,878	貨物船	40,892
2	その他船舶	8,272	その他履物	26,128	その他集積回路半導体	34,022
3	鉄および非合金鋼熱鉛鉱版	7,164	その他集積回路半導体	15,001	メモリー半導体	28,316
4	その他雑製品	6,439	ポリエステル織物	12,871	ポリエステル織物	26,818
5	ポリエステル織物	5,997	その他ラジオカセット	11,587	スポーツ靴	23,519
6	その他集積回路半導体	4,969	革製衣類	10,797	セダン用乗用車	18,304
7	その他船舶	4,416	貨物船	10,055	陰極線菅（CRT）端末機	15,286
8	男性シャツ	4,202	VCR	9,004	革製衣類	13,146
9	紳士服上着	3,635	人形	8,744	鉄および非合金鋼熱鉛鉱版	12,678
10	革製衣類	3,569	鉄および非合金鋼熱鉛鉱版	7,052	VCR	11,810
11	コート及びジャケット	3,517	電子レンジ	6,351	その他ラジオカセット	11,635
12	その他鉄構造物	3,415	男性シャツ	6,328	コンテナ	11,174
13	スポーツ靴	3,100	セーター	5,902	天然色陰極線菅	8,773
14	コンテナ	2,797	紳士服上着	5,834	セーター	8,487
15	その他ラジオカセット	2,616	ブラウス	5,540	その他コンピュータ部品	7,974
16	人形	2,247	陰極線菅（CRT）端末機	5,409	その他皮革	7,028
17	セーター	2,187	コート及びジャケット	5,041	編み織物	6,814
18	メッキ鋼板	2,177	ベビー服	4,573	鉄及び非合金鋼熱鉛鉱版	6,711
19	白黒テレビ	2,114	カラーTV（9-15インチ）	4,404	バンカーC重油	6,669
20	合板	2,009	コンテナ	4,290	その他乗用車	6,619

出典：表11-1と同じ、681頁。
注：輸出商品分類はMTI 6桁基準。

がもたらされたのである（表11-2）5)。

(5) 輸出増大と高度化

　通貨危機後、韓国の輸出入は増加し、これにより持続的な貿易黒字を達成し、高い外貨保有国となった。輸出増加の要因としては、輸出商品の高級化（高付加価値化）、新たな輸出市場の発掘および拡大を反映する輸出主力品目の変化と地域の多様化という質的変化があった。

　主要年度別上位20大輸出品目の変化を見ると、先端産業、高付加価値産業としての輸出品構成の変化が確実に表れている。これは同じ貿易分類基準（intra-industry）の変化、すなわち産業間輸出構成品の変化だけではなく、同じ貿易分類基準（inter-industry）、すなわち同一の産業内でも多くの質的変化が表れたということを意味する（表11-3）。

20大輸出品目の変化

(単位:100万ドル)

1997年		2002年		2008年	
品目名	輸出額	品目名	輸出額	品目名	輸出額
メモリー半導体	153,932	携帯用電話機	97,847	貨物船	344,618
セダン用乗用車	75,236	メモリー半導体	94,796	火花点火式1500CC超過	205,388
貨物船	64,497	貨物船	94,132	液晶ディバイス	182,448
金	61,596	セダン用乗用車	83,209	メモリー半導体	170,262
ポリエステル織物	41,546	その他集積回路半導体	59,568	軽油	159,648
軽油	22,631	データディスプレイ装置	45,875	自動車部品	139,499
天然色陰極線菅	21,869	その他コンピュータ部品	44,240	プロセッサーコントローラー	118,204
自動車部品	21,170	ジープ型乗用車	33,121	その他無線通信機器	113,215
編み織物	20,008	自動車部品	27,045	その他無線電話機	102,392
陰極線菅(CRT)端末機	15,856	編み織物	27,003	ジェット油	93,143
データディスプレイ装置	15,196	ポリエステル織物	22,028	コード分割式電話機	86,708
その他皮革	13,841	天然色陰極線菅	20,768	その他光学機器部品	64,170
その他織物	13,439	軽油	20,619	圧縮点火式2500CC以下	54,730
貨物自動車	13,430	その他無線通信機器部品	19,421	その他船舶	54,214
鉄および非合金鋼熱鉛鉱版	11,059	ステーションワゴン	16,865	カラーテレビ部品	47,811
その他精密化学原料	10,757	その他プラスチック製品	13,973	火花点火式1500CC以下	46,197
鉄および非合金鋼熱鉛鉱版	9,301	その他織物	12,746	データディスプレイ装置	40,396
その他プラスチック製品	9,190	貨物自動車	11,854	その他繊維化学製品	35,867
ナフタ	8,989	エアコン	11,585	その他プラスチック製品	33,623
カラーテレビ部品	8,962	ナフタ	11,578	その他精密化学原料	33,334

　また、通貨危機以前まで米国、日本、中国の順序で依存していた主要輸出市場が、2008年には中国、米国、日本へとその重要度において大きな変化がもたらされた。さらに成長する中国市場を活用するための企業の努力も反映されている。1997年当時、米国に15.9％、日本に10.8％、中国に10.0％を輸出したが、2008年には中国21.7％、米国11.0％、日本6.7％を輸出し、米国、日本市場依存度は大きく減少する一方、中国に大きく依存している。上位10大輸出市場の比重を見ると、1997年には65.7％であったが、2008年には59.7％へと輸出市場も大きく地域別に多様化している様子を見せている（表11-4）[6]。

　以上のような主要輸出品目の変化は、主力産業群が変化したことを意味する。それは一方で、産業構造の高度化を通した経済構造の高度化に寄与するものであった。こうした変化の背景には、韓国経済が市場開放と国際化過程を経て、大きく変化した競争環境に対応した結果である[7]。

表11-4　韓国の10大

順位	輸出市場	1982年	輸出市場	1987年	輸出市場
1	アメリカ	28.0	アメリカ	38.7	アメリカ
2	日本	15.2	日本	17.8	日本
3	サウジアラビア	5.1	香港	4.7	香港
4	イギリス	5.0	ドイツ	4.3	シンガポール
5	香港	4.1	イギリス	3.2	ドイツ
6	ドイツ	3.5	カナダ	3.1	中国
7	ノルウェー	2.4	サウジアラビア	2.2	台湾
8	イラク	2.0	シンガポール	2.0	インドネシア
9	リベリア	2.0	フランス	1.9	パナマ
10	カナダ	2.0	オランダ	1.6	イギリス
計		69.4		79.4	

出典：表11-1と同じ、682頁。

(6) 韓国経済のグローバル化

　韓国企業の変化としての企業のグローバル化は、売上額に占める輸出の割合の増加、海外直接投資を通した海外進出、世界的グローバル企業への成長という面から見て取れる。特に、通貨危機が発生した1997年から2007年までは、主要企業の売り上げのうち輸出が占める割合は、三星電子が56.6％から80.8％、現代自動車が40.9％から57.6％、起亜自動車が41.8％から69.6％、現代重工業が71.1％から97.8％、斗山重工業が23.8％から49.1％へと増加する等、新たな市場として海外市場での売り上げが大きくなっている。

　また、海外直接投資においては、多くの企業が海外に新たな市場を求め進出した。その目的は、低賃金と税金、安価な原資財を海外に求めると共に、原資財、労働力、資本財など新たな原料供給地の獲得であった。特に、通貨危機後は海外投資金額、海外投資申告件数、新規法人数においていずれも大きく増加した。

　さらに、韓国企業のグローバル化は世界的グローバル企業へと成長した韓国企業の数が漸次増えていることからも見て取れる。通貨危機当時13社だった

輸出市場の推移

(単位:%)

1992年	輸出市場	1997年	輸出市場	2002年	輸出市場	2008年
23.6	アメリカ	15.9	アメリカ	20.2	中国	21.66
15.1	日本	10.8	中国	14.6	アメリカ	10.99
7.7	中国	10.0	日本	9.3	日本	6.69
4.2	香港	8.6	香港	6.2	香港	4.69
3.8	シンガポール	4.3	台湾	4.1	シンガポール	3.86
3.5	ドイツ	3.5	ドイツ	2.6	台湾	2.72
3.0	台湾	3.4	イギリス	2.6	ドイツ	2.49
2.5	マレーシア	3.2	シンガポール	2.6	ロシア	2.31
2.4	イギリス	2.9	マレーシア	2.0	メキシコ	2.15
2.4	インドネシア	2.6	インドネシア	1.9	インド	2.13
68.1		65.2		66.2		59.7

500大グローバル企業数が、2011年には14社へと増加した（表11-5）。

しかし、表からもわかるように1997年に最高24位まで上り詰めた韓国企業は、その後順位を落とし続け、2002年には105位へと後退した（2011年は22位）。この間、競争関係にある中国企業が2005年には最高位で31位、100社以内に16社であったのが2011年には最高5位、100位以内に61社入っていることを考え合わせるならば、中国企業の急成長は韓国企業を凌ぐものであり、今後韓国企業は、よりいっそう激しいグローバル競争を勝ち抜かなければならない状況に置かれていることも認識しなければならないだろう。

通貨危機後の成長局面で他の時期より顕著な成果を挙げた理由は、起業家精神がその基礎になっており、多くの企業がうまくグローバル企業へと成長したからである。経済のグローバル化へと大きく変わった企業の競争環境に適応するために技術革新を遂げ、新たな市場を開拓し、通貨危機から多くのことを学んだことで大企業、中小企業とも世界市場で活躍できる企業へと成長した。

通貨危機以後に現れた起業家精神の主要キーワードは「グローバル革新家」であると言える[8]。

表11-5　韓国のグローバル企業

1997年		2000年		2003年		2006年		2008年		2011年	
企業名	順位	企業名	順位	企業名	順位	企業名	順位	企業名	順位	企業名	順位
大宇	24	SK	105	三星電子	59	三星電子	46	三星電子	38	三星電子	22
SK	46	三星物産	115	現代自動車	94	LG	72	LG	67	現代自動車	55
三星物産	71	三星電子	131	SK	108	現代自動車	80	現代自動車	82	SK ホールディングス	82
双龍	90	現代自動車	202	三星物産	115	SK	111	SK ホールディングス	86	POSCO	161
現代	109	現代綜合商社	207	LG商社	205	三星生命	224	POSCO	224	LG電子	171
三星電子	124	大宇	234	三星生命	236	POSCO	236	韓国電力	245	三星重工業	220
三星生命	212	三星生命	257	LG電子	261	韓国電力	240	三星生命	247	GS ホールディングス	238
LG International	216	LG商社	302	SK ネットワークス	275	国民銀行	364	GS ホールディングス	267	韓国電力	271
LG電子	270	LG電子	308	韓国電力	279	韓火	381	新韓金融グループ	278	韓火	321
現代自動車	278	韓国電力	382	国民銀行	330	KT	397	ウリ金融	279	三星生命	333
韓国電力	282	教保生命	450	現代綜合商社	345	三星物産	445	韓火	329	LG ディスプレイ	440
浦項製鉄	371	POSCO	460	KT	386	ネットワークス	467	現代重工業	378	斗山	489
教保生命	449			POSCO	443			KT	387	三星C&T	492
								国民銀行	461	韓国ガス	498
								三星C&T	475		
企業数	13		12		13		12		15		14

出典：表11-1と同じ、688頁、"FORTUNE"より作成。

(7) 再跳躍を始めた財閥グループ（2008年〜）

　グローバル展開を始めた韓国の財閥は、2008年以降さらなる事業の拡大を展開し始めた。そのきっかけとなったのが、同年に実施された総額出資制限制度の廃止である。それ以前は総資産10兆ウォン以上の財閥の系列企業は、独占禁止法上、他企業への出資を純資産の40％以下に制限されていた。しかし、2008年に誕生した李明博政権のもとで、これらの制度は自由な経済活動を阻害しているとして廃止された。その結果、財閥は自由に企業を設立することが可能になり、企業数が急増することになったのである。具体的には、2007年から2011年の間に新たに編入された企業数は332社にのぼる。特に、SK 74社、ロッテ43社、LG 40社、GS 40社などが積極的に企業数を増加させた。産業としては、建設・不動産47社、科学技術・教育・事業支援46社、卸売・小売、出版映像・放送通信・情報39社などとなっている。

　こうした財閥企業による事業拡大にはさまざまな批判がある。第1は、大企業が従来中小企業が担ってきた事業にまで進出し始め、彼らの存在自体を脅かし始めたという批判である。韓国には、中小企業の事業を守るため中小企業固有業種制度があり、これにより法律で定められた業種については大企業が参入することができなかった。しかし、規制緩和により同制度が廃止され、その結果大企業がそれらの業種にも参入し始めたのである。

　第2には、財閥企業による事業の垂直的統合による産業の独占化につながるという批判である。すなわち、前述した新規に編入された業種である建設、情報システム、広告は、グループ系列企業からの受注を事業の柱にしている。その結果、財閥系列会社はグループ同士で受注し合い自己完結的に利益を拡大していくことになる。

　第3に、新規企業が財閥の財産継承の手段になっている可能性があるという批判だ。新規企業の場合、財閥オーナーの家族、特に次世代継承者が大株主になっているケースが見られる。相続税や贈与税、その他規制によって次世代への財産継承が難しくなった現在、その新たな手段としてこれら新規企業が利用

されているという批判だ[9]。

　今まで見てきたように、李明博政権が登場した2008年は、各種規制緩和により財閥の事業が拡大した時期である。この時期、三星電子など財閥企業はグローバル展開を始め、国際競争力を強めるほど大規模化した。それは一方で、国内においては貧富の格差の拡大をもたらした。例えば製造業の売上高に占める10大財閥の割合は2007年の35.2％から2010年は41.1％へと上昇したほどである。こうした格差拡大は、李明博政権による大企業寄りの経済政策にあるという批判とともに、社会的不満が増大する結果をもたらした。

2．転換期を迎えた韓国財閥――快進撃が止まった三星電子――

　2011年の三星電子の売上高は165兆17億ウォン（約11兆円）、営業利益16兆2,497億ウォン（約1兆円）で、売上高は過去最大、営業利益も過去2番目の好調ぶりを示した。こうした飛ぶ鳥を落とす勢いの三星電子だが、同年の1～3月期のそれは、液晶関連事業が突然失速した。液晶などパネル事業の連結営業損益が2,300億ウォンの赤字に転落したのが要因である。営業利益も前年同期比80％減の1,000億ウォンの減益となった。

　三星電子の減速の原因は、世界的な価格の下落に対応できなくなったことにある。しかし、ここで注意しなければならないのは、この世界的な価格下落競争を仕掛けた張本人は三星電子自身であるということだ。

　この間、三星電子が大規模投資をしてきた背景には、垂直統合型ビジネスモデルへの確信があった。ここで言う垂直統合型ビジネスモデルとは、商品を基幹部品から一貫して自社で作り上げるモデルのことだ。要するに、将来性が低いと判断した部品以外は、すべてを内製化し他社からの部品調達はしないというモデルだ。このモデルの利点は、①部品の生産効率を高めれば利益率を向上できる、②基幹部品の需給がひっ迫した場合でも社内から安定的に調達できる、③自社開発した新技術をいち早く商品に組み込める、等である。

　他方、工場への莫大な投資が伴うため、需要が冷え込んだ時の損失は大きく

なる。さらに、外部から安く部品調達ができるようになれば、工場を建設してまで内製化する意味はない。これが垂直型統合モデルのデメリットであり、これを補うために考え出されたのが、他社から部品を調達するという水平分業モデルである。このモデルはコストを低く抑えることができるというメリットがあり、この間、ソニーや東芝など日本メーカーが採用して、垂直統合型モデルの代表格であったシャープも20〜40型パネルを中国や台湾メーカーから調達する方針を打ち出したほどだ。

しかし、三星電子は2013年の稼働を目指して中国で液晶パネル工場の建設に着手している。三星電子のこの無謀とも言える垂直統合型モデルの堅持の背景には、最終的に残存者利益を手にするまで投資競争を仕掛け、他のメーカーの脱落を待つという事業戦略によるものである。同様にDRAM生産ナンバー1の地位に就いたのもこの戦略であった。この戦略を可能にしたのは、まぎれもなく三星電子が有している巨額の資金力のおかげである[10]。

3．リーマンショック後の韓国経済と財閥

2008年のリーマンショックは韓国経済にも多大なるダメージを与えた。対外依存度の高い韓国経済は、1997年の通貨危機の際に構造調整を行い体質改善を図ったはずであったが、今回のような世界的金融危機の前では備忘策でしかなかった。

韓国政府は経済体質の改善と金融不実化の拡散防止のために、迅速かつ円滑な構造調整を再度実施した。

そのために、構造調整の実効性ある推進のための原則を明らかにすることに重点を置き、関係部署合同で企業の構造調整の推進方向と戦略を練った。具体的には、2009年1〜6月までに、不実化が懸念された造船、建設、海運業のうち、277企業を対象に信用危機の評価を実施し、そのうちの46社を構造調整対象企業として改革を行った。また、45の主債務系列会社に対する財務構造評価を経て、11の財閥グループと財務構造改善の約定を締結し、系列会社の整理、

資産売却、資本拡充などの構造調整を推進し、信用供与額が500億ウォン以上の個別大企業に対する定期信用危険評価を実施し、33企業を選定し構造調整を推進した。さらに、与信規模などによって3次にわたって中小企業に対する信用危機評価を実施し、512の企業を選定、構造調整を推進した。

韓国政府は、債権金融機関の自立的な構造調整が円滑に推進できるように、金融、税制等を積極的に支援した。具体的には、20兆ウォンの銀行資産拡充ファンドと40兆ウォンの構造調整基金を造成し、金融機関の資本拡充を支援し、金融機関の不実債権と構造調整企業の資産を買い入れられるようにした。

税制の側面からは、企業が「金融負債償還」目的で、企業の保有資産を売却したり、「企業負債償還」のために大株主が企業に資産を贈与する場合、法人税を減免し、「財務構造改善」のために大株主の保有資産を売却する場合、非課税とする内容の税制改編案を2009年4月に準備した。

さらに、2009年2月には「非常経済対策会議」を発足させた。非常経済対策会議が議論した企業の構造調整の原則は以下のとおりである。

1. 債権金融機関が中心となり、迅速な構造調整の推進
   ・個別企業に対する構造調整は、企業の構造調整促進法など関連法律において債権金融機関が中心となるよう規制。
   ・民間調整機構である債権金融機関調整委員会の役割向上を通して、一貫して迅速な構造調整の推進。
2. 債権金融機関中心の構造調整とともに、企業の自立的構造調整を支援する「市場型構造調整方式」も並行して推進
   ・企業の銀行資金依存度の弱化等条件変化を勘案し、資産売却の活性化、持株買収などのためのファンド調整など資本市場メカニズムを通して構造調整を支援。
3. 政府は構造調整が迅速かつ円滑になされるよう支援する役割の担当
   ・企業の自立的構造調整を遂行することができるよう必要な税制支援、規制緩和などの支援法案も追及。

表11-6　企業の構造調整の推進経過

区　分		評価企業数	C 等級					D 等級	C・D 等級
			卒業	進行中	中断	その他	小計		
業種別	建設	308	7	21	10	—	38	24	62
	造船	40	1	4	3	—	8	7	15
	海運	117	—	4	2	—	6	16	22
個別大企業		925	8	33	15	4[1]	60	29	89
中小企業		5,958	59	211	123	—	393	398	791
合　計		7,348	75	273	153	4	505	474	979

出典：金融委員会企業財務改善支援団、韓国企画財政部『経済白書　2010年版』2010年、88頁。
注：1）合併等自ら正常化推進。

・金融機関の資本拡充、不実債権買入れ等構造調整を支えることができる法的・制度的装置を準備し、必要な時に財政・税制支援。
・関係部署の協議を通して産業競争力、国民経済に及ぼす影響などの産業政策的側面を考慮し、構造調整の基本方向および支援法案を論議[11]。

　2009年1月～2010年12月には、7,348の企業に対する評価を通して979社を構造調整対象に選定した。C 等級企業は505社で、主にワークアウトを通して早期に正常化を支援した。企業の状況によって企業再生手続きおよび自律協約など、その他の構造調整法案も同時に推進した。474のD 等級企業については債権回収および清算等を通した退場を誘導した（表11-6）。

　また2010年には、民間市場を通した自発的な構造調整を持続的に支援するために、税制改編を通じて企業の構造調整関連の租税特例制度の期限を延長した。延長された制度の主要内容は、債務償還目的の企業資産売却時の譲渡差益に対する課税減免、不実企業の譲渡・清算を前提に、株主が債務を引き受ける時の債務免除益に対する課税減免、構造調整のための企業間の株式交換時の譲渡差益に対する課税減免などである。

　一方、市場自律の構造調整（ワークアウト）手続きを透明かつ明確に運用するために導入された、企業構造調整促進法の期間が2010年末に終了した。

当初経済の不安要因が今なお残る中で、市場自律の構造調整の慣行を定着させる必要があり、構造調整手続きの透明性と合理性を向上する法案を補完し、期間を延長する方式で改正する計画であったが、改正案の国会処理が失敗に終わり、企業構造調整促進法は効力を失った[12]。

他方、韓国政府は一方的に大企業を規制したり、中小企業を保護したりするのではなく、市場原理主義に基づき大・中小企業間の公正な取引を通じて大企業の成果が中小企業に波及する同伴成長の土台を準備した[13]。

以上の、リーマンショックによる金融危機を克服するための企業の構造調整策は、確かに不実企業を整理し経済危機へ拡散することを防いだという面で評価できるが、それは財閥系企業の不良部門を政府の力により再編整理することができ、財閥にとっては競争力のある企業のみを抱えることができ、財閥のさらなる経済力強化をもたらしたという点で、経済格差を生み出す契機をもたらしたという負の側面もあった。

その結果、上位10グループ（韓国電力を除く）に属する企業の2011年1～9月期売上高は470兆8,233億ウォン（約32兆2,400億円）で、全体の52.3％を占めた。リーマンショック発生前の2007年は46.4％だったが、2008年には47.2％、2009年には50.0％、2010年には51.9％へと拡大した。また、2000～2010年の間に、売上高営業利益率は大企業が平均6.8％で、中小企業の4.8％を上回った。純利益率は大企業が4.7％、中小企業が2.4％で大企業と中小企業の収益性の開きは徐々に拡大している[14]。

一方で、韓国の財閥が岐路に立っているのも事実である。韓国の財閥系企業は2008年以降、資源外交を掲げる韓国政府の政策を後ろ盾に、海外の資源開発に積極的に投資してきたが、その多くが赤字を出している。30大財閥企業の海外の資源開発法人数は、2008年末には50社、2009年末には71社、2010年末には79社へ増加し、2011年9月末時点で78社にのぼった。しかし、2010年に黒字を計上した会社は全体の28.2％にとどまった。ハンファグループ7社のうち純利益を出したのは1社だけで、永豊や三星、GS、STX、SKも黒字企業の割合は20％台にすぎなかった。こうした資源開発事業がうまくいっていない理由は、

これらの事業が収益を上げるのに長期の時間を要することと、収益を出す確率も高くはない点にあるが、企業の見通しの甘さがあったのも事実である。これは韓国政府が積極的に資源国と外交関係や経済協力関係を締結したことを背景に進出したが、その国の経済社会状況に対する認識不足等、経営戦略の不十分性に問題があったということだ[15]。

したがって、世界的金融危機にある今日、韓国の財閥も今までとは異なる経営戦略を模索すべき時期にきたと言えるであろう。

おわりに

2011年11月22日、韓国の国会は与党単独によって米韓FTA締結を可決した。この米韓FTA締結について全国経済人連合会は、2011年12月19日歓迎の意を表明した。他方で韓国企業は2012年の輸出環境と資金調達環境が2011年に比べて悪化すると予想している。これは、昨今のヨーロッパでの財政危機が米国を巻き込み、世界的経済危機が2012年も持続するという展望に基づいている[16]。

また、公正取引委員会は財閥による過度の経済力の集中と、競争基盤の侵害を是正するため「大規模企業集団施策」を打ち出した。具体的には、相互出資禁止、債務保証制限、金融・保険会社の議決権制限、企業集団現況の公示制度等である。これらの施策の目的は、①所有・私債構造の改善を通し財閥企業が透明かつ責任制のある経済活動を行うようにし、個別企業の不実が他の系列会社に転移し、企業集団全体が不実になる危険を未然に防ぐことにある。さらに、②複雑な循環出資状態の財閥企業の出資構造が単純・透明になり、市場の監視が効率的になされうる持ち株会社体制へと容易に転換できるよう継続して持ち株会社制度の改善を推進している。

これらの施策は、系列会社間の債務保証制限により、財閥企業への与信偏重が減少し、システムリスクも減り、相互出資制限、金融・保険会社の議決権制限も、財閥企業の過度な支配力拡張を抑制する健全な市場規律として機能し始めた。さらに、持ち株会社制度等の運用により所有・支配構造が改善され、市

場の高い評価を受ける財閥企業が増えており、監視制度等の情報公開を通して市場の監視機能も強化された。

一方、いまだに多くの財閥企業が系列会社間の複雑な出資構造を維持しており、外部・監視装置の実質的機能は、不十分な状態である[17]。

したがって、今後も財閥企業に対する適切な改革施策を追求しながら、経済発展を模索することが韓国政府に求められる課題であろう。

最後に、グローバル時代に韓国の財閥が生き抜く課題は何か。1つには、人材育成である。たこ足（多角）経営で知られる財閥にとって、もはや家族（一族）だけでは、すべての傘下企業を支配することはできない。したがって、財閥家族に代わってグループ企業を運営できる人材を自前で育成する必要がある。そのためには、財閥家族以外の社員にも相応のポジションを与えることが必要になってくる。第2は、従来の財閥経営からの脱皮である。前述したように、この間の財閥は資金調達方法1つとってみても、相互に株を持ち合うことによって、お互いを支え合うという前近代的所有・支配構造を維持し続けてきた。

しかし、こうした前近代的支配構造こそが韓国の証券市場が低く評価される「コリア・ディスカウント」の最も大きな原因であると指摘されはじめた。

具体的には、オーナー一家中心に経営される韓国の財閥が便法的な経営権承継や相続税の脱税、系列会社の便宜を図る慣行など、「非道徳的」な支配構造を通じて株主の利益を損ね、ひいては証券市場の価値を下げているという批判であり、「トンネリング」（tunnelling）と「プロッピング」（propping）という慣行が韓国社会でも批判され始めたということだ。トンネリングは、企業のオーナーが子供の名前で子会社を立ち上げて仕事を与える便法贈与の一種で、大企業は系列会社への支配力を強化でき、財閥2世、3世はそれにより富を蓄積することができる。プロッピングは子会社を動員して経営悪化の系列会社に資金を支援する方式である。さらに、グループのトップが有罪判決を言い渡されても赦免してもらうなど、韓国では「有銭無罪無銭有罪」という言葉が再び復活しているとも指摘されている[18]。

これらは、一言でいえば財閥による富の一極集中に対する批判であり、その

財閥を一部の家族が私物化しているという批判でもある。

したがって、今後財閥に求められるのは開かれた財閥、公共財としての財閥へと変貌することであろう。そのためには、韓国政府が積極的に財閥への経済力集中構造を是正するとともに、財閥自らも組織変革に着手することが重要であろう。それこそが、財閥という組織が21世紀においても存続・尊敬される道であろう。

注
1) 詳しくは三星HP参照のこと。
   http://japan.samsung.com/aboutsamsung/group/history/newmanagement/index.html
2) 韓国経済60年史編纂委員会『韓国経済60年史 Ⅱ』2010年、655-657頁。
3) 同上書、657-661頁。
4) 同上書、662-663頁。
5) 同上書、668頁。
6) 同上書、679-680頁。
7) 同上書、684頁。
8) 同上書、685-688頁。
9) 安倍誠『事業拡大を続ける韓国財閥』IDE-JETRO、2011年10月。
   http://www.ide.go.jp/Japanese/Publish/Download/Overseas_report/pdf/1110_abe.pdf
10) 『日経ビジネス』2011年6月27日号、54-56頁。
11) 韓国財政企画部『経済白書 2009年版』2009年、125-126頁。
12) 韓国財政企画部『経済白書 2010年版』2010年、87-89頁。
13) 同上書、160頁。
14) 「聯合ニュース」(2012年2月6日)。
    http://japanese.yonhapnews.co.kr/economy/2012/02/06/0500000000AJP20120-206001400882.HTML
15) 「聯合ニュース」(2012年2月2日)。
    http://japanese.yonhapnews.co.kr/headline/2012/02/02/0200000000AJP201202-02001600882.HTML
16) 韓国全国経済人連合会HP (http://www.fki.or.kr/FkiAct/Promotion/Report/

View.aspx?content_id=d65fd9c0-b995-4ef3-ae28-2f217405d7dd&cPage=3&search_type=0&search_keyword=
17)　韓国公正取引委員会『2010年版　公正取引白書』2010年、265-266頁。
18)　*Economist*, 11, Feb, 2012.

【執筆者略歴】（執筆順）

陳東升（CHEN, Dung-sheng）

1960年生まれ
米ミネソタ大学　社会学博士
国立台湾大学社会学系特別教授（Distinguished Professor）
主要業績：
陳東升『積体網路――台湾高科技産業的社会学分析』（群学出版社、2008年）

黎德星（LI, Der-hsing）

1967年生まれ
英エセックス大学　社会学博士
国立東華大学（台湾）社会及公共行政学系副教授兼系主任
主要業績：
Housing in Taiwan（UK: Ashgate, 1998）

Boris A. Portnov

1960年生まれ
イスラエルハイファ大學自然資源マネジメント学部准教授
主要業績：
Boris, A. Portnov, Madhave Adhikari and Moshe Schwartz 2007, Urban Growth in Nepal: Does Location Matter? *Urban Studies, 44*（5-6）, 915-937.

鄭力軒（CHENG, Li-hsuan）

1974年生まれ
米デューク大学　社会学博士
台湾国立中山大学助理教授
主要業績：
Ideas, Power and Efficiency: the Transformation of Japanese Corporate Legislation, 1974-2006 PhD Dissertation, Duke University

大石　恵（おおいし・めぐみ）

1973年生まれ
京都大学大学院経済学研究科修了、博士（経済学）
現在、高崎経済大学経済学部准教授
主要業績：
「台湾における外資航空会社の存続問題――外国人投資条例（1954年）の施行をめぐって――」（『産業研究』第46巻第2号、2011年3月）

何明修（HO, Ming-sho）
　1973年生まれ
　国立台湾大学社会学博士
　国立台湾大学社会学教授
　主要業績：
　何明修『緑色民主：台湾環境運動的研究』（群学出版社、2006年）

安部　竜一郎（あべ・りゅういちろう）
　1960年生まれ
　東京大学大学院総合文化研究科博士課程単位取得退学、修士（学術）
　現在、立教大学経済学部特任准教授
　主要業績：
　「森は誰のものか──インドネシアの森林資源管理をめぐる政治過程」（佐藤仁編著『人々の資源論──開発と環境の統合に向けて』明石書店、2008年所収）

田畠　真弓（たばた・まゆみ）
　1964年生まれ
　国立台湾大学社会学博士
　国立東華大学（台湾）社会及公共行政学系助理教授
　主要業績：
　Mayumi, Tabata（2012）, "The Absorption of Japanese Engineers into Taiwan's TFT-LCD Industry: Globalization and Transnational Talent Diffusion." *Asian Survey* Vol. 52, No. 3（May/June 2012）, pp. 571-594. University of California, Berkeley. Institute of International Studies, University of California Press.

中原　裕美子（なかはら・ゆみこ）
　1968年生まれ
　九州大学大学院経済学府博士後期課程修了、博士（経済学）
　現在、九州産業大学経営学部准教授
　主要業績：
　「後発工業国企業による後発工業国における研究開発──中国における台湾企業とインド企業を事例に──」（『産業経営研究所報』第43号、2011年）

李宗栄（LEE, Zong-rong）
　1968年生まれ
　米シカゴ大学社会学博士
　台湾国立中央研究院社会学研究所副研究員
　主要業績：
　台湾企業集団間親属網絡的影響因素（台湾社会学刊、46期、2011年6月）

【編者略歴】

郭洋春（かく・やんちゅん）
1959年生まれ
立教大学大学院経済学研究科博士課程後期課程満期修了退学、修士（経済学）
現在、立教大学経済学部教授
主要業績：
 1．『現代世界経済をとらえる Ver. 5』（共著、東洋経済新報社、2012年）
 2．『現代アジア経済論』（単著、法律文化社、2011年）
 3．『開発経済学』（単著、法律文化社、2010年）

關　智一（せき・ともかず）
1970年生まれ
立教大学大学院経済学研究科博士課程後期課程中退、博士（経営学）
現在、立教大学経済学部准教授
主要業績：
 1．『多国籍企業とグローバルビジネス』（共著、税務経理協会、2012年）
 2．『国際経営論の基礎』（共著、文眞堂、2008年）
 3．『経営戦略と競争優位』（共著、税務経理協会、2006年）

グローバリゼーションと東アジア資本主義

2012年9月10日　　第1刷発行　　　　定価（本体5400円＋税）

編者　郭　洋　春
　　　關　智　一
　　　立教大学経済学部

発行者　栗　原　哲　也

発行所　株式会社　日本経済評論社
〒101-0051　東京都千代田区神田神保町3-2
電話 03-3230-1661　FAX 03-3265-2993
info8188@nikkeihyo.co.jp
URL: http://www.nikkeihyo.co.jp

装幀＊渡辺美知子　　　　　印刷＊文昇堂・製本＊高地製本所

乱丁落丁はお取替えいたします。　　　　　　Printed in Japan
Ⓒ KAKU Yangchon & SEKI Tomokazu et al., 2012　ISBN978-4-8188-2228-3

・本書の複製権・翻訳権・上映権・譲渡権・公衆送信権（送信可能化権を含む）は、㈱日本経済評論社が保有します。
・JCOPY〈(社)出版者著作権管理機構　委託出版物〉
本書の無断複写は著作権法上での例外を除き禁じられています。複写される場合は、そのつど事前に、(社)出版者著作権管理機構（電話03-3513-6969、FAX03-3513-6979、e-mail: info@jcopy.or.jp）の許諾を得てください。

植民地台湾の経済と社会

老川慶喜・須永徳武・谷ヶ城秀吉・立教大学経済学部編

A5判　五六六〇〇円

植民地台湾の経済発展を、社会資本の整備や制度移入、企業活動などから歴史具体的に解明し、植民地経済の多様性の実証を試みる日台共同研究の成果。

近代製糖業の発展と糖業連合会
——競争を基調とした協調の模索——

社団法人糖業協会監修／久保文克編著

A5判　七五〇〇円

近代製糖業界において競争と協調という二つの側面が共存し、カルテル機能が発揮されたのはなぜか。その構造を生産・流通・消費の観点から総合的に検証する。

両大戦間期の都市交通と運輸

老川慶喜編著

A5判　六三〇〇円

重化学工業化と都市化が著しく進行した戦間期の交通・運輸について交通調整政策、都市内交通の実態解明、「小運送」すなわち都市内の貨物運送の実態解明から迫る。

帝国日本の流通ネットワーク
――流通機構の変容と市場の形成――

谷ヶ城秀吉著

A5判　五八〇〇円

帝国日本と植民地および東アジアを結びつけるネットワークを財の移動から観察し、その担い手や取引制度が日本の帝国化を通じて変容していく過程を解明する。

南満洲鉄道会社の研究
オンデマンド版

岡部牧夫編

A5判　八五〇〇円

植民地経営体満鉄の活動を、大豆の商品化と国際競争、戦時下港湾経営の実相、企業投資の性質や業態、中央試験所の技術開発、後期調査機関の制度と実践などを軸に実証する。

（価格は税抜）　日本経済評論社